Psychiatrie voor juristen

Ko Hummelen en Michiel Hengeveld

Psychiatrie voor juristen

De Tijdstroom, Utrecht

© De Tijdstroom uitgeverij, 2014.
Omslagontwerp: Cees Brake bno, Enschede

Uitgegeven door De Tijdstroom uitgeverij bv, Postbus 775, 3500 AT Utrecht.
www.tijdstroom.nl
info@tijdstroom.nl

Aan de totstandkoming van deze uitgave is de uiterste zorg besteed. Voor informatie die nochtans onvolledig of onjuist is opgenomen, aanvaarden auteur(s), redactie en uitgever geen aansprakelijkheid. Voor eventuele verbeteringen van de opgenomen gegevens houden zij zich gaarne aanbevolen.

Waar dit mogelijk was is aan auteursrechtelijke verplichtingen voldaan. Wij verzoeken eenieder die meent aanspraken te kunnen ontlenen aan in dit boek opgenomen teksten en afbeeldingen, zich in verbinding te stellen met de uitgever.

ISBN 978 90 5898 238 4
NUR 824, 875

Inhoud

Voorwoord

Juristen kunnen in hun werk geconfronteerd worden met psychiatrische stoornissen. Het kan hierbij onder andere gaan om geneeskundige verklaringen in het kader van onvrijwillige opnamen of rapportages pro Justitia maar ook om onder civielrechtelijke procedures aangaande wilsonbekwaamheid of geschillen over sociale verzekeringen. Ook zal men vaak in persoon het gesprek aangaan met de persoon met een psychiatrische stoornis.

Om de kwaliteit van de door psychiaters of psychologen opgestelde rapporten te kunnen beoordelen en om zichzelf een oordeel te kunnen vormen over de stoornis van de betrokkene, is basale kennis van hoe psychiatrische stoornissen zich kunnen manifesteren een voorwaarde. Ook is dergelijke kennis nodig om een betrokkene op een adequate wijze te kunnen bejegenen zowel binnen als buiten de rechtszaal.

Dit boek beschrijft in beknopt bestek de belangrijkste stoornissen waarmee juristen in de praktijk te maken kunnen krijgen en de beschikbare behandelmogelijkheden. De nadruk ligt daarbij op de beschrijving van hoe stoornissen zich op gedragsniveau kunnen manifesteren. Het gaat om stoornissen die gepaard kunnen gaan met grensoverschrijdend gedrag of die een gevaar kunnen inhouden voor de betrokkene zelf of voor anderen. Deze aspecten worden in elk hoofdstuk onder 'forensische aspecten' kort toegelicht. De beschrijving van risicotaxatie-instrumenten en de delictrecidivekans per specifieke stoornis, zo die al is te geven, valt buiten het bestek van dit boek.

Bij sommige stoornissen worden getallen vermeld over onder andere prevalentie (het percentage van de populatie op een bepaald moment met de stoornis) of beloop (hoe een stoornis zich ontwikkelt gedurende de tijd). Deze getallen dienen slechts als een globale aanduiding te worden opgevat. Verder wordt bij de persoonlijkheidsstoornissen apart aandacht gegeven aan de per stoornis aangewezen wijze van bejegening. Elk hoofdstuk eindigt met een aantal aandachtspunten.

Dit boek verschijnt op het moment van de overgang van de DSM-IV(-TR)[1] naar de DSM-5.[2] In de beschrijving van de stoornissen worden de criteria aangehouden van de DSM-5. Ook wordt de terminologie van de DSM-5 gevolgd. Om te zorgen voor aansluiting met de terminologie van de DSM-IV, worden DSM-IV-termen in voorkomende gevallen naast die van de DSM-5 vermeld: de Nederlandse vertaling van de DSM-5 hanteert voor sommige benamingen van stoornissen een andere schrijfwijze dan voor dezelfde termen in de DSM-IV.[3]

Wij willen mr. E.J.M. van Engelen, afdelingsvoorzitter Civiel recht van de Rechtbank Gelderland die op persoonlijke titel in de voorfase de tekst van dit boek heeft ingezien, bedanken voor zijn suggesties voor de tekst.

Ko Hummelen en Michiel Hengeveld

Noten

1   American Psychiatric Association. (2000). *Diagnostic and statistical manual of mental disorders, Fourth edition, Text revision.* Washington, DC: American Psychiatric Association.

2   American Psychiatric Association. (2013). *Diagnostic and statistical manual of mental disorders, Fifth edition.* Arlington, VA: American Psychiatric Association.

3   American Psychiatric Association. (2014). *Handboek voor de classificatie van psychische stoornissen DSM-5.* Amsterdam: Uitgeverij Boom.

1 Psychiatrische stoornis en diagnostiek

1 Inleiding

In dit hoofdstuk[1] werken we toe naar een definitie van het ingewikkelde begrip 'psychiatrische stoornis'. Daarbij gaan we uit van stoornissen in de psychische functies van de hersenen. Deze stoornissen gaan gepaard met psychische klachten en verschijnselen, die beschouwd kunnen worden als symptomen van de psychiatrische stoornis. Bij de psychiatrische diagnostiek stellen we de psychiatrische stoornis vast aan de hand van deze symptomen. Bovendien zoeken we naar de mogelijke oorzaken en gevolgen van de stoornis en uiteraard naar de juiste behandeling. Een laatste stap in de psychiatrische diagnostiek is het classificeren van de stoornis volgens een internationaal afgesproken classificatiesysteem. Bij dit alles passen we tegelijkertijd 'materiewetenschappelijke' en 'betekeniswetenschappelijke' methoden van onderzoek en behandeling toe.

2 Psychiatrische ziekte

Wat is een psychiatrische ziekte, wanneer is het een ziekte, en is het een ziekte of een stoornis? In deze paragraaf diepen we het begrip psychiatrische ziekte uit om uiteindelijk uit te komen bij het kernbegrip 'psychiatrische stoornis'.

2.1 Lichamelijk versus psychisch

De meeste mensen weten wel wat een ziekte is. Je bent ziek wanneer je klachten hebt (bijvoorbeeld hoesten) en verschijnselen (bijvoorbeeld koorts). Voor psychiatrische ziekten geldt hetzelfde: psychiatrische ziekten worden gekenmerkt door psychische klachten en verschijnselen, zoals verwardheid, geheugenproblemen, hallucinaties en wanen, somberheid, angst, impulsief gedrag of verslaving. Toch zijn er psychiatrische ziekten met lichamelijke klachten of verschijnselen. Iemand met een depressieve stoornis of een angststoornis kan klachten hebben zoals moeheid, gebrek aan energie, geen eetlust, obstipatie, hartkloppingen, transpireren of buikpijn. Omdat deze klachten niet het gevolg zijn van een lichamelijke ziekte en gepaard gaan met psychische klachten, worden ze beschouwd als symptomen van een psychiatrische ziekte.

Deze scheiding in lichamelijk en psychisch is natuurlijk kunstmatig: niet de geest of het lichaam is ziek, maar het individu, de persoon als geheel. Alle klachten hebben zowel lichamelijke als psychische aspecten, al kan het accent verschillen. Pijn wordt beschouwd als een lichamelijke klacht, maar toch is het een volledig subjectieve ervaring en wordt de ernst ervan niet alleen bepaald door de mate van weefselbeschadiging, maar ook door de aandacht ervoor en de emotionele betekenis ervan. Angst daarentegen vatten we vooral op als een psychisch symptoom, terwijl angst wel degelijk gepaard kan gaan met verstoring van allerlei lichamelijke functies. Het praktische onderscheid tussen lichamelijke en psychiatrische ziekten is daarmee vooral een kwestie van afspraak. Sommige ziektebeelden liggen op het grensgebied: dementie kan als een neurologische en als een psychiatrische ziekte worden beschouwd omdat er vooral psychiatrische symptomen bij optreden, maar de oorzaken neurologisch zijn. Op het onderscheid tussen lichaam en geest en de relatie daartussen komen we terug in paragraaf 7. Een eerste, voorlopige conclusie is dus: een psychiatrische ziekte is een ziekte met psychische klachten en/of verschijnselen.

2.2   Ziek versus gezond

Bij lichamelijke klachten en verschijnselen is het meestal wel duidelijk dat er sprake is van een ziekte: de patiënt lijdt eronder en kan niet goed functioneren. Voor psychiatrische ziekten geldt in principe hetzelfde: er moet sprake zijn van lijden en/of sociaal disfunctioneren. Maar psychische klachten en verschijnselen komen veel voor, horen bij het leven. Iedereen is wel eens somber of angstig, kan zich niet goed concentreren of heeft dwangmatige trekjes. De vraag is wanneer dergelijke psychische klachten en verschijnselen ernstig genoeg zijn om van een psychiatrische ziekte te spreken.

Waardeaspect

Daarmee komen we aan het tweede aspect van de definitie van een psychiatrische ziekte, namelijk het waardeaspect. Of psychische klachten en verschijnselen beschouwd kunnen worden als psychiatrische ziekten wordt namelijk ook bepaald door sociale en culturele normen. Psychiatrie is nooit waardevrij. Het definiëren van de grens tussen psychiatrische ziekte en gezondheid is ook een onderdeel van een maatschappelijk proces, gekleurd door de tijd en de plaats waarin het gebeurt. Afhankelijk van de cultuur en de tijdgeest kunnen mensen verlegenheid beschouwen als een deugd of als een sociale-angststoornis, kunnen mensen somberheid beschouwen als behorend tot het leven of als een depressie, kunnen mensen hyperactiviteit beschouwen als lastig of als ADHD, enzovoorts. De cultuur bepaalt mede of de betrokkene onder de klachten lijdt en/of er maatschappelijk door disfunctioneert. De grens tussen wel en geen ziekte is niet scherp. In de volgende definitie van psychiatrische ziekte komt dit waardeaspect tot uiting: een psychiatrische ziekte is een ziekte met psychische klachten en/of verschijnselen die gepaard gaat met significant lijden en/of sociaal disfunctioneren.

2.3 Ziekte versus stoornis

Psychiaters beschouwen psychische klachten en verschijnselen als symptomen van stoornissen in de zogeheten psychische functies van de hersenen. De hersenen zijn het orgaan dat informatie van buiten en binnen het lichaam opneemt (waarneming), deze informatie toetst aan eerdere ervaringen (geheugen), en deze informatie direct waardeert (emoties) of vervolgens weegt (beoordelen). De uitkomst van al die al of niet bewuste interpretaties vertaalt zich in automatische spierbewegingen (reflexen, motoriek) of gericht handelen (gedrag). Traditioneel noemen we een deel van deze hersenfuncties neurologisch (bijvoorbeeld zintuiglijke waarneming, reflexen, motoriek). Dat zijn over het algemeen functies die goed in de hersenen zijn te lokaliseren. De psychische functies zijn complexer, niet op één plaats in de hersenen lokaliseerbaar, maar waarschijnlijk gebonden aan sterk wisselende en veranderende neuronale netwerken.

Aantoonbaar

Wanneer er sprake is van abnormaal functioneren van de hersenen, waardoor de opname en verwerking van informatie en de invloed daarvan op het uiteindelijke gedrag ernstig verstoord wordt, is het gerechtvaardigd om van ziekte te spreken. Bij ernstige psychiatrische ziekten, zoals schizofrenie en ernstige depressies, is het over het algemeen wel aannemelijk dat er stoornissen bestaan in de psychische functies van de hersenen. Het probleem is wel dat, anders dan in de neurologie, het (nog) niet mogelijk is om deze stoornissen in de hersenfuncties en de oorzaken hiervan objectief vast te stellen, bijvoorbeeld aan de hand van beeldvormend onderzoek van de hersenen (zoals *functional magnetic resonance imaging* (fMRI) en *positronemissietomografie* (PET)). En bij de minder ernstige psychiatrische stoornissen is het nog moeilijker om aan te tonen dat er ziekelijke hersenprocessen aan ten grondslag liggen. Voor het diagnosticeren van deze ziektebeelden zijn subjectieve ervaringen en het sociale disfunctioneren van de betrokkene dan ook belangrijk. Daarom spreekt men in de psychiatrie meestal niet van ziekten, maar van stoornissen. Op grond hiervan wordt de aangepaste definitie als volgt: een psychiatrische stoornis is een stoornis in de psychische functies die gepaard gaat met significant lijden en/of sociaal disfunctioneren.

3   De psychische functies

In de Europese filosofische traditie worden de psychische functies in drie hoofd-groepen ingedeeld: denken, voelen en willen. De psychiatrie gebruikt voor deze drie psychische hoofdfuncties de termen cognitieve, affectieve en conatieve functies (de *trias psychica*). Op grond van deze driedeling van de psychische functies van de hersenen is de uiteindelijke definitie van een psychiatrische stoornis:

Een stoornis in de cognitieve, affectieve en/of conatieve functies, die gepaard gaat met significant lijden en/of sociaal disfunctioneren.

Tabel 1.1 **Cognitieve functies**

Functie	Definitie
Bewustzijn	Toestand van besef van zichzelf en van de omgeving.
Aandacht	Het vermogen om zich te richten of om gericht te blijven op een ervaring of activiteit waarmee men bezig is of wil zijn.
Oriëntatie	Het vermogen zichzelf te situeren in de tijd, in de ruimte, tegenover andere personen en de eigen persoon.
Geheugen	Het vermogen om nieuwe informatie kort vast te houden en te reproduceren, om nieuwe informatie op te slaan en om oude informatie te reproduceren.
Oordeelsvermogen	Het vermogen om eigen mogelijkheden en beperkingen in te schatten, besef van de normen te hebben, de sociale situatie correct te beoordelen en passende doelen te kiezen met daarbij geschikte en sociaal aanvaardbare middelen om deze doelen te bereiken.
Realiteitsbesef	Het vermogen om onderscheid te maken tussen de externe werkelijkheid en de eigen denkbeelden en fantasieën.
Ziekte-inzicht	De mate waarin de betrokkene besef heeft van de aard en de oorzaken van de psychiatrische stoornis en van de noodzaak om hiervoor professionele hulp te aanvaarden.
Executieve functies	Het plannen maken voor en het initiëren, in samenhang en logische volgorde uitvoeren, controleren en stoppen van ingewikkelde handelingen.
Intelligentie	Het vermogen om vergaarde kennis en ervaring op een rationele manier te gebruiken voor het hanteren van nieuwe situaties.
Waarneming	Het door middel van de zintuigen verkrijgen van informatie uit de omgeving en uit het eigen lichaam, waarbij materiële informatie wordt omgezet in psychische informatie.
Denken	Een doelgerichte, logisch geordende reeks voorstellingen, ideeën en symbolen, op gang gebracht door een probleem of een taak en leidend tot een op de werkelijkheid gerichte conclusie.

Tabel 1.2 **Affectieve functies**

Functie	Definitie
Stemming	De door de betrokkene ervaren grondtoon van het gevoelsleven, die blijkt uit mededelingen van de betrokkene en uit het door de onderzoeker waar te nemen affect.
Affect	De zichtbare en hoorbare expressie van de emotionele reactie van de betrokkene op externe gebeurtenissen en interne stimuli zoals gedachten en herinneringen. Dus de waarneembare emoties, niet de door de betrokkene gerapporteerde emoties.)

Tabel 1.3 **Conatieve functies**

Functie	Definitie
Psychomotoriek	Bewegingen die (mede) door psychische factoren worden veroorzaakt of gestuurd en die uitdrukking geven aan emoties.
Motivatie	De subjectief ervaren krachten die gedrag initiëren, stimuleren en richting geven.
Gedrag	Het totaal der waarneembare handelingen in bepaalde situaties, met uitzondering van de psychomotoriek.

4 Doelen en onderdelen psychiatrische diagnostiek

Deze paragraaf beschrijft de diagnostiek zoals die door psychiaters wordt uitgevoerd in het kader van een poliklinische of klinische behandeling, bijvoorbeeld in een forensisch psychiatrische kliniek.

4.1 Doelen

Het doel van psychiatrische diagnostiek is (1) het vaststellen of er sprake is van een ziekte; (2) zo ja, welke ziekte; (3) wat de mogelijke oorzaken zijn; en (4) wat de aangewezen behandeling is. De psychiater probeert te achterhalen welke psychische klachten en verschijnselen er zijn, en beschrijft die als symptomen van stoornissen in de verschillende psychische functies. De betrokkene vertelt bijvoorbeeld dat hij stemmen hoort, en de psychiater stelt vast dat er sprake is van het symptoom auditieve hallucinaties: een stoornis in de functie van het waarnemen. Of de psychiater observeert dat de betrokkene verward praat en concludeert dat er sprake is van incoherentie: een stoornis in de vorm van het denken. Of de psychiater stelt met een testvraag vast dat de betrokkene niet weet waar hij is, en besluit dat er sprake is van desoriëntatie in plaats: een stoornis in de functie oriëntatie. Aan de hand van het geheel van psychiatrische symptomen kan de psychiater beoordelen of er sprake is van een psychiatrische stoornis, en zo ja welke.

Voor het vaststellen van de mogelijke oorzaken van de psychiatrische stoornis is de psychiater meestal aangewezen op het verhaal van de betrokkene. Er kan sprake zijn van een ernstige recente gebeurtenis die de aanleiding heeft gevormd voor het ontstaan van de psychiatrische stoornis. Maar dikwijls zijn er in het levensverhaal al eerder gebeurtenissen geweest waardoor de betrokkene kwetsbaarheid heeft ontwikkeld voor het krijgen van de psychiatrische stoornis. Bij die kwetsbaarheid spelen ook erfelijke factoren in de aanleg meestal een rol, hetgeen blijkt uit de familiegeschiedenis van de betrokkene. Tot slot kunnen ook lichamelijke factoren, zoals lichamelijke ziekten of het gebruik van medicijnen, alcohol of drugs leiden tot het ontstaan van een psychiatrische stoornis. Aan het einde van het diagnostische proces zal de psychiater een advies geven, op basis van de aard en de ernst van de psychiatrische stoornis, voor de keuze van de setting en het type van behandeling (zie verder hoofdstuk 2).

4.2   Onderdelen

Uit de doelen valt af te leiden uit welke onderdelen de psychiatrische diagnostiek bestaat. In grote lijnen is de psychiatrische diagnostiek in tweeën te delen: de anamnese (het vragen naar psychiatrische klachten en mogelijke oorzaken) en het eigenlijke onderzoek (het vaststellen van psychiatrische symptomen). De psychiater vraagt uitgebreid naar de klachten waarvoor de betrokkene in onderzoek of behandeling komt. Zo kan de psychiater de symptomen vaststellen die door de betrokkene worden ervaren: de subjectieve symptomen (bijvoorbeeld een waan). Mogelijke lichamelijke of psychische oorzaken kunnen opgespoord worden door te vragen: naar het gebruik of misbruik van geneesmiddelen, alcohol of drugs; of er in de familie ook psychiatrische stoornissen voorkomen; of er lichamelijke klachten of ziekten zijn; naar de recente en vroegere levensloop van betrokkene. Dikwijls is het nodig om een deel van deze vragen ook te stellen aan een naaste van de betrokkene, bijvoorbeeld omdat de betrokkene door de psychiatrische stoornis niet goed in staat is de nodige informatie te geven. Tijdens het opnemen van de anamnese observeert de psychiater de betrokkene, om de eventuele objectieve symptomen van een psychiatrische stoornis waar te nemen (bijvoorbeeld een vertraagde psychomotoriek). Tot slot kan de psychiater testvragen aan de betrokkene voorleggen, met als doel het vaststellen van specifieke functiestoornissen (bijvoorbeeld een geheugenstoornis). Tabel 1.4 geeft een overzicht van de doelen en de onderdelen van het psychiatrisch onderzoek.

Tabel 1.4	Onderdelen en doelstellingen psychiatrisch onderzoek	
	Onderdeel	**Doel** **onderzoek naar**
	Anamnese	Subjectieve symptomen
	Middelenanamnese	Oorzaken die verband houden met geneesmiddelen, alcohol of drugs
	Psychiatrische voorgeschiedenis	Eerdere episoden van een psychiatrische stoornis; keuze van behandeling
	Psychiatrische familieanamnese	Aangeboren psychische kwetsbaarheden
	Lichamelijke anamnese en eventueel lichamelijk onderzoek	Lichamelijke oorzaken
	Sociale anamnese	Psychosociale oorzaken
	Biografische anamnese	Verworven psychische kwetsbaarheden
	Heteroanamnese	Alle voorafgaande aspecten
	Observatie	Objectieve symptomen
	Testen	Objectief meten van psychische functiestoornissen

Psychiatrische meetinstrumenten

In de psychiatrie wordt toenemend gebruikgemaakt van gestructureerde interviews en vragenlijsten om symptomen van psychiatrische stoornissen in maat en getal vast te leggen. Het kan nuttig zijn om de betrokken vragenlijsten te laten invullen of een aantal gestructureerde vragen te stellen om belangrijke of zeldzame ziektebeelden te 'screenen' die anders misschien over het hoofd zouden worden gezien. Door de uitgebreide gestructureerde interviews kunnen de belangrijkste psychiatrische stoornissen met een hoge tussenbeoordelaarsbetrouwbaarheid worden gediagnosticeerd. Voor wetenschappelijk onderzoek en voor opleidingen zijn deze interviews essentieel, maar voor de dagelijkse klinische praktijk vaak te tijdrovend en te weinig flexibel. Vragenlijsten of korte interviews past men daarentegen zowel bij wetenschappelijk onderzoek als in de klinische praktijk toe: om de ernst van de symptomen van specifieke ziektebeelden vast te stellen. Met deze 'ernstinstrumenten' kan het beloop of het effect van een behandeling van de psychiatrische stoornis worden vastgelegd. Tegenwoordig wordt dit dikwijls standaard gedaan en spreekt men van ROM: *routine outcome monitoring.*

Psychologisch onderzoek

Door psychologen zijn veel gestandaardiseerde tests ontwikkeld om verschillende
psychische functies betrouwbaar te meten. Bekend zijn de intelligentietests
en tests om allerlei kenmerken van de persoonlijkheid vast te stellen. Van
toenemend belang zijn de neuropsychologische tests die specifieke hersenfuncties meten, zoals aandacht, geheugen en taal. Subtiele afwijkingen door
organische hersenziekten kunnen hiermee worden vastgesteld.

Aanvullend onderzoek

In de algemene geneeskunde wordt veel gebruikgemaakt van laboratoriumonderzoek en allerlei vormen van beeldvormend onderzoek om de ziekte en
de oorzaken daarvan te bevestigen of te verwerpen. Dat wordt aanvullend
onderzoek genoemd. Er is nog geen aanvullend onderzoek beschikbaar om
psychiatrische stoornissen vast te stellen. Maar aanvullend onderzoek kan
wel degelijk belangrijk zijn, namelijk om lichamelijke oorzaken van psychiatrische stoornissen op te sporen. Aanvullend onderzoek kan ook nodig
zijn om de keuze voor een behandeling te bevestigen. Te denken valt aan
laboratoriumonderzoek om af te wegen of bepaalde medicijnen voorgeschreven kunnen worden. Beeldvormend onderzoek van de hersenen heeft
geen plaats bij de diagnostiek van psychiatrische stoornissen, tenzij men
vermoedt dat een neurologische ziekte mogelijk de oorzaak is voor de psychiatrische symptomen.

5   Diagnose

Een psychiatrische diagnose heeft als doel het verklaren en begrijpen van de toestand van de betrokkene en het inzetten van een doeltreffende behandeling.
De diagnose omvat daarom een groot aantal aspecten. Het gaat niet alleen
om de symptomen in hun samenhang en hun ontwikkeling. Het gaat ook
om de mogelijke lichamelijke, psychische en sociale oorzaken van de aandoening en om de sterke en zwakke kanten van de persoonlijkheid van de
betrokkene. Tot slot is het van belang dat de huidige omstandigheden en
het gedrag van de betrokkene en naasten een functie kunnen hebben bij
het in stand houden van de symptomen, maar ook bij het oplossen van de
problemen.
Er worden twee typen diagnosen onderscheiden: (1) de syndroomdiagnose
oftewel descriptieve diagnose: deze diagnose is alleen beschrijvend en geeft
geen informatie over de redenen en manier van ontstaan; (2) de structuurdiagnose: deze diagnose beschrijft behalve de symptomen ook waardoor het
syndroom ontstaan is.

In een syndroomdiagnose worden symptomen geordend tot groepen van (dikwijls) samen optredende symptomen. Een voorbeeld van een syndroomdiagnose is: 'een matig ernstig depressief syndroom met suïcidaliteit.' Een structuurdiagnose beschrijft daarnaast ook nog door welke (vermoedelijke) oorzaken factoren het beschreven syndroom ontstaan is (de *etiologie*). De structuurdiagnose gaat in op de somatische, de psychologische en de sociale oorzaken. Daarom spreekt men wel van het biopsychosociale model.[2] Hierbij wordt aandacht geschonken aan: (1) factoren die iemand kwetsbaar maken (predisponerende factoren); (2) factoren die de stoornis uitlokken (precipiterende factoren); en (3) factoren die de stoornis onderhouden of versterken (onderhoudende factoren). Een voorbeeld van een structuurdiagnose is: 'Een matig ernstig depressief syndroom met suïcidaliteit bij een lichamelijk gezonde man met een belaste psychiatrische familieanamnese, met narcistische persoonlijkheidstrekken, die werkloos is. Dit beeld is reactief ontstaan na een griep, kritiek door zijn partner en beslaglegging op zijn huis door financiële problemen. Als gevolg hiervan zijn problemen ontstaan in de relatie en heeft hij geen geld meer voor sociale activiteiten.' Dit voorbeeld wordt uitgewerkt in tabel 1.5.

Tabel 1.5 Voorbeeld van een structuurdiagnose

Oorzaak	Factor Predisponerend	Precipiterend	Onderhoudend
Somatisch	Depressies in de familie	Griep	Geen
Psychisch	Narcistische trekken	Kritiek door partner	Relatieproblemen
Sociaal	Werkloosheid	Beslag op huis	Wegvallen sociale activiteiten

6 Classificatie

Idealiter is een classificatie gebaseerd op de beschrijving van het syndroom, de oorzaken, het ziekteproces en de prognose van het ziektebeeld. Omdat deze zaken in de psychiatrie doorgaans nog niet met zekerheid zijn vast te stellen, berusten de huidige psychiatrische classificatiesystemen grotendeels op syndroomdiagnosen. Men spreekt dan van een descriptieve classificatie, die voornamelijk gebaseerd is op het beschrijven van de symptomen.

Een categoriale classificatie gaat uit van een kwalitatief onderscheid tussen gezondheid en ziekte. Een dergelijk classificatiesysteem bestaat in principe uit duidelijk te onderscheiden categorieën die elkaar niet overlappen. Elke categorie heeft kenmerkende symptomen. Bij een dimensionale classificatie daarentegen beschouwt men ziekte als een uitsluitend kwantitatief afwijkende variant van gezondheid. De aandoening wordt geplaatst op een continuüm: onder of boven een afgesproken grenswaarde spreken we van een stoornis. Een voorbeeld hiervan uit de interne geneeskunde vormt hoge bloeddruk (hypertensie). Een voorbeeld uit de psychiatrie is: autistische trekken komen veel voor bij goed functionerende mensen, maar pas wanneer de betrokkene een vorm van ondersteuning bij het functioneren nodig heeft, spreken we van een autismespectrumstoornis.

In de psychiatrie hanteert men op dit moment categoriale classificatiesystemen. Dit is vooral voor de klinische praktijk gemakkelijk: het komt tegemoet aan onze natuurlijke neiging om 'dingen' te onderscheiden van elkaar: de patiënt is hetzij wel, hetzij niet ziek. Het is echter in de meeste gevallen niet waarschijnlijk dat er natuurlijke grenzen bestaan tussen psychische gezondheid en ziekte. Het gevaar van het categoriaal classificeren van psychiatrische stoornissen is dat er ten onrechte een te groot waarheidsgehalte wordt toegekend aan de betreffende indeling in ziektebeelden. Alsof ze als werkelijke entiteiten bestaan, buiten de patiënten en de artsen om. Dit noemt men wel de reïficatie: het tot 'dingen' terugbrengen van psychiatrische stoornissen.

Een tweede bezwaar van de huidige classificaties is dat de psychiatrische stoornissen daarin zijn opgesplitst in grote aantallen verschillende categorieën. Als gevolg hiervan krijgen veel betrokkenen meer dan één diagnose. Het bestaan van dergelijke 'comorbiditeit' is grotendeels een artefact ten gevolge van onze wijze van classificeren.

6.1   Diagnostic and statistical manual of mental disorders (DSM)

Rond 1900 werd in Europa een lijst opgesteld van alle doodsoorzaken. Deze lijst werd uitgebreid tot de International Statistical Classification of Diseases, Injuries and Causes of Death (ICD) en wordt regelmatig gereviseerd door de World Health Organization (WHO). Pas in de zesde editie van de ICD, die gepubliceerd werd in 1948, kregen psychiatrische stoornissen een eigen hoofdstuk. Uit onvrede over dit classificatiesysteem publiceerde de American Psychiatric Association (APA) in 1952 de *Diagnostic and statistical manual of mental disorders* (DSM). Beide classificatiesystemen waren meer gebaseerd op etiologische theorieën, zoals de psychoanalyse, dan op empirisch verkregen gegevens. Vanaf de derde editie van de DSM, de DSM-III,[3] en de tiende editie van de ICD, de ICD-10,[4] is hierin verandering gekomen. De classificaties zijn sindsdien grotendeels descriptief van aard en ze gebruiken veelal expliciete criteria die in onderzoeken zijn gevalideerd. De voordelen hiervan zijn dat duidelijk is wat er met een psychiatrische classificatie wordt bedoeld en dat de interbeoordelaarsbetrouwbaarheid veel groter is dan vroeger. Dit is vooral van belang voor wetenschappelijk onderzoek van de werkzaamheid van psychofarmaca (psychiatrische geneesmiddelen): deze worden dan getest bij groepen betrokkenen met een betrouwbaar vastgestelde classificatie. In de DSM-III en de DSM-IV[5] werden de psychiatrische stoornissen geclassificeerd op vijf zogeheten assen (zie tabel 1.6).

Tabel 1.6

Multiaxiale classificatie DSM-IV	
As	**Omschrijving**
As I	Klinische syndromen (in principe tijdelijk van aard).
	Andere problemen en aandoeningen die een reden voor zorg kunnen zijn.
As II	Persoonlijkheidsstoornissen.
	Verstandelijke beperkingen.
As III	Lichamelijke ziekten.
As IV	Psychosociale en omgevingsproblemen.
As V	Hoogste niveau van aangepast functioneren in het afgelopen jaar.

As I en as II bevatten de psychiatrische stoornissen. Op as I worden de klinische syndromen ondergebracht. Het uitgangspunt is dat dit meestal voorbijgaande syndromen zijn, net als lichamelijke ziekten. Van deze syndromen worden in operationele definities steeds de kernsymptomen en de facultatieve symptomen beschreven, het minimaal verplichte aantal symptomen en vaak ook de duur dat zij aanwezig moeten zijn. Ook exclusiecriteria worden dikwijls genoemd. As II geeft de stoornissen in de persoonlijkheid en de verstandelijke beperkingen weer, eveneens met beschrijving van een minimaal verplicht aantal persoonlijkheidstrekken. Van de as II-stoornissen wordt aangenomen dat het om levenslang bestaande aandoeningen gaat. Op as III kunnen de somatische aandoeningen worden vermeld die van belang zijn als mogelijke oorzaken of voor de behandeling. Bij as IV wordt aangegeven of er psychosociale problemen zijn die van belang zijn voor de diagnose, de behandeling of de prognose. Bij as V wordt gekeken naar het functioneren op sociaal, beroepsmatig en recreatief gebied. Dit functioneren wordt vastgesteld met behulp van een meetschaal, de Global Assessment of Functioning, en wordt uitgedrukt in een GAF-score tussen 0 en 100.

De afgelopen jaren is er steeds meer kritiek geweest op de DSM-IV. Deze kritiek valt grotendeels terug te voeren op het oneigenlijke gebruik van het classificatiesysteem als een soort 'diagnostische bijbel'. Maar de DSM-IV geeft classificaties, geen psychiatrische structuurdiagnosen zoals beschreven in paragraaf 5. De DSM-IV geeft uitsluitend betrouwbare classificaties: niet meer, maar ook niet minder dan dat. Deze classificatie is bedoeld om de psychiatrische stoornis onder te brengen in een groep met vergelijkbare kenmerken. Dat is iets heel anders dan het vaststellen van de op de persoon toegesneden individuele diagnostische bijzonderheden.

Bovendien is ook de illusie ontstaan dat ongeveer iedereen wel een psychiatrische diagnose kan stellen, door even 'aan te kruisen' aan welke criteria volgens de DSM-IV de betrokkene voldoet. Het vaststellen van een echte psychiatrische structuurdiagnose vereist echter grote kennis van de psychiatrie, veel ervaring met de verschillende stoornissen en de communicatieve competentie om een werkbare relatie aan te gaan met de – mogelijk – psychiatrisch gestoorde betrokkene en door te dringen in diens innerlijke belevingswereld. Tot slot heeft de classificatie volgens de DSM-IV een veel te zware betekenis gekregen doordat deze bepalend is geworden voor de beslissing of de psychiatrische zorg door de zorgverzekeraar vergoed wordt. Dat terwijl de classificatie weinig zegt over de lijdensdruk en/of het disfunctioneren van de betrokkene, en daardoor ook weinig over de vraag of een behandeling nodig is, en zo ja welke behandeling.

6.2   DSM-5

In de zomer van 2013 is de nieuwste versie van het DSM-systeem uitgekomen: de DSM-5.[6] Hoewel om praktische redenen nog enige tijd in Nederland nog wel de DSM-IV gebruikt zal worden als psychiatrisch classificatiesysteem, zijn we in dit boek al uitgegaan van de DSM-5. Een van de wijzigingen in de DSM-5 ten opzichte van de DSM-IV is dat het systeem van de vijf assen weer is verlaten. Vooral omdat het onderscheid tussen tijdelijke syndromen en chronische persoonlijkheidsstoornissen niet juist is gebleken: veel psychiatrische stoornissen zoals schizofrenie beginnen in de adolescentie en kunnen het hele leven blijven bestaan, terwijl persoonlijkheidsstoornissen kunnen overgaan. Een tweede wijziging is het invoeren van criteria voor de ernst van de psychiatrische stoornissen. Daarmee wordt een stap gezet in de richting van een meer dimensionale classificatie. Men hoopt dat dit meer recht doet aan de individuele verschillen tussen de betrokkenen en dat de classificatie beter voorspelt welke behandeling de juiste is.

7   Methodisch dualisme

In het begin van dit hoofdstuk werd al aangegeven dat de scheiding tussen lichamelijk en psychisch kunstmatig is. Dit lichaam-geestprobleem is altijd een
van de belangrijkste filosofische vragen geweest. Sommige filosofen, de
zogeheten monisten, gaan ervan uit dat er maar één werkelijkheid is en dat
lichaam en geest verschillende verschijningsvormen daarvan zijn. Andere
filosofen, de dualisten, menen dat er twee werkelijkheden zijn, die van de
geest en die van het stoffelijke. Hoe die twee werkelijkheden met elkaar verbonden zijn en elkaar beïnvloeden, blijft echter onduidelijk. De vraag is hoe
de psychiatrie omgaat met dit lastige maar wellicht juist ook zo boeiende
vraagstuk.

Het begint al met de vraag naar oorzaken van psychiatrische stoornissen. Is
het aanleg (*nature*) of opvoeding (*nurture*)? In de loop van de tijd heeft het
accent vaak op een van de twee gelegen. Zo dachten sommigen halverwege
de vorige eeuw dat autisme en schizofrenie ontstonden door een verkeerde
aanpak van de moeder; nu beschouwen de meesten beide als hersenziekten.
In de jaren zeventig van de vorige eeuw waren velen van mening dat psychische problemen door de maatschappelijke 'misstanden' kwamen, nu denken
velen dat het allemaal door de genen wordt bepaald. Waar een tijdlang psychotherapie de oplossing leek van alle psychische problemen, kiezen nu veel
betrokkenen eerder voor medicijnen.

Het misschien wel voor de hand liggende antwoord van de psychiatrie
hierop is dat het meestal aan allebei ligt: de genen zowel als de omgeving.
Het interessante is dat hierbij het resultaat meer is dan de som der delen:
de aanleg bepaalt in wat voor omgeving je terechtkomt, en dat bepaalt weer
welke invloed de genen uitoefenen. Gen-omgevingsinteractie heet dit proces. En ook voor de behandeling geldt dat dikwijls de behandeling met psychofarmaca gecombineerd met een vorm van psychologische behandeling
het meest effectief is.

Heeft de psychiatrie daarmee een antwoord op de oeroude lichaam-geest-
kwestie? Nee, daar doet de psychiatrie geen uitspraak over. Maar wel gaat
de psychiatrie uit van twee wetenschappelijke methoden, de natuurweten-
schappelijke en de geesteswetenschappelijke. De eerste methode gaat uit
van meetbare materie die zich gedraagt volgens de natuurwetenschappe-
lijke wetten en verklaringen. Daarom wordt deze tegenwoordig wel 'mate-
riewetenschap' genoemd. De geesteswetenschap gaat uit van gebeurtenissen
die een betrokkene beïnvloeden omdat ze een bepaalde betekenis hebben.
Daarom wordt deze tegenwoordig wel 'betekeniswetenschap' genoemd. In

de dagelijkse praktijk hanteert men in de psychiatrie deze twee methoden door elkaar. Bij dezelfde betrokkene wordt op een materiewetenschappelijke manier *verklaard waarom*, en op een betekeniswetenschappelijke manier *begrepen waardoor* de psychiatrische stoornis is ontstaan. En op vergelijkbare wijze worden de verstoorde psychische functies tegelijk chemisch beïnvloed door psychofarmaca en psychologisch beïnvloed door psychotherapie. Een voorbeeld is een paniekstoornis die met medicijnen wordt behandeld om de angstregulerende systemen in de hersenen te corrigeren en met cognitieve gedragstherapie om de betekenis van omstandigheden of van de eigen lichamelijke sensaties te veranderen.

De psychiatrie heeft dus niet gekozen voor het dualisme in de filosofie, maar wel voor het pragmatisch tegelijkertijd en geïntegreerd toepassen van twee methoden om de werkelijkheid te benaderen. Daarom spreekt men van *methodisch* dualisme. In tabel 1.7 staan de tegenstellingen tussen deze twee methoden nog eens samengevat.

Tabel 1.7 — **Methodisch dualisme**

Materiewetenschappelijke aanpak	Betekeniswetenschappelijke aanpak
Lichaam (*body*)	Geest (*mind*)
Hersenen	Psyche
Natuurwetenschap	Geesteswetenschap
Aanleg	Opvoeding
Genen	Omgeving
Verklaren	Begrijpen
Farmacotherapie	Psychotherapie

8   Forensische aspecten

8.1   Stoornissen volgens DSM en 'stoornis van de geestvermogens'

Een van de strafuitsluitingsgronden in het Wetboek van Strafrecht (artikel 39) betreft : 'Niet strafbaar is hij die een feit begaat, dat hem wegens de gebrekkige ontwikkeling of ziekelijke stoornis van zijn geestvermogens niet kan worden toegerekend.' De vraag is wat onder een gebrekkige ontwikkeling en ziekelijke stoornis van de geestvermogens moet worden verstaan. Gedragsdeskundigen benoemen doorgaans een verstandelijke beperking en persoonlijkheidsstoornissen als een gebrekkige ontwikkeling, en de overige psychiatrische stoornissen als een ziekelijke stoornis. Dit sluit aan bij het in de DSM-IV gemaakte onderscheid tussen as I- en as II-stoornissen.

Door de dominante positie van de DSM-classificatie binnen de psychiatrie is er een tendens ontstaan om het begrip gebrekkige ontwikkeling of ziekelijke stoornis van de geestvermogens gelijk te schakelen aan een of meer in de DSM omschreven stoornissen. Zo werd in een casus waarbij geen sprake was van een DSM-(IV-TR-)stoornis maar wel van hyperseksualiteit (een begrip dat niet in de DSM-IV(-TR) of DSM-5 is opgenomen), geconcludeerd dat er geen gebrekkige ontwikkeling of ziekelijke stoornis van de geestvermogens aanwezig was ten tijde van het ten laste gelegde en bijgevolg er geen terbe-schikkingstelling (tbs) kon worden opgelegd. De Hoge Raad komt echter tot de conclusie dat de opvatting dat slechts een stoornis die is omschreven in de DSM-IV-TR kan worden aangemerkt als een gebrekkige ontwikkeling of ziekelijke stoornis van de geestvermogens, te beperkt en dus onjuist is.[7] De rechter heeft een eigen verantwoordelijkheid om vast te stellen of bij een verdachte ten tijde van het plegen van het feit een gebrekkige ontwik-keling of ziekelijke stoornis van de geestvermogens bestond. Verder wordt opgemerkt dat wanneer een stoornis wel als zodanig in de DSM(-IV-TR) wordt aangeduid, dit evenmin betekent dat de rechter tot het oordeel dient te komen dat er sprake is van een gebrekkige ontwikkeling of ziekelijke stoornis van de geestvermogens. De interpretatie van het begrip gebrekkige ontwikkeling of ziekelijke stoornis van de geestvermogens is aan de rechter en niet aan de gedragsdeskundigen: de rechter legt de wet uit.[8] Overigens wordt zo ook voorkomen dat de situatie zich voordoet dat een eventuele aanwezigheid van een gebrekkige ontwikkeling of ziekelijke stoornis van de geestvermogens bepaald wordt door de op dat moment gehanteerde DSM-editie.

Bij de vraag of er sprake is van stoornis van de geestvermogens, gaat het in de jurisprudentie vooral om de mate waarin het denken, voelen, willen, oordelen en doelgericht handelen van de betrokkene worden beïnvloed.[9] Dit betekent dat de aard en omvang van een eventuele stoornis in een of meer psychische functies bepalend is.

8.2 Betrouwbaarheid van een diagnose

Het DSM-classificatiesysteem is voor een belangrijk deel ontwikkeld om de moge-lijke aanwezigheid van een stoornis met een grote mate van betrouwbaar-heid te kunnen vaststellen. Voordat het DSM-systeem ingang had gevonden, was er geen consensus over de criteria voor de verschillende stoornissen. Dit leidde ertoe dat verschillende onderzoekers bij dezelfde betrokkene, door het ontbreken van overeenstemming over wat onder een specifieke stoornis wordt verstaan, tot een andere diagnose konden komen. Het DSM-classificatiesysteem heeft, door het expliciteren van de voor een stoornis vereiste kenmerken, de mate van tussenbeoordelaarsbetrouwbaarheid vergroot. Toch kan het nog steeds voorkomen dat verschillende gedragsdeskundigen tot uiteenlopende diagnostische conclusies komen bij dezelfde betrokkene. Een van de redenen hiervoor kan zijn dat de verschillende gedragsdeskundigen hun bevindingen niet op dezelfde informatie en observatie baseren. Voor een deel is dit onvermijdelijk. Er zal tussen de onderzoeken van meerdere gedragsdeskundigen altijd een zekere tijd zitten en de omstandigheden voor de betrokkene kunnen in de tussentijd zijn veranderd. Zo kan bijvoorbeeld de mededeling van een partner dat zij wil scheiden, of een (gewelds) incident tijdens de detentie, de gemoedstoestand van een betrokkene soms diepgaand beïnvloeden waardoor deze zich anders kan gedragen.

Ook kan de context waarin het onderzoek plaatsvindt, invloed hebben op de manifestatie van psychopathologie. In detentie is er sprake van een sterk gestructureerde omgeving waardoor bijvoorbeeld psychotische symptomen of impulsief gedrag minder sterk naar voren kunnen komen. Wanneer dezelfde betrokkene door een andere gedragsdeskundige na ontslag uit detentie wordt onderzocht, kunnen deze kenmerken weer meer manifest zijn.

Een andere bron van verschillen in bevindingen kan zijn dat een betrokkene met een van de gedragsdeskundigen een heel goed contact heeft. Naarmate het contact beter is zal een betrokkene zich in de regel emotioneel meer openstellen waardoor beter inzicht kan worden verkregen in diens belevingen en opvattingen. Ook sekseverschillen tussen de gedragsdeskundigen kunnen een rol spelen. Sommige betrokkenen voelen zich bij een man of juist bij een vrouw meer op hun gemak en zijn bijgevolg bij diegene minder defensief.

Een factor bij verschillen in het genereren van informatie kan zijn het hanteren van een andere wijze van interviewen. Indien niet dezelfde vragen worden gesteld, zal elke deskundige uiteraard tot op zekere hoogte andere informatie verkrijgen. Er bestaan semigestructureerde interviews die op een systematische wijze de criteria van de DSM-stoornissen uitvragen, doch deze worden mede vanwege de hoeveelheid tijd die hiermee is gemoeid vaak niet gehanteerd.[10] Daarbij zijn deze interviews ontwikkeld voor de algemene psychiatrie en doordat hiermee niet de betekenis van de psychopathologie voor de betrokkene in beeld kan worden gebracht, zouden deze interviews beperkt toepasbaar zijn bij het psychiatrische onderzoek in strafzaken.[11]

Bij de vraag of er een stoornis aanwezig was ten tijde van het ten laste gelegde, speelt er de factor dat er (veel) tijd is gelegen tussen het delictgedrag en het onderzoek. Door het tijdsverloop wordt het onderzoek bemoeilijkt aangezien de deskundige is aangewezen op het verslag van de betrokkene waarbij een geheugen bias een belangrijke rol kan spelen. Door deze bias kan de inhoud van de herinneringen worden vervormd. Sommige auteurs vermelden dat een dergelijke reconstructie mede daardoor niet mogelijk is.[12]

Ook wanneer de gedragsdeskundigen hun conclusies baseren op hetzelfde materiaal, kunnen deze uiteenlopen doordat er verschillen bestaan in de interpretatie van gedrag. Wanneer bijvoorbeeld hyperactiviteit een kenmerk is van een stoornis, is het de vraag wanneer precies de grens van normaal naar druk gedrag wordt overschreden. Gedragsdeskundigen kunnen hierbij op basis van de eigen subjectiviteit tot verschillende beoordelingen komen. Ook kunnen er verschillen bestaan over hoe een begrip dient te worden geïnterpreteerd. Bijvoorbeeld hoe de omschrijving van het begrip waan dient te worden geoperationaliseerd.

8.3   Materiewetenschap en relatie stoornis-delict

Naast een eventueel aanwezige stoornis kunnen ook contextuele factoren medebepalend zijn bij het gedrag van een betrokkene. Zo werd reeds eerder genoemd dat een gestructureerde omgeving de manifestatie van psychotische symptomen kan doen afnemen. Daarentegen kunnen psychotische symptomen juist meer naar voren komen in een omgeving die gekenmerkt wordt door chaos of emotioneel geladen conflicten. Verschillen in contextuele factoren kunnen ertoe leiden dat een betrokkene met een psychotische stoornis met een bevelshallucinatie hieraan gehoor geeft, terwijl een andere betrokkene met precies dezelfde stoornis de opdracht niet opvolgt.

Niet alleen de context is van invloed op hoe een stoornis zich manifesteert. Ook de eigenschappen van de betrokkene zelf hebben hier invloed op. Intacte psychische functies zoals een goede intelligentie of een vermogen tot het beheersen van impulsen kunnen een compenserende rol spelen bij het niet overgaan tot delictgedrag doordat de betrokkene respectievelijk de gevolgen van zijn voorgenomen gedrag kan overzien of een zich opdringende agressieve impuls kan weerstaan.

Gedrag wordt vrijwel nooit door een enkele factor bepaald. Binnen de psychiatrie wordt gedrag dan ook geanalyseerd vanuit een zogeheten multifactorieel perspectief. Gedrag wordt bepaald door een complex proces van wederzijdse beïnvloeding tussen gestoorde en intacte psychische functies en de context. Al deze factoren werken onderling op elkaar in.

Het aandeel van een aanwezige stoornis in het delictgedrag kan niet worden geïsoleerd van de contextuele factoren en de intacte psychische functies. De vraag, aan de gedragsdeskundige, in welke mate een aanwezige stoornis van invloed is geweest ten tijde van het ten laste gelegde is dan ook problematisch. Deze vraag naar de kwantificering van de invloed van de stoornis fungeert als basis voor het advies van de gedragsdeskundige over de mate van toerekeningsvatbaarheid. Het uitgangspunt hierbij is dat naarmate het aandeel van de stoornis bij het ten laste gelegde groter is, oftewel naarmate de stoornis meer doorwerkt op het delictgedrag, de toerekeningsvatbaarheid afneemt.

Momenteel is het begrip toerekeningsvatbaarheid onder de gedragsdeskundigen sterk in discussie. Een onderdeel van deze discussie betreft de vraag in hoeverre de mate van invloed van de stoornis op het ten laste gelegde is te kwantificeren. Hoewel, zoals in het voorafgaande beschreven, een exacte kwantificering van het aandeel van de stoornis bij de totstandkoming van het delictgedrag niet mogelijk is, zal de gedragsdeskundige niet aan een zekere mate van weging kunnen ontkomen.[13] De vaststelling dat een stoornis geen rol heeft gespeeld bij het ten laste gelegde houdt immers al een weging in.

Om de rechter zo goed mogelijk in staat te stellen zich een eigen oordeel te vormen over de invloed van de stoornis op het delictgedrag, is het aangewezen dat de gedragsdeskundige zo nauwkeurig mogelijk tracht deze invloed te beschrijven aan de hand van de rol van de gestoorde en intacte psychische functies en contextuele factoren, en de onderlinge beïnvloeding bij de totstandkoming en uitvoering van het ten laste gelegde.[14] Een aantal psychische functies is hierbij in het bijzonder van belang. De cognitieve functies omvatten het vermogen de eventuele wederrechtelijkheid van het eigen gedrag en de gevolgen van het eigen handelen te kunnen beoordelen. Bij het in staat zijn om gedrag na te laten, staat het inhibitievermogen als onderdeel van de conatieve functies centraal. Zo kan bijvoorbeeld de invloed van een verstandelijke beperking op de cognitieve functies worden beschreven aan de hand van het oordeelsvermogen, abstractievermogen en intelligentie. Een ander voorbeeld betreft een te lage bloedglucosespiegel die bijdraagt aan een stoornis van de conatieve functies in de vorm van een ontremming. Een voorbeeld van een onderlinge beïnvloeding van psychische functies betreft een angstaanval met een stoornis van de affectieve functies waardoor de cognitieve functies worden aangedaan in de vorm van een vernauwd bewustzijn.

8.4.   Betekeniswetenschap en relatie stoornis-delict

Bij het antwoord op de vraag waardoor bij twee betrokkenen met een identieke stoornis de een wel tot delictgedrag komt en de ander niet, is in het voorafgaande gewezen op het belang van contextuele factoren en op het feit dat intacte psychische functies de gestoorde functies soms kunnen compenseren. Een andere manier om het verschil in gedrag tussen deze twee betrokkenen te begrijpen is een betekeniswetenschappelijke benadering. Hierbij gebruikt men wel de hermeneutische methode (hermeneutiek is de leer van de interpretatie). Hierbij wordt geprobeerd het gedrag van een betrokkene te begrijpen vanuit diens subjectieve belevingswereld en de daaraan verbonden betekenisverlening. Het denken, voelen, willen en handelen wordt opgevat als een vorm van betekenisverlening vanuit het perspectief van de betrokkene.[15]

Bij de hermeneutische methode gaat het om de vraag: 'Waarom handelt deze unieke persoon in deze specifieke situatie nu op deze wijze?'[16] Om deze vraag te kunnen beantwoorden, zal de onderzoeker trachten zicht te krijgen op de beleving van de betrokkene in die specifieke situatie. Een manier hierbij is om aan de hand van wat de betrokkene vertelt, zich als onderzoeker te verplaatsen in de beleving van de betrokkene en van daaruit het gesprek verder vorm te geven om duidelijk te krijgen welke betekenis de situatie had voor de betrokkene. Hierbij kunnen, door het contact met de betrokkene, bij de onderzoeker opgeroepen gevoelens aanwijzingen geven voor wat er in de betrokkene omging ten tijde van het ten laste gelegde.

Een andere informatiebron voor de betekenisverlening door betrokkene bestaat uit het onderzoeken hoe zijn huidige wijze van functioneren beïnvloed wordt door zijn levensgeschiedenis. Een aspect hierbij is hoe belangrijke vroegere relaties, zoals met zijn ouders of partner(s), voor de betrokkene vorm hebben gekregen en hoe die nu doorwerken in zijn huidige levenssituatie. Het zich inleven in de belevingswereld van de betrokkene, het door de onderzoeker bij zichzelf registeren wat het contact met hem aan gevoelens oproept, en het zicht krijgen op hoe het leven van de betrokkene is gekleurd door vroegere ervaringen, zijn alle bronnen die helpen om te begrijpen vanuit welk subjectief perspectief de betrokkene betekenis heeft gegeven aan zijn handelen.

Een voorbeeld van hoe betekenis kan worden gegeven aan het eigen handelen, is de casus van een betrokkene die reeds jarenlang lijdt aan een paranoïde psychose waarbij hij de overtuiging heeft dat 'personen' het op hem gemunt hebben. Alhoewel hij zich jarenlang bedreigd voelt, komt het niet tot geweld doordat hij het gevoel heeft dat deze personen hem niet durven te benaderen en alleen via een omweg proberen zijn leven onmogelijk te maken. Op het moment echter dat zijn vrouw vertelt van hem te willen scheiden, steekt hij haar neer. Bij het onderzoek komt naar voren dat de mededeling van zijn vrouw voor betrokkene de betekenis heeft dat zijn vrouw blijkbaar samenwerkt met de 'personen' die hem kwaad willen doen. Voor betrokkene is dit het bewijs dat de 'personen' zijn huis binnen zijn gekomen en de enige 'oplossing' die hij hiervoor ziet, is het neersteken van zijn vrouw. Deze interpretatie maakt inzichtelijk waarom betrokkene zijn vrouw en niet bijvoorbeeld zijn buurman neersteekt.

Doordat in de psychiatrie steeds meer belang wordt gehecht aan het op een objectieve manier vaststellen van psychopathologie, is de aandacht voor de hermeneutische methode afgenomen. Een aspect hierbij is dat de hermeneutische methode sterk leunt op de subjectiviteit van de onderzoeker bij het interpreteren van de betekenisverlening door de betrokkene aan het delictgedrag. Deze subjectiviteit van de onderzoeker maakt dat de interpretatie van de betekenisverlening van het handelen van een betrokkene een speculatief karakter krijgt, waarbij een andere onderzoeker met evenveel recht hier een andere interpretatie tegenover kan zetten. Ondanks deze beperkingen heeft de hermeneutische methode wel degelijk grote waarde binnen de (forensische) psychiatrie. Want zonder interpretatie van de betekenisverlening door een betrokkene van zijn handelen is het vaak niet goed mogelijk om zicht te krijgen op welke situaties een risico vormen voor een delictrecidive. De reden hiervoor is onder meer dat sommige situaties voor een betrokkene vanuit zijn belevingswereld sterk beladen kunnen zijn, en daardoor een recidiverisico kunnen inhouden. Het motiveren voor een behandeling is zonder het erbij betrekken van de subjectieve belevingswereld van de betrokkene welhaast niet mogelijk. Ook in de behandeling zelf zal de beleving van de betrokkene dikwijls onderwerp van gesprek dienen te zijn om aansluiting te krijgen bij wat voor de betrokkene in zijn leven belangrijk is.

8.5   Gedragsdeskundigen

Rapportages pro Justitia kunnen zowel uitgevoerd worden door psychiaters als door psychologen en orthopedagogen. In dit verband wordt de term gedragsdeskundigen gebruikt.

Er zijn echter duidelijke verschillen tussen deze disciplines. Een psychiater is tevens arts en is onder meer gespecialiseerd in het onderzoek naar lichamelijke oorzaken van psychiatrische stoornissen en de neurobiologische behandeling hiervan, waaronder geneesmiddelen. Bij rapportage pro

Justitia zal de psychiater zich met name richten op de psychiatrische diagnostiek, de invloed van lichamelijke stoornissen en (genees)middelen op het (delict)gedrag en medicamenteuze beïnvloedingsmogelijkheden.[17] Een (klinisch) psycholoog en sommige orthopedagogen zijn gespecialiseerd in psychologisch testonderzoek. Bij rapportages besteden deze disciplines in het bijzonder aandacht aan intelligentieonderzoek, de diagnostiek van persoonlijkheidsstoornissen en de relatie tussen opvoeding en psychologische ontwikkeling.[18]

Noten

1   In dit hoofdstuk is – min of meer letterlijk – geciteerd uit hoofdstuk 1-3 van Hengeveld, M.W. & Balkom, A.J.L.M. van. (Red.). (2009). *Leerboek psychiatrie* (2e herz. dr.). Utrecht: De Tijdstroom.

     Hengeveld, M.W., & Koerselman, G.F. (2009). Psychopathologie. In: M.W. Hengeveld & A.J.L.M. van Balkom (Red.), *Leerboek psychiatrie* (2e herz. dr., pp. 17-28). Utrecht: De Tijdstroom.

     Hengeveld, M.W. (2009). Het psychiatrisch onderzoek. In: M.W. Hengeveld, & A.J.L.M. van Balkom (Red.), *Leerboek psychiatrie* (2e herz. dr., pp. 29-56). Utrecht: De Tijdstroom.

     Hengeveld, M.W. (2009). Diagnose en classificatie. In: M.W. Hengeveld & A.J.L.M. van Balkom (Red.), *Leerboek psychiatrie* (2e herz. dr., pp. 57-66). Utrecht: De Tijdstroom.

2   'Het biopsychosociale model' is een ongelukkige term, omdat het suggereert dat alleen het lichamelijke biologisch is, en omdat het geen echt model is maar alleen een indeling, die geen handvat geeft voor hoe de interacties tussen de drie niveaus kunnen worden begrepen.

3   American Psychiatric Association. (1981). *Beknopte handleiding bij de diagnostische criteria van de DSM-III*. Lisse: Swets & Zeitlinger.

4   World Health Organization. (1994). *De ICD-10: Classificatie van psychische stoornissen en gedragsstoornissen*. Lisse: Swets & Zeitlinger.

5   American Psychiatric Association. (1995). *Beknopte handleiding bij de diagnostische criteria van de DSM-IV*. Lisse: Swets & Zeitlinger.

6   American Psychiatric Association. (2013). *Diagnostic and statistical manual of mental disorders, Fifth edition*. Arlington, VA: American Psychiatric Association.

7   HR 18 december 2012, ECLI:NL:HR:2012:BY5355, NJ 2013/466 met noot van B.F. Keulen.

8   Vergelijk de noot van B.F. Keulen.

9   PHR:2007:BB 3321.

10   Dingemans, P.M.A.J., & Sno, H.H. (2004). Meetinstrumenten bij persoonlijkheidsstoornissen. *Tijdschrift voor Psychiatrie, 46*, 705-709.

11   Nederlandse Vereniging voor Psychiatrie. (2012). *Richtlijn psychiatrisch onderzoek en rapportage in strafzaken*. Utrecht: De Tijdstroom.

12   Koppen, P.J. van. (2004). Weg van de toerekeningsvatbaarheid: Over rapportages over de verdachte. *Trema, 27*, 221-228.

13   Mulbregt, J.M.L. van. (2009). Over toerekenen en afrekenen. In: F. Koenraadt, & I. Weijers (Red.), *Vrijheid en verlangen: Liber amicorum prof.dr. Antoine Mooij*. Den Haag: Boom Juridische uitgevers.

14   Hummelen, J.W., & Jong, D.H. de. (2011). Toerekeningsvatbaarheid en toerekenen: de conclusie van de gedragsdeskundige versus het oordeel van de strafrechter. In: B. Krans, B. Marseille, F. Vellinga-Schootstra, & P. Westerman (Red.), *Deskundige in het recht*. Zutphen: Uitgeverij Paris.

15   Mooij, A. (2004). *Toerekeningsvatbaarheid: Over handelingsvrijheid*. Amsterdam: uitgeverij Boom.

16   Mooij, A. (2006). *De psychische realiteit: Psychiatrie als geesteswetenschap*. Amsterdam: uitgeverij Boom.

17   Zie ook: Esch, C.M. (2012). *Gedragsdeskundigen in strafzaken*. Leiden: Academisch proefschrift.

18   Kordelaar, W.F. (2012). Het psychologisch onderzoek pro Justitia. In: B.C.M. Raes, F.A.M. Bakker (red.). *De psychiatrie in het Nederlands recht*. Deventer: Kluwer.

2 Behandelmethoden

1 Inleiding

Wanneer een individu zich aanmeldt bij een hulpverlener, spreken we van een cliënt of patiënt. Deze termen worden tegenwoordig door elkaar gebruikt. De term cliënt is vanaf de jaren zeventig meer in zwang gekomen om daarmee de autonomie van de hulpvrager en de gelijkwaardigheid aan de hulpverlener te benadrukken. Ook verwijst deze term naar het marktdenken waarbij de zorgvrager (cliënt) een grote mate van keuzevrijheid wordt toegekend. Artsen en psychiaters gebruiken tot op heden de term patiënt om aan te geven dat een psychiatrische stoornis in principe niet anders benaderd dient te worden dan een 'lichamelijke' stoornis. Daarbij komt het woord patiënt uit het Latijn waar het 'iemand die lijdt' betekent. Hierin ligt besloten dat degene die lijdt in zekere mate gedwongen is om hulp te zoeken waardoor de relatie tussen zorgvragen en zorgverlener wordt gekenmerkt door ongelijkheid.

Ingeval een individu hulp zoekt voor een klacht, zal na een psychiatrisch onderzoek een diagnose worden gesteld. Het is goed om te beseffen dat een diagnose nagenoeg nooit met absolute zekerheid kan worden gesteld. Hierbij wordt de diagnose die het best past bij de klachten en de uitkomsten van het onderzoek, de waarschijnlijkheidsdiagnose genoemd. Daarnaast worden bij een zogeheten differentiële diagnose nog andere diagnosen vermeld die kunnen worden overwogen. Die differentiële diagnosen worden opgesteld om twee redenen. Ten eerste: psychiatrische stoornissen vertonen in de klinische praktijk bij een individu vrijwel nooit alle symptomen van die specifieke stoornis. Ten tweede bestaat er bij de symptomen van een stoornis vaak een overlap met andere stoornissen. Daarom is het belangrijk om altijd alternatieve diagnosen te overwegen.

Het is uit onderzoek bekend dat artsen al zeer snel in het contact met een betrokkene diagnostische conclusies trekken. Hierbij bestaat het risico dat verdere informatie van de betrokkene die past bij de eerst getrokken diagnostische conclusie, opgevat wordt als een bevestiging hiervan, en gegevens die hier niet bij passen genegeerd worden (*confirmation bias*). Het belang van het werken met een differentiële diagnose is dan ook dat de diagnosticus zichzelf ertoe dwingt een alternatieve hypothese op te stellen over welke stoornis de betrokkene heeft, om zo te voorkomen dat er verkokering optreedt in het diagnostische beslisproces. Wanneer we met een betrokkene de gestelde waarschijnlijkheidsdiagnose bespreken, dienen we duidelijk te maken op grond van welke bevindingen we tot deze diagnose zijn gekomen. Bijvoorbeeld:

'U hebt verteld over een gewelddadige overval op uw winkel waarbij u gewond bent geraakt; u vertelt verder dat u deze overval steeds weer herbeleeft, dat u niet meer goed in uw winkel durft te zijn, er niet meer over wilt spreken en geen belangstelling meer hebt voor uw omgeving. Tevens kunt u moeilijk nog inslapen en bent u zeer prikkelbaar. Deze klachten passen bij de diagnose van een posttraumatische-stressstoornis.'

Door specifiek de klachten te benoemen op grond waarvan de diagnose (mede) is gesteld, wordt het diagnostische proces voor de betrokkene inzichtelijk. Hierdoor zal het voor de betrokkene gemakkelijker zijn om vertrouwen te hebben in de juistheid van de gestelde diagnose of waarschijnlijkheidsdiagnose. Vervolgens zal de hulpverlener de betrokkene en zijn naasten voorlichten over wat bekend is over de vastgestelde aandoening wat betreft mogelijke oorzakelijke factoren, het beloop en de verschillende behandelmogelijkheden. Deze voorlichting wordt psycho-educatie genoemd.

Het is belangrijk om de betrokkene te informeren over de diverse behandelmogelijkheden die er bestaan om de aandoening te behandelen. Hierbij dient men in te gaan op waar een behandeling uit bestaat, bijvoorbeeld medicatie of psychotherapie, en welke effecten hiervan verwacht mogen worden. Tevens dienen nadrukkelijk ook de mogelijke bijwerkingen en risico's van een behandelmethode besproken te worden. Deze hoeven niet alleen op te treden bij een medicamenteuze behandeling. Ook een ingestelde psychotherapie kan risico's met zich meebrengen. Zo kan een groepstherapie bij een ernstige persoonlijkheidsstoornis of zwakbegaafdheid soms het risico geven op een toename van het angstniveau doordat de betrokkene overvraagd wordt door de intensieve interacties. Een behandeling kan pas plaatsvinden wanneer een betrokkene is voorgelicht over de diagnose en over de implicaties en risico's, zowel op korte als op langere termijn, van een voorgestelde behandeling. Deze informatie heeft een betrokkene nodig om tot een afgewogen beslissing te komen over de voorgestelde behandeling. Men spreekt van *informed consent* wanneer een betrokkene na deze informatie akkoord gaat met de geadviseerde behandeling.

Bij een behandeling kunnen verschillende onderdelen worden onderscheiden. Als eerste kan hierbij worden genoemd de vraag in welke setting (omgeving) de behandeling plaatsvindt. Daarnaast kunnen bij een behandeling medicijnen worden voorgeschreven. Medicijnen die het psychische functioneren beïnvloeden, worden psychofarmaca genoemd. Een niet zo vaak toegepaste maar wel belangrijke biologische behandelmethode is de elektroconvulsieve therapie (ECT). Beïnvloeding van de klachten op een systematische wijze door psychologische interventies wordt psychotherapie genoemd. Psychiatrische stoornissen kunnen een grote nadelige invloed hebben op het sociale en maatschappelijke functioneren. Aan de hand van psychosociale behandelmethoden wordt getracht deze nadelige invloed tegen te gaan.

2   Behandelsettings

Een psychiatrische behandeling kan in verschillende settings plaatsvinden. Wanneer de betrokkene wordt opgenomen, spreken we van een klinische psychiatrische behandeling. Een dergelijke behandeling vindt plaats binnen een instelling voor geestelijke gezondheidszorg (ggz). Deze instellingen zijn voortgekomen uit wat eerder algemeen psychiatrische ziekenhuizen (APZ) werd genoemd. De asielfunctie was vroeger een belangrijk onderdeel van het APZ. Hiermee wordt bedoeld dat er patiënten verblijven die langdurig dermate ontregeld gedrag vertonen dat zij niet in staat zijn om in de maatschappij te functioneren. De afgelopen decennia zijn deze patiënten met begeleiding voor een belangrijk deel in beschermde woonvormen terechtgekomen. Men spreekt in dit verband van 'vermaatschappelijking' van de psychiatrische zorg. Voor het merendeel van de patiënten heeft deze vermaatschappelijking tot een positieve verandering in hun leven geleid, maar een deel van deze patiënten kan zich, ook met begeleiding, niet in de maatschappij handhaven, is dakloos en zwerft over straat.

Sommige algemene ziekenhuizen hebben een psychiatrische afdeling. Men spreekt dan van een PAAZ: een psychiatrische afdeling van een algemeen ziekenhuis. De psychiatrische afdeling van een universitair medisch centrum wordt wel PUK genoemd: psychiatrische universitaire kliniek. Op de PAAZ of PUK worden patiënten alleen voor een relatief korte duur opgenomen. Omdat de PAAZ of PUK onderdeel uitmaakt van een algemeen ziekenhuis, worden er vooral mensen opgenomen bij wie ook sprake is van complexe lichamelijke problematiek.

Een psychiatrische opname heeft als groot nadeel dat de betrokkene zijn eigen omgeving verlaat en het contact met de naasten hierdoor wordt bemoeilijkt. De betrokkene komt bij een opname in een situatie waarin behandelaars en verpleging een heel belangrijke plaats gaan innemen in het dagelijks leven. Ook heeft een betrokkene bij een opname maar in beperkte mate de regie over de invulling van zijn activiteiten. Hierdoor kan, vooral bij een langer durende opname, zich een proces gaan ontwikkelen waarbij een betrokkene steeds meer afhankelijk wordt in zijn functioneren van de hulpverleners en hij inboet aan zelfstandigheid. Activiteiten die een betrokkene voor opname zelf uitvoerde, bijvoorbeeld boodschappen of de was doen, worden hem nu uit handen genomen. Deze afhankelijkheid gaat gepaard met een afname van zelfredzaamheid en zelfvertrouwen. Een betrokkene kan steeds onzekerder worden en gaan opzien tegen het zelf uitvoeren van activiteiten. Uiteindelijk kan, bij een langdurige opname, er een gedragspatroon ontstaan bestaande uit een sterke passiviteit en afhankelijkheid waarbij de betrokkene nauwelijks meer tot initiatieven komt. Dit gedragspatroon noemt men hospitalisatie. De vermaatschappelijking van de zorg is mede opgekomen als een reactie op de hospitalisatie van langdurig opgenomen patiënten.

Bij een deeltijdbehandeling verblijft een betrokkene thuis maar komt deze voor een of meer dagdelen naar een behandelcentrum. Zo worden de nadelige effecten van een opname voorkomen en kan er toch een uitgebreide behandeling worden geboden.

De meeste behandelingen vinden ambulant plaats. Hierbij komt de betrokkene voor de behandeling naar een polikliniek van een ggz-instelling of naar de praktijk van een zelfstandig gevestigde psycholoog of psychiater. Tegenwoordig wordt er ook steeds meer psychische hulpverlening georganiseerd binnen huisartsenpraktijken. Hulpverlening zonder opname noemt men ambulante behandeling (van het Latijnse woord *ambulare* dat wandelen of lopen betekent).

3   Psychofarmaca[1]

Voordat een geneesmiddel op de markt mag komen, dienen de beoordelingsautoriteiten een registratie af te geven die bepaalt voor welke stoornis(sen) dit middel mag worden voorgeschreven. In de regel geldt dat de werkzaamheid van het middel aangetoond dient te zijn aan de hand van *randomized controlled trials* (RCT's). Bij een RCT wordt het te onderzoeken middel vergeleken (*controlled*) met een ander middel waarvan de effectiviteit bekend is, of met een placebo. Het placebomiddel ziet er hetzelfde uit als de te onderzoeken stof maar bevat zelf geen werkzame stof. Dit wordt gedaan omdat het geven van een als geneesmiddel gepresenteerd middel door de suggestieve werking reeds een positief effect kan hebben op de klachten. Dit placeboeffect kan leiden tot een afname van de klachten in de orde van grootte van 30%. Op willekeurige wijze (*randomized*) wordt bepaald welke proefpersonen de te onderzoeken stof krijgen en welke het placebo. Deze onderzoeken (*trials*) worden bij voorkeur 'dubbelblind' uitgevoerd: zowel de gebruiker als degene die het middel uitreikt, weet niet ('zijn blind') om welke stof het gaat zodat de werking niet door suggestie kan worden beïnvloed.

De beoordelingsautoriteiten bezien niet alleen of een middel werkzaam is, maar ook welke bijwerkingen het middel kan geven en of hieraan niet te grote risico's verbonden zijn. Wanneer een geneesmiddel wordt toegelaten tot de markt, dienen de bijwerkingen vermeld te worden in een bijsluiter. Het is wettelijk verplicht om bij elk geneesmiddel dat wordt voorgeschreven, de betrokkene een bijbehorende patiëntenbijsluiter te geven. Dit geldt ook bij een klinische behandeling in een instelling. Bij het bespreken van de behandelmogelijkheden dient de arts van een geneesmiddel de meest voorkomende bijwerkingen die kunnen optreden, met de betrokkene te hebben besproken. De arts dient in het medisch dossier aan te tekenen dat de betrokkene is geïnformeerd over de mogelijke optredende bijwerkingen en dat deze heeft toegestemd in het gebruik van het middel (*informed consent*). Wanneer een geneesmiddel wordt voorgeschreven voor een andere indicatie of leeftijdsgroep waarvoor het is geregistreerd, is er sprake van *off-label*-gebruik.

Een fabrikant krijgt bij een nieuw geregistreerd geneesmiddel een patent voor de duur van een aantal jaren. Het middel wordt met een merknaam op de markt gebracht met als achtervoegsel het teken '®': deze naam is beschermd en het middel mag niet door een andere producent op de markt worden gebracht. Na het verlopen van een patent kan de werkzame stof wel onder een andere naam worden verkocht. Een werkzame stof kan na afloop van een patent bijgevolg onder diverse merknamen op de markt zijn. Om duidelijkheid te geven over welke werkzame stof een middel bevat, wordt deze stof altijd met de generieke naam vermeld. Bijvoorbeeld: het middel Prozac® (beschermde naam, merknaam) bevat als werkzame stof fluoxetine (generieke naam).

Het is belangrijk te beseffen dat de werking van psychofarmaca voortkomt uit het beïnvloeden van chemische processen binnen het zenuwstelsel. De beïnvloeding vindt plaats door effecten op de chemische stoffen die zorgen voor de signaaloverdracht tussen zenuwcellen (neuronen). Deze stoffen worden neurotransmitters genoemd. Hiervan zijn er verschillende typen. Belangrijke neurotransmitters zijn dopamine, serotonine en noradrenaline. In de hersenen zijn er echter nog veel meer typen neurotransmitters. Een psychofarmacon beïnvloedt de signaaloverdracht tussen de neuronen doordat het zich bindt aan een of meer receptoren die de hoeveelheid neuro-transmitters reguleren. Dergelijke receptoren zijn door het gehele hersenge-bied verspreid. Dit betekent dat het effect van een psychofarmacon zich niet beperkt tot een specifiek plaats en effect maar dat er ook altijd effecten op andere delen van de hersenen optreden en dit leidt ertoe dat er ook bijwer-kingen optreden. Dat de werking van psychofarmaca verloopt via beïnvloe-ding van receptoren en neurotransmitters, verklaart ook waarom sommige psychofarmaca werken tegen verschillende stoornissen. Zo kunnen antide-pressiva zowel worden gebruikt bij de behandeling van een depressie als bij verschillende typen angststoornissen. Blijkbaar speelt bij beïnvloeding van de symptomen van zowel een depressie als een angststoornis eenzelfde receptor- en neurotransmittersysteem een rol.

3.1   Antipsychotica

Het eerste antipsychoticum (chloorpromazine) kwam in 1952 in Nederland beschikbaar. Voor die tijd bestond de behandeling van psychotische patiën-ten vooral uit het onder controle proberen te houden van de onrust. Hiertoe maakte men onder meer gebruik van een dwangbuis, een spanlaken (waar de patiënt onder werd gelegd zodat hij geen kant op kon) of plaatsing in een isoleercel. Ook werden er biologische behandelingen ingezet zoals het in coma brengen van een betrokkene door het inspuiten van een overmaat aan insuline, het toedienen van elektroshocks of zelfs het verrichten van een leukotomie. Bij deze laatste ingreep ging men via de oogkas met een soort haak de hersenschedel binnen (het gedeelte van de schedel dat de herse-nen beschermt) en sneed dan een deel van de verbindingen tussen bepaalde hersengebieden door (wanneer de hersengebieden zelf werden vernietigd, spreekt men van een lobotomie). Al deze behandelingen hadden vrijwel geen effect op de psychotische symptomen maar gaven soms wel zeer ern-stige neveneffecten, vooral bij leukotomie. Na deze ingreep kon een zeer sterke apathie optreden. Psychotische patiënten konden door hun gedrag niet in de maatschappij leven en verbleven soms noodgedwongen jarenlang in gesloten inrichtingen.

De ontwikkeling van antipsychotica heeft de uitzichtloze situatie van de chronisch psychotische patiënt drastisch verbeterd. Door het gebruik van antipsychotische medicatie verbleken de psychotische symptomen en de vaak daarmee verbonden gedragsproblemen. Hierdoor kunnen deze betrok-kenen nu dikwijls in de maatschappij functioneren. Antipsychotica genezen de oorzaak van een psychotische stoornis niet. Bij sommige psychotische stoornissen, vooral bij schizofrenie, dient jarenlang de medicatie te blijven worden gebruikt om een terugval te voorkomen.

Bij psychotische stoornissen speelt een overmatige activiteit van het dopa-minesysteem een centrale rol. Antipsychotica werken vaak in op meerdere neurotransmitters, maar de belangrijkste werking bestaat uit een blokke-ring van dopaminereceptoren. Door blokkering van deze receptoren ont-staat in zekere mate een emotionele afvlakking. Dit is een vervelend effect dat klachten geeft (bijvoorbeeld minder kunnen genieten van muziek), maar het zorgt er tegelijkertijd voor dat de betrokkene minder belang hecht aan psychotische belevingen. Bijvoorbeeld: waar een betrokkene eerst overtuigd was dat hij bedreigd werd door de maffia en dit kon leiden tot agressie om zich te verdedigen tegen de vermeende maffiosi, kan na gebruik van anti-psychotische medicatie het nog steeds zo zijn dat de betrokkene denkt dat de maffia het op hem gemunt heeft, maar hij staat meer onverschillig tegen-over deze gedachte en het leidt niet tot agressief gedrag. De blokkering van dopaminereceptoren blijft niet beperkt tot die hersencircuits die betrok-ken zijn bij psychotische belevingen, maar vindt door de gehele hersenen plaats. Daardoor ontstaan er ook allerlei bijwerkingen. Het optreden van bijwerkingen kan per individu sterk verschillen. De ene betrokkene heeft erg veel last bij een bepaald antipsychoticum en een andere betrokkene kan bij hetzelfde middel vrijwel geen last van bijwerkingen hebben. In de prak-tijk wordt nogal eens van antipsychotisch middel veranderd, niet omdat het geen effect heeft op de psychotische symptomatologie maar vanwege de bij-werkingen. In de regel geldt dat de bijwerkingen toenemen bij een hogere dosis en er wordt dan ook steeds gezocht naar de laagste effectieve dosis bij een betrokkene.

Het optreden van bijwerkingen kan een reden zijn voor de betrokkene om geen antipsychoticum te willen gebruiken. Bij schizofrenie speelt vaak ook mee dat er nauwelijks ziektebesef is en er bijgevolg geen noodzaak voor het gebruik van medicatie wordt gezien. Dit kan er ook toe leiden dat wanneer een psychose eerder succesvol met een antipsychoticum is behandeld, bij het opnieuw ontwikkelen (recidiveren) van een psychose de betrokkene de medicatie toch afwijst. Het gebruik van medicatie kan soms worden beleefd als een vorm van controleverlies: het idee dat men niet zonder medicatie kan functioneren maakt angstig en vergroot de weerstand om medicatie te accepteren. Wanneer er bij een betrokkene sprake is van paranoïde symp-tomatologie, kan het voorschrijven van medicatie worden ervaren als een poging van de arts om betrokkene in zijn greep te krijgen. Door al dit soort factoren kan het complex zijn om een betrokkene met psychotische symp-tomatologie te motiveren om antipsychotische medicatie in te nemen.

Naast het voorlichten over de mogelijke bijwerkingen zal de arts dan ook wijzen op de te verwachten voordelen. Hierbij is het van groot belang om aan te sluiten bij wat de betrokkene zelf als last ervaart. Zo kan een betrokkene zich soms niet voorstellen dat medicatie iets zou kunnen doen tegen de stemmen die hij hoort aangezien hij volledig is overtuigd van het realiteitskarakter van deze waarneming. Het kan daarbij zo zijn dat de betrokkene angstig wordt van de stemmen of er niet door kan slapen en dat hij vanwege deze klachten wel bereid is om antipsychotische medicatie in te nemen.

Het effect van een antipsychoticum kan reeds na enkele dagen optreden maar soms duurt het vier tot zes weken. Bij aanwezige onrust en ontremming ziet men soms reeds na enkele uren tot dagen een effect. Ook angstgevoelens en hallucinaties verminderen meestal betrekkelijk snel. Wanen nemen pas later af. In het algemeen geldt dat hoe acuter de psychose is ontstaan, des te sneller het effect van het antipsychoticum zal optreden. De dosis van een antipsychoticum verschilt per individu. In de regel zal men met een lage dosis beginnen en dan op geleide van het klinische beeld de dosis aanpassen. In ongeveer 75% van de gevallen nemen de psychotische symptomen duidelijk af.

Wanneer een antipsychoticum geen effect heeft, dient men er ook op bedacht te zijn dat een betrokkene mogelijk de medicatie niet inneemt. Ook wanneer een betrokkene onder toezicht de medicatie inneemt, kan het nog heel lastig zijn om te beoordelen of hij de medicatie heeft doorgeslikt. Er bestaan toedieningsvormen van antipsychotica waarbij een tablet in de mond direct uit elkaar valt en dan is het niet mogelijk om een tablet in de wang te houden om deze later uit te spugen. Een andere manier om zeker van inname te zijn, is dat sommige antipsychotica in drankvorm kunnen worden geleverd. Soms heeft een betrokkene zelf een voorkeur voor een antipsychoticum in drankvorm boven het innemen van een aantal tabletten. Tevens bestaan er zogeheten depotpreparaten waarbij de betrokkene eens in de twee tot vier weken het antipsychoticum in een spier krijgt geïnjecteerd. Bij depotpreparaten is het ook een voordeel dat de betrokkene niet aan het dagelijks innemen van de medicatie hoeft te denken. Vooral bij schizofrenie kunnen er ook problemen zijn met het geheugen en het vermogen om zaken te organiseren waardoor de kans groot is dat de betrokkene de medicatie vergeet in te nemen. Door de depotantipsychotica is het mogelijk geworden dat betrokkenen met schizofrenie op zichzelf kunnen wonen en slechts eenmaal in de twee tot vier weken een behandelaar hoeven te zien.

Wanneer een antipsychoticum onvoldoende verbetering geeft, zal men een ander middel voorschrijven. Wanneer ook dit tweede antipsychoticum geen effect heeft op de psychotische symptomen dan kan men nog het antipsychoticum clozapine (Leponex®) voorschrijven. Dit is een middel waarbij er potentieel ernstige bijwerkingen kunnen optreden zoals een daling van het aantal witte bloedlichaampjes, waardoor de afweer tegen infecties wegvalt.

Bij de behandeling verricht men daarom zeer geregeld bloedcontroles. Sommige betrokkenen die zonder succes met diverse antipsychotische middelen zijn behandeld, reageren zeer goed op clozapine.

Antipsychotica worden niet alleen bij psychotische stoornissen gegeven. Deze middelen kunnen ook (*off label*) worden voorgeschreven bij onder meer een delirium, agressie bij persoonlijkheidsstoornissen, dwangstoornissen of een autismespectrumstoornis.

De duur van de behandeling met antipsychotica hangt af van de aard van de stoornis. Zo zal bij een door drugs veroorzaakte psychotische stoornis het gebruik van antipsychotica kort kunnen zijn, bij schizofrenie daarentegen dienen deze middelen vaak jarenlang gebruikt te worden.

Bijwerkingen van antipsychotica

Bewegingsstoornissen

De hersengebieden die de motoriek aansturen, zijn rijk aan dopaminereceptoren. Antipsychotica blokkeren deze receptoren en kunnen hierdoor als onbedoeld effect ook een beïnvloeding geven van de motoriek. Er worden verschillende motorische bijwerkingen onderscheiden.

– Parkinsonisme: hierbij kunnen tremoren aan de handen optreden en spierstijfheid met krachtsverlies. Tevens kan er sprake zijn van een speekselvloed en van schuifelend lopen met een gebogen houding. Dit symptomencomplex is genoemd naar de neurologische ziekte van Parkinson: hierbij is er door een verval in delen van het zenuwstelsel een tekort aan dopamine. De bijwerkingen van parkinsonisme kunnen worden tegengegaan met medicatie.

– Acute krampen (acute dystonie): deze bijwerking kan vooral in de eerste dagen van de behandeling optreden. De krampen kunnen zich op verschillende manieren voordoen: kramp van de oogspieren waardoor de ogen naar boven draaien, scheefstand van de hals of een kaakklem. Gevaarlijk zijn krampen die het slikmechanisme treffen (de betrokkene heeft dan moeite met eten en drinken en kan zich verslikken) of de stemspleet waardoor de ademhaling wordt bemoeilijkt. Deze laatste krampen komen niet vaak voor maar er dient wel direct in te worden gegrepen met medicijnen per injectie.

– Motorische onrust (akathisie): de betrokkene voelt hierbij een voortdurende drang om te bewegen. Hij staat steeds op van zijn stoel, moet steeds rondlopen of staat te trappelen. Soms wordt deze onrust ten onrechte aangezien voor een verergering van de psychotische symptomen en wordt de dosis antipsychoticum verhoogd waardoor de onrust juist toeneemt.

– Laat optredende bewegingsstoornissen (tardieve dyskinesie): deze bijwerkingen kunnen na langdurig antipsychoticagebruik optreden en bestaan meestal uit onwillekeurige bewegingen van de tong waarbij deze wordt uitgestoken of tegen de wang gedrukt. Soms worden de armen, benen of romp voortdurend heen en weer gezwaaid. Het opvallende is dat de betrokkene vaak zelf niet in de gaten heeft dat hij deze bewegingen maakt en bij navraag vermeldt dat hij er weinig last van heeft. Het betreft echter een ernstige bijwerking doordat het functioneren kan worden gehinderd, de betrokkene in sociaal opzicht kan worden uitgestoten en dat deze bijwerking soms nog aanwezig blijft wanneer men met het antipsychoticum is gestopt. Overigens kunnen deze bewegingsstoornissen ook optreden bij oudere mensen zonder antipsychoticagebruik.

Hormonale bijwerkingen

Door de dopaminereceptorblokkade wordt de productie van het hormoon prolactine niet meer geremd waardoor de concentratie in het bloed toeneemt. Prolactine is het hormoon dat na de geboorte bij de kraamvrouw zorgt voor de melkproductie voor de borstvoeding. Een verhoging van prolactine bij antipsychoticagebruik kan leiden tot (toename van) borstvorming, een tepelvloed geven (zowel bij mannen als bij vrouwen) en leiden tot het verminderen van seksuele functies zoals een afname van het seksueel verlangen en moeilijk een erectie of een orgasme kunnen krijgen. Bij vrouwen kan de menstruatie uitblijven.

Gewichtstoename en suikerziekte

Antipsychotica kunnen leiden tot een (sterke) gewichtsstijging waardoor ook de kans op suikerziekte (diabetes mellitus) toeneemt. Overigens is de kans op suikerziekte ook zonder antipsychoticagebruik bij schizofrenie reeds verhoogd. Ook kunnen antipsychotica leiden tot een stijging in het bloed van het cholesterol en de triglyceriden. De combinatie van overgewicht, een te hoog glucosespiegel, een verhoogd cholesterol en triglyceriden, en een hoge bloeddruk duidt men aan met de term metabool syndroom. Dit syndroom geeft een verhoogd risico op hart- en vaatziekten. Relatief recent is het grote belang van het onderkennen van de risico's van het metabool syndroom in de klinische praktijk doorgedrongen. Thans worden alle betrokkenen die antipsychotica gebruiken op deze risicofactoren onderzocht.

Overige bijwerkingen

Antipsychotica hebben ook invloed op andere neurotransmitters dan dopamine en dit kan tot bijwerkingen leiden. De meest voorkomende zijn een droge mond (of juist speekselvloed), moeite met plassen (door een verhoging van de spanning van de spier die de blaas afsluit), obstipatie en duizeligheid bij het overeind komen (doordat de bloeddruk zich niet snel genoeg aanpast aan de veranderende lichaamshouding). Een zeldzame maar gevaarlijke bijwerking is het optreden van een spierstijfheid met koorts. Bij dit maligne neurolepticasyndroom is directe inschakeling van een arts geboden.

3.2 Antidepressiva

De eerste antidepressiva kwamen in de jaren vijftig van de vorige eeuw beschikbaar. Antidepressiva werken door beïnvloeding van de signaaloverdracht via de neurotransmitters serotonine en noradrenaline. Het eerste antidepressieve effect treedt pas na ongeveer 2 weken op. Na 6 weken behandeling is er in ongeveer 50% van de gevallen een duidelijk positief effect zichtbaar.[2] Als er na 6 weken nog geen effect is, heeft het geen zin het antidepressieve middel voort te zetten en zal men overgaan op een ander antidepressivum. De oudste groep antidepressiva wordt naar de chemische structuur tricyclische antidepressiva (TCA's) genoemd. Omdat gedacht werd dat de werking van deze middelen vooral samenhangt met beïnvloeding van de serotonerge signaaloverdracht, heeft de farmaceutische industrie antidepressiva ontwikkeld die zich vooral hierop richten. Deze middelen zijn genoemd naar het veronderstelde werkingsmechanisme: selectieve serotonineheropnameremmer (SSRI: *selective serotonin re-uptake inhibitor*). Het bekendste voorbeeld hiervan is fluoxetine (Prozac®). Omdat de SSRI's over het algemeen wat minder ernstige bijwerkingen hebben dan de TCA's, worden deze middelen meestal als eerste keus voorgeschreven. Een overweging hierbij is ook dat het veel moeilijker is om zich met een overdosis van een SSRI te suïcideren dan met een TCA. Dit komt doordat de TCA's een effect op de hartgeleiding hebben waardoor een (dodelijke) ritmestoornis kan optreden. Bij een ernstige of psychotische depressie zijn de TCA's wel werkzamer dan de SSRI's.

Wanneer bij een depressie een antidepressivum wordt gegeven, is meestal een van de eerste effecten dat de betrokkene actiever wordt: de traagheid en remming worden minder. Wanneer er sprake is van suïcidaliteit, kan deze activatie gepaard gaan met een toename van het suïciderisico: de stemming is nog steeds depressief maar waar de betrokkene door de remming nauwelijks tot handelen in staat was, verandert dit door de activatie en kan het wel tot een suïcide komen. Wanneer een betrokkene een depressie heeft in het kader van een bipolaire stoornis, dan kan vooral bij TCA's het opklaren van de depressie doorschieten naar een manie.

Reeds eerder werd genoemd dat psychofarmaca niet specifiek werken tegen psychiatrische stoornissen maar hun werking ontlenen aan het beïnvloeden van de door verschillende typen neurotransmitters gemedieerde signaaloverdracht tussen de neuronen. Zo worden de SSRI's wel antidepressiva genoemd, maar deze middelen worden bij veel meer stoornissen voorgeschreven. SSRI's worden ook toegepast bij de behandeling van diverse angststoornissen zoals de paniekstoornis en de posttraumatische-stressstoornis. Wanneer een depressie niet opklaart met een SSRI of een TCA dan kan er een MAO-remmer worden gegeven. Dit is een type antidepressivum dat werkt door de afbraak van serotonine tegen te gaan via het enzym monoamineoxidase (MAO). Hierdoor wordt het serotonineniveau verhoogd. Deze middelen hebben een remmend effect op de afbraak van bepaalde voedingsmiddelen waardoor een gevaarlijke hoge bloeddruk kan ontstaan. Om deze complicatie te voorkomen dient de betrokkene een dieet te volgen.

Bijwerkingen van TCA

Vrijwel altijd treedt bij TCA's een droge mond op. Andere mogelijke bijwerkingen zijn moeilijk kunnen plassen en niet goed kunnen instellen van de ooglens waardoor de betrokkene wazig ziet. Beide bijwerkingen worden veroorzaakt door een toegenomen spierspanning in deze organen. Door het effect op de hartgeleiding kan er een versnelde hartactie optreden. Vooral wanneer de dosis te snel wordt opgehoogd, kan er duizeligheid optreden bij het overeind komen.

Bijwerkingen van SSRI's

De meest voorkomende bijwerkingen zijn misselijkheid, hoofdpijn, spierpijn en diarree. Andere bijwerkingen zijn gewichtstoename, slapeloosheid en verstoring van de seksuele functies. In paragraaf 3.3 werd reeds beschreven dat antidepressiva kunnen leiden tot zogeheten activatie. Vooral bij SSRI's kan dit in de eerste weken van de behandeling leiden tot onrust en angstgevoelens. Dit effect kan vooral optreden bij jongeren (tot ongeveer 23 jaar). Hierdoor dient men bij deze groep bij het gebruik van deze middelen extra alert te zijn op een mogelijke toename van suïcidaliteit.

3.3 Stemmingsstabilisatoren

Bij zich herhalende manische en/of depressieve episoden kan een stemmings-stabilisator worden voorgeschreven. De meest gebruikte stemmingsstabilisator is lithium. Het wordt zowel in de acute manische als depressieve fase gegeven maar het werkt ook preventief: de kans op een nieuwe manische of depressieve episode neemt hierdoor duidelijk af. Vanwege dit vermogen om een nieuwe stemmingsontregeling te voorkomen wordt lithium vaak zeer langdurig voorgeschreven. Het is onbekend hoe de werking van lithium tot stand komt.

Lithium wordt gebruikt in de vorm van een zout en is verwant aan natrium. Bij het handhaven van de lichaamsfuncties maken de nieren geen onderscheid tussen lithium en natrium. Wanneer er bijvoorbeeld sprake is van koorts en de betrokkene hierbij door sterk transpireren natrium verliest, zullen de nieren zo min mogelijk natrium proberen uit te scheiden. Maar doordat de nieren geen onderscheid maken tussen natrium en lithium zal ook de uitscheiding van lithium worden beperkt waardoor de concentratie van lithium in het bloed gaat stijgen. Dit kan gevaarlijk zijn want boven een bepaalde concentratie in het bloed ontstaat een lithiumvergiftiging. Hierbij kunnen allerlei neurologische symptomen optreden zoals een onduidelijke spraak, ongecontroleerd bewegen, toevallen en uiteindelijk coma.

De concentratie van lithium dient in het bloed dus niet te hoog te zijn maar ook weer niet te laag want dan treedt het therapeutische effect niet op. Dit betekent dat er bloed moet worden geprikt om de lithiumconcentratie te bepalen. Vooral in het begin van de behandeling, bij het instellen op de adequate dosis, dient de bloedspiegel van lithium regelmatig bepaald te worden. Wanneer de juiste dosis is gevonden hoeft nog maar enkele malen per jaar de bloedspiegel te worden gemeten. Naast de lithiumconcentratie worden tegelijkertijd de nier- en schildklierfunctie bepaald om mogelijke bijwerkingen vroeg op het spoor te komen. Het is zeer belangrijk de betrokkene voor te lichten over de mogelijkheid van een lithiumvergiftiging, die bij zeer diverse omstandigheden kan optreden. Dat zijn situaties waarin de vocht- of zouthuishouding verstoord kan worden, zoals bij veel zweten, warm weer, sporten, braken, diarree, of plaspillen tegen hoge bloeddruk.

Naast lithium zijn er nog enkele stemmingsstabilisatoren beschikbaar. Dit zijn middelen die gebruikt worden bij de behandeling van epilepsie. De meest gebruikte uit deze groep is valproïnezuur (Depakine®). Dit middel wordt vooral toegepast wanneer er sprake is van bij herhaling optreden van manische episoden.

Bijwerkingen van lithium

De nieren reageren op lithium vaak met het produceren van meer urine. Door het
meer gaan plassen ontstaat dorst en gaat de betrokkene meer drinken. Er
kan ook gewichtstoename optreden; dit kan voor een deel komen door het
veel gaan drinken van suiker bevattende frisdranken. Op de langere termijn
kan het concentrerende vermogen van de nieren verder afnemen met een
blijvend grote urineproductie als gevolg. Een andere bijwerking kan een verminderde werking van de schildklier zijn. Dit kan worden behandeld door
schildklierhormoon te suppleren. In het begin van de behandeling treedt
er geregeld een fijne tremor aan de handen en vingers op. Vaak neemt dit
in de loop der weken af. Sommige betrokkenen rapporteren concentratie-
en geheugenproblemen. Soms zijn deze moeilijk te onderscheiden van de
aanwezige depressieve stoornis. Lithium kan vooral bij jongeren acne veroorzaken.

Bijwerkingen van valproïnezuur

De meest voorkomende bijwerkingen van valproïnezuur zijn het optreden van
sufheid, buikklachten en tremoren.

3.4   Kalmerings- en slaapmiddelen (benzodiazepinen)

Kalmeringsmiddelen (anxiolytica) bestrijden angstgevoelens en slaapmiddelen
(hypnotica) wekken de slaap op. Beide typen middelen behoren tot de groep
van de benzodiazepinen. Alle benzodiazepinen hebben dezelfde effecten:
angst verminderen, slaap opwekken, spierontspanning en het tegengaan van
het optreden van toevallen (epileptische insulten). De werking van de benzodiazepinen verloopt via een versterking van de neurotransmitter GABA
(gamma-aminoboterzuur). Deze neurotransmitter vermindert de prikkelbaarheid van de neuronen. De verschillen tussen de benzodiazepinen worden vooral bewerkstelligd door de snelheid waarmee een stof het zenuwstelsel bereikt, de snelheid waarin de stof wordt afgebroken en de dosis. Zo
bestaan slaapmiddelen uit benzodiazepinen die snel werken en ook relatief
snel worden afgebroken zodat het effect snel optreedt en 's ochtends weer is
verdwenen. Bij kalmeringsmiddelen zal men juist benzodiazepinen gebruiken die de gehele dag door werken. Ook kunnen benzodiazepinen verschillen in de wijze waarop deze toegediend kunnen worden. Sommige middelen
kunnen per injectie worden gegeven en werken heel snel, andere kunnen
ook rectaal worden gegeven en worden gebruikt wanneer een betrokkene
een insult heeft en geen tabletten kan doorslikken.
Benzodiazepinen worden, behalve bij angsten en slaapproblemen, ook

gebruikt bij de behandeling van ernstige onrust. In de regel wordt getracht de behandeling met benzodiazepinen te beperken tot enkele weken omdat er tolerantie optreedt (steeds hogere dosis nodig om hetzelfde effect te bereiken) en afhankelijkheid: psychische afhankelijkheid en/of niet meer zonder een tablet in slaap kunnen komen, of lichamelijke afhankelijkheid met onttrekkingsverschijnselen bij stoppen. Vaak lijken deze verschijnselen erg op de oorspronkelijke klachten waardoor de betrokkene het idee heeft dat de tabletten nog steeds nodig zijn. Ook kunnen bij stoppen de klachten nog sterker optreden dan eerst. Bij ernstige psychiatrische stoornissen, bijvoorbeeld ernstige angst bij een chronische psychose, is het soms geen optie om de benzodiazepinen te stoppen.

Bijwerkingen van benzodiazepinen

Naast het reeds beschreven risico op het ontstaan van afhankelijkheid kunnen een verminderde alertheid en vermoeidheid optreden. Men spreekt dan van sedatie. Deze versuffende werking kan de rijvaardigheid beïnvloeden. Doordat alcoholgebruik de werking van benzodiazepinen versterkt, is deze combinatie gevaarlijk in het verkeer of bij het werken met gevaarlijke werktuigen.

Benzodiazepinen hebben een spierverslappend effect. Dit leidt vooral bij ouderen tot een groter risico op vallen. Doordat de botdichtheid afneemt met de leeftijd, leidt vallen ook eerder tot botbreuken.

Vooral bij het nemen van een hogere dosis benzodiazepinen kan er anterograde amnesie optreden: gebeurtenissen die zich hebben voorgedaan na de inname, worden niet meer vastgelegd in het geheugen waardoor hieraan geen herinneringen bestaan. Dit kan een probleem vormen bij de nazorg voor betrokkenen die een suïcidepoging hebben gedaan met een overdosis benzodiazepinen en op een spoedeisende-hulpafdeling van een ziekenhuis terechtkomen.[3] Afspraken die door een arts met zo een betrokkene worden gemaakt over de nazorg, worden niet in het geheugen opgeslagen waardoor de betrokkene bijvoorbeeld niet op een gemaakte vervolgafspraak verschijnt.

3.5 Psychostimulantia

Mensen zonder een aandachtsdeficiëntie-/hyperactiviteitsstoornis (ADHD) reageren op psychostimulantia met druk gedrag. Wanneer er echter sprake is van ADHD wordt een betrokkene van deze middelen juist rustiger, minder impulsief en kan hij of zij zich beter concentreren. Het meest voorgeschreven middel uit deze groep is methylfenidaat (Ritalin®). Dit middel werkt slechts enkele uren waardoor de betrokkene het meerdere malen per dag dient in te nemen. Er is ook een tablet (Concerta®) waarbij de methylfenidaat langzaam wordt afgegeven en waarbij inname eenmaal per dag volstaat. Wanneer methylfenidaat onvoldoende werkt, kunnen er nog andere psychostimulantia worden geprobeerd waaronder dexamfetamine. Sommige betrokkenen, al dan niet lijdend aan ADHD, stampen de methylfenidaattabletten fijn tot poeder en snuiven dit op om een roes te krijgen.

Bijwerkingen van psychostimulantia

De meest voorkomende bijwerking is moeite met inslapen. Andere bijwerkingen kunnen zijn een afname van de eetlust waardoor men vermagert en het optreden van depressieve gevoelens.

4   Elektroconvulsieve therapie (ECT)

Elektroconvulsieve therapie wordt in het dagelijks taalgebruik ook wel elektroshockbehandeling genoemd. Hierbij wordt door het toedienen van elektrische stroom via twee elektroden op het hoofd een epileptische aanval (insult) opgewekt. De betrokkene wordt onder lichte narcose gebracht en er wordt een spierverslappend middel gegeven zodat er geen verkramping van de spieren optreedt door het insult. Meestal wordt ECT tweemaal per week gegeven met in totaal ongeveer twaalf sessies. Het toepassen van ECT is lange tijd maatschappelijk sterk veroordeeld omdat deze methode in het verleden bij allerlei ziektebeelden veelvuldig werd toegepast zonder dat duidelijk was of er positieve effecten optraden. Tegenwoordig zijn er strikte protocollen voor het gebruik van ECT en de manier waarop deze wordt toegepast verschilt van de wijze waarop dit vroeger werd gedaan. Zo wordt veel nauwkeuriger de toegediende dosis elektrische stroom bewaakt waardoor ook de bijwerkingen minder sterk zijn. Het gaat hierbij vooral om – in de regel – tijdelijke geheugenproblemen.

Elektroconvulsieve therapie is bij een depressieve stoornis die niet op medicatie reageert het laatste middel. Het helpt dan in ongeveer 60% van deze gevallen.[4] Helaas valt een belangrijk deel (ongeveer 50%) enige tijd na de ECT-behandeling weer (gedeeltelijk) terug. Elektroconvulsieve therapie wordt ook toegepast wanneer er geen tijd is om het effect van medicatie af te wachten zoals bij een zeer ernstige (psychotische) depressie waarbij de betrokkene niet meer wil eten of drinken, of die gepaard gaat met een grote kans op suïcide. In deze situaties betekent het niet toepassen van ECT dat de betrokkene een grote kans heeft om te overlijden. Het effect van ECT is in deze gevallen zeer hoog (ongeveer 80%). ECT wordt ook toegepast bij een zeer ernstige psychose die op geen enkel antipsychoticum reageert.

5   Psychotherapieën

Psychotherapie is het door een therapeut behandelen van psychische klachten en psychiatrische symptomen met op een psychologische theorie gebaseerde interventies. Dergelijke interventies kunnen gericht zijn op beïnvloeding van gevoelens, gedrag of denkpatronen en richten zich op het verbeteren van het functioneren van de betrokkene. Naast de psychologische theorie waarop een psychotherapie is gebaseerd wordt de uitvoering ook bepaald door de context waarin de behandeling wordt gegeven: gezins-, groeps-, partnerrelatie- of individuele psychotherapie.

Er worden drie psychotherapeutische hoofdstromingen onderscheiden. Het grootste deel van de effectiviteit van een psychotherapie berust niet op bij die therapie behorende specifieke interventies, maar op algemene factoren zoals het geven van hoop op verbetering, het zich begrepen voelen door de therapeut en het bieden van een verklaringsmodel voor de klachten.

5.1   Psychoanalytische psychotherapie

Het uitgangspunt bij het psychoanalytische model is dat gedachten, emoties en gedrag voor een belangrijk deel bepaald worden door onbewuste psychische processen. Wanneer een betrokkene gevoelens of gedachten heeft die angst teweegbrengen, bijvoorbeeld doordat het eigen geweten een dergelijke gedachte of gevoel sterk afkeurt of dat de betrokkene bang is voor de mogelijke reactie van buitenwereld dan kunnen er psychische processen actief worden waardoor deze gevoelens of gedachten onbewust worden. Deze processen worden *afweermechanismen* genoemd; deze mechanismen treden automatisch op en de betrokkene is zich niet bewust dat dit gebeurt. Afweer betekent binnen het psychoanalytische model dat een gevoel of gedachte wordt weggehouden van het bewustzijn en zo wordt voorkomen dat er angst optreedt.

Een voorbeeld mag dit verduidelijken. Een situatie waarin een werknemer te maken heeft met een baas die steeds maar weer meer werk aandraagt en die ervan uitgaat dat dit op korte termijn af is, zal bij de meeste mensen irritatie oproepen en men zal de baas gaan confronteren met diens onredelijke eisen. Wanneer een werknemer heel angstig dreigt te worden van de eigen irritaties omdat deze bang is voor de geanticipeerde kwaadheid van de baas, kan de irritatie worden afgeweerd. Het kan zijn dat de betrokkene de eigen irritatie in het geheel niet voelt. Dit gevoel wordt dan door het afweermechanisme verdringing weggehouden van het bewustzijn en verdrongen naar het onbewuste. De irritatie kan echter ook door andere afweermechanismen uit het bewustzijn worden gehouden, bijvoorbeeld door omkering in het tegendeel. De betrokkene zal dan juist erg vriendelijk reageren op de eisen van de baas en zo de onderliggende gevoelens van irritatie uit het bewustzijn houden. Er is een groot aantal afweermechanismen beschreven. Voorbeelden zijn het aan een ander toeschrijven van gevoelens die men zelf heeft (projectie) en het verstandelijk over gevoelens praten zonder er werkelijk iets bij te voelen (rationaliseren).

Door het afweren van gevoelens en gedachten kan een betrokkene zich niet aanpassen aan de eisen die een omgeving stelt. In dit voorbeeld zal de kans groot zijn dat de betrokkene door het niet kunnen voelen van zijn irritatie over zijn grenzen heengaat en somber wordt of een burn-out krijgt. Volgens de psychoanalytische theorie hebben ervaringen uit de jeugd grote invloed op hoe men later met eigen gevoelens omgaat. Aansluitend bij het voorafgaande voorbeeld zou het zo kunnen zijn dat een betrokkene die zich niet bewust kan zijn van zijn irritatie jegens zijn baas, vroeger negatieve ervaringen heeft gehad als hij zich uitte, of in een gezin opgroeide waar het tonen van kwaadheid taboe was. In een psychoanalytische psychotherapie wordt getracht de betrokkene zich de afgeweerde gevoelens weer bewust te laten worden. In ons voorbeeld om de betrokkene te laten inzien dat hij zich overmatig aanpast omdat hij in werkelijkheid angstig is voor de eigen gevoelens van irritatie en de veronderstelde negatieve reactie wanneer hij deze gevoelens zou laten zien.

Bij de psychoanalytische psychotherapie is er veel aandacht voor het zich herhalen van interactiepatronen uit de jeugd in het heden. Wanneer deze patronen zich herhalen in de relatie met de therapeut, spreekt men van *overdracht*. Hiermee wordt bedoeld dat verlangens, fantasieën of gedragingen die de betrokkene in de kindertijd beleefde aan een ouder of verzorger, zich herhalen in de relatie met de therapeut. Bijvoorbeeld: wanneer een betrokkene als kind gevoelens van kwaadheid tegenover zijn vader afweerde omdat hij bang voor hem was, kan in de overdacht de therapeut net zoals de vader worden beleefd als een bedreigend persoon. In de therapiesituatie kan dit zich bijvoorbeeld uiten in dat de betrokkene wel irritaties heeft over de therapeut maar zich deze niet of nauwelijks bewust is en deze gevoelens zeker niet durft te benoemen. Het doel van de therapie is dat de betrokkene zich geleidelijk bewust wordt van zijn afgeweerde gevoelens jegens de therapeut en dat de daaraan verbonden angsten kunnen worden besproken.

Met het geleidelijk aan toelaten van het afgeweerde gevoel en het bespreken van de onderliggende angsten wordt beoogd deze angsten geleidelijk te laten verdwijnen. Bijvoorbeeld: door ondanks de angst hiervoor toch kwaad te durven worden op een vermeend tekortschieten door de therapeut, te merken dat deze hierop niet negatief reageert en vervolgens hierop te reflecteren. Volgens de psychoanalytische theorie kan de betrokkene door zich bewust te worden van afgeweerde gevoelens zelf weer sturing krijgen in zijn gevoelsleven waardoor psychische klachten kunnen afnemen.

Een bekend fenomeen in een psychotherapie is dat een betrokkene de therapeut idealiseert of op hem of haar verliefd wordt. Dit is te begrijpen vanuit de gedachte dat de betrokkene in de relatie met een ouderfiguur een onverwerkte behoefte heeft gehad aan aandacht of zich geliefd te voelen. In de overdracht wordt deze afgeweerde behoefte herhaald in de relatie met de therapeut. Door de therapeut te beleven als heel bijzonder, wordt de aandacht van die therapeut voor de betrokkene vanzelf heel belangrijk. In de behandeling zal de betrokkene weliswaar gefrustreerd worden in de behoefte aan de bijzondere aandacht (de therapeut zal niet meegaan in het geïdealiseerd beeld van hem of haar) maar dit zal na een periode van teleurstelling in principe bij de betrokkene leiden tot het besef niet de bijzondere aandacht van anderen nodig te hebben om te kunnen functioneren. Het is belangrijk dat de therapeut zich realiseert dat de verliefdheid van een betrokkene weinig te maken heeft met zijn of haar persoon. De verliefdheid ontstaat enkel door de therapeutische situatie. Wanneer een therapeut de verliefdheid beantwoordt, wordt de betrokkene bevestigd in zijn of haar afhankelijkheidsbehoefte en kan de psychische problematiek niet meer worden bewerkt.

Het ontwikkelen van een overdrachtsrelatie hoeft zich niet te beperken tot een psychotherapeut. Ook in andere relaties waarbij sprake is van enige afhankelijkheid kunnen soms in zekere mate overdrachtspatronen optreden. Dit is in het bijzonder het geval in de relatie met artsen of andere hulpverleners. Deze overdrachtspatronen kunnen vooral worden opgewekt doordat de betrokkene in dergelijke situaties vaak bezorgd is over de eigen gezondheid. De combinatie van afhankelijkheid en behoefte aan geruststelling maakt dat de betrokkene kan terugvallen op interactiepatronen uit de jeugd en minder in staat is functioneel te reageren op de actuele situatie. Een voorbeeld hiervan is een academicus die in het dagelijks leven prima voor zichzelf kan opkomen, maar in de spreekkamer nauwelijks durft te reageren op wat de arts aan beleid voorstelt uit angst dat wanneer hij kritische vragen stelt, de arts ontstemd zou kunnen raken.

Naast overdracht is er ook het fenomeen van *tegenoverdracht*: de psycho-analytische visie dat de reacties van een psychotherapeut, maar het kan in alle soorten behandelrelaties voorkomen, op een betrokkene onbewust gekleurd worden door ervaringen uit het eigen leven. Wanneer bijvoorbeeld een arts zich in zijn jeugd zeer machteloos heeft gevoeld doordat hij niet kon voldoen aan de eisen van zijn ouders, kan dit bij onvoldoende succes in een behandeling van een patiënt bijdragen aan de neiging almaar nieuwe interventies in te zetten om zodoende te voorkomen dat machteloosheids-gevoelens weer de kop opsteken. Een dergelijke situatie kan er bijvoorbeeld toe leiden dat een betrokkene steeds weer wordt geopereerd terwijl hiervan geen reële verbetering kan worden verwacht. De grote negatieve gevolgen die een niet onderkende tegenoverdracht kan hebben bij behandelingen, maken het belangrijk dat hulpverleners tijdens hun opleiding leren op de eigen gevoelens in behandelcontacten te reflecteren.

Er zijn vele verschillende vormen van psychoanalytische psychotherapie. Deze vormen kunnen worden beschreven op een dimensie van steunend-structurerende psychotherapie waarbij de behandeling zich beperkt tot concrete problemen in het functioneren, naar inzichtgevende psychothera-pie waarbij vooral aandacht is voor afgeweerde gevoelens en hoe het actuele functioneren wordt bepaald door zich herhalende patronen vanuit de jeugd.

5.2   Cognitieve gedragstherapie

Voor een deel als kritiek op de psychoanalytische psychotherapie is de gedrags-therapie ontwikkeld. De kritiek op de psychoanalytische psychotherapie is dat het zich bedient van moeilijk te objectiveren begrippen als 'het onbe-wuste' en dat het effect van de behandeling mede daardoor moeilijk is vast te stellen. Bij de gedragstherapie is het uitgangspunt dat vrijwel elk gedrag is aangeleerd en dat dit gedrag in principe ook weer is af te leren. Hierbij is vooral van belang wat aan het gedrag voorafgaat en wat hierop volgt. Zo kan bijvoorbeeld iemand nadat hij langdurig gepest is, een sociale fobie ontwik-kelen. Angstige gespannenheid treedt dan niet alleen op in de aanwezig-heid van schoolgenoten maar ook in andere sociale situaties en met andere mensen. Het aangeleerde gedrag (de sociale fobie) blijft in stand doordat de betrokkene alle sociale situaties gaat vermijden en zo niet de corrigerende ervaring kan opdoen dat hij in situaties buiten school niet wordt afgewezen. In een gedragstherapie zal deze betrokkene worden geconfronteerd met situaties waarin hij in oplopende mate angstig wordt voor afwijzing (tegelij-kertijd wordt de betrokkene geleerd met behulp van ontspanningsoefenin-gen de angst te verminderen). Bijvoorbeeld eerst een bezoek aan familieleden, daarna aan een restaurant en dan pas aan een sportclub. Dit proces van toenemende blootstelling aan angstige situaties heet *exposure*. Daarbij is het van belang om te voorkomen dat de betrokkene de angst tracht tegen te gaan door vermijdingsgedrag. In dit voorbeeld zou dat bijvoorbeeld het steeds opzetten van een zonnebril kunnen zijn. Dit tegengaan van vermijdingsgedrag noemt men *responspreventie*. In dit voorbeeld zou dit kunnen betekenen dat de betrokkene geen zonnebril mag meenemen.

In de loop der tijd kreeg men bij de gedragstherapie steeds meer oog voor de sterke invloed van disfunctionele denkgewoonten (*cognities*) op emoties en het gedrag. De overtuigingen die een betrokkene over zichzelf, over anderen en de toekomst heeft, bepalen voor een belangrijk deel hoe hij zich voelt of gedraagt. Een voorbeeld hiervan is een betrokkene die ervan overtuigd is niets waard te zijn. In de contacten met anderen is deze betrokkene vervolgens steeds op zoek naar een teken dat anderen hem afwijzen omdat hij toch niets voorstelt. Dit leidt er weer toe dat hij zich afsluit, geïsoleerd raakt en depressief wordt. In de cognitieve therapie wordt onderzocht welke disfunctionele denkgewoonten een betrokkene heeft en worden deze opvattingen uitgedaagd door te vragen welke bewijzen betrokkene heeft voor zijn opvattingen. Beoogd wordt hierdoor bij betrokkene twijfels op te wekken over de eigen opvattingen. Daarnaast wordt de betrokkene geholpen zich meer realistische (functionele) denkgewoonten eigen te maken. Vervolgens wordt betrokkene gestimuleerd zich in een situatie te begeven waarin hij steeds problemen ervaart (in het voorbeeld het aangaan van sociaal contact) met een realistische opvatting ('Ik ben niet minder waard dan anderen'). De bedoeling hiervan is dat de betrokkene kan gaan ervaren dat een andere opvatting over zichzelf en anderen gepaard gaat met een ander gevoel waardoor ook ander gedrag mogelijk wordt.

Vaak worden technieken van de gedragstherapie en cognitieve therapie met elkaar gecombineerd en spreekt men van cognitieve gedragstherapie. Deze therapievorm wordt tegenwoordig bij vrijwel alle psychiatrische klachten toegepast. Van de cognitieve gedragstherapie bestaan vele varianten. Een voorbeeld hiervan is de dialectische gedragstherapie die vooral bij de behandeling van de borderline-persoonlijkheidsstoornis wordt gebruikt. Hierbij worden individuele cognitief-gedragstherapeutische methoden gecombineerd met groepstherapie. Een andere therapievorm is de *acceptance and commitment therapy*. Bij deze therapie neemt het principe van het accepteren van negatieve emoties een belangrijke plaats in. De gedachte hierbij is dat het steeds weer aandacht geven aan deze emoties, die niet tot verdwijnen of onder controle kunnen worden gebracht, leidt tot een toename van de beleving van deze emoties waardoor het probleem juist groter wordt.

5.3   Gezins-, relatie- en groepstherapie

Bij deze therapievormen is de ingang niet het individu maar wordt de aandacht gericht op hoe problematiek van een of meer individuen zich kenbaar maakt in de onderlinge interactie. De problematiek wordt vooral bewerkt door de interactiepatronen te verhelderen en disfunctionele patronen te doorbreken.

Bij gezinstherapie ligt de nadruk op hoe de gezinsleden met elkaar communiceren en welke rol eenieder vervult. Het uitgangspunt hierbij is dat deze aspecten kunnen bijdragen aan het ontstaan of het in stand houden van klachten bij een gezinslid. Bij de communicatie gaat het vooral of er tegenstrijdigheden bestaan tussen de verbale en non-verbale uitingen. Een voorbeeld is een ouder die stelt dat de dochter haar mening mag geven maar haar negeert op het moment dat zij dit doet. Een voorbeeld van een disfunctioneel rolpatroon in een gezin is een ouder die geen grenzen aanhoudt in de relatie met een kind en vooral als diens vriend(in) wil worden beschouwd en alles wil weten wat het kind beleeft. Een ander voorbeeld is een kind dat steeds voor problemen zorgt (bijvoorbeeld door risicovol gedrag te vertonen) om te voorkomen dat de ouders gaan scheiden. Daarbij dwingt het kind met zijn gedrag bezorgdheid af bij de ouders met daarbij de hoop dat zij eerst hem of haar zullen helpen alvorens uit elkaar te gaan.

Bij het onderzoek naar de cultuur en de rollen binnen een gezin wordt vaak een familiegeschiedenis gemaakt waarbij voor drie generaties (grootouders, ouders en kinderen) bepalende levensgebeurtenissen in kaart worden gebracht en de karakters van deze familieleden worden beschreven. Op deze wijze kan voor de gezinsleden meer duidelijk worden welke omgangsstijlen in de familie worden gehanteerd en hoe men gewend is te reageren op problemen. Gezinstherapie wordt vrijwel altijd gecombineerd met een individuele behandeling van de betrokkene die zich met klachten heeft aangemeld.

Ook partnerrelatietherapie gaat uit van het onderzoeken van aanwezige (disfunctionele) interactiepatronen. Vaak speelt als thema het vinden van een balans tussen de eigen autonomie en datgene wat de partners verbindt. Door te onderzoeken wat de behoeften van elke partner zijn, wordt de aandacht verschoven naar wat de partners gezamenlijk bindt in plaats van het voortdurend zich te focussen op conflicten. Het ontwikkelen van nieuwe gedragspatronen als individu en als paar wordt gestimuleerd.

Bij een groepstherapie neemt een aantal betrokkenen tegelijkertijd deel aan een groep waarbij er een of twee therapeuten aanwezig zijn. De voordelen van groepstherapie zijn dat de groepsleden steun kunnen ontlenen aan het zien dat anderen met dezelfde problemen worstelen en dat ze van elkaar kunnen leren hoe zij problemen trachten op te lossen. Een ander voordeel is dat groepsleden onderling elkaar veel indringender op eventueel vermijdingsgedrag kunnen aanspreken dan een therapeut. Een behandeling in een groepstherapie is efficiënter dan een individuele behandeling doordat een therapeut meerdere betrokkenen tegelijkertijd kan behandelen. In veel groepstherapieën staat het leren van vaardigheden centraal. Soms ligt de nadruk meer op hoe de problematiek van een individu zich kenbaar maakt in de interactie met anderen.

6 Psychosociale behandelmethoden

De gevolgen van het hebben van een psychiatrische stoornis houden meestal niet op bij psychische of lichamelijke problemen, maar kunnen ook een groot effect hebben op het sociale, beroepsmatige en maatschappelijke functioneren. Vooral bij de ernstige psychiatrische stoornissen zijn er vrijwel altijd problemen op meerdere levensgebieden. Een belangrijke medebepalende factor hierbij is dat er bij ernstige stoornissen, zoals schizofrenie, vaak cognitieve stoornissen optreden waardoor onder andere het vermogen tot het overzien van situaties aangetast raakt. Daarom wordt deze groep ernstige stoornissen tegenwoordig aangeduid met de term ernstige psychiatrische aandoeningen (EPA). Vaak gaat een psychotische stoornis of bipolaire stoornis samen met een verslaving en/of een persoonlijkheidsstoornis. Doordat de betrokkenen hun situatie niet goed kunnen overzien, verwaarlozen zij de administratie dikwijls en hopen zich schulden op waardoor er financiele problemen ontstaan. Het risico bestaat dat de betrokkene hierdoor zijn woning verliest. Vaak is er ook sprake van een tekortschietende zelfverzorging en een eenzijdig voedingspatroon waardoor mogelijk ook lichamelijke problemen ontstaan.

Deze groep mensen trekt zich vaak terug uit sociale contacten. Hierbij kan het een rol spelen dat de betrokkene zich niet begrepen voelt door anderen. Ook kunnen contacten als zeer belastend worden ervaren doordat de interactie te veel prikkels geeft waardoor klachten weer kunnen toenemen. Sociale isolatie kan ook voortkomen uit de aard van de stoornis zelf zoals door initiatiefverlies bij schizofrenie of een depressie. Sociale isolatie brengt vaak met zich mee dat een gestructureerde dagbesteding ontbreekt.

Bij deze groep mensen is er meestal sprake van een kwetsbaar psychisch evenwicht: tegenslagen of spanningen kunnen bijvoorbeeld snel leiden tot een nieuwe psychotische episode of tot verder afzakken in drugsgebruik.

Door het zo goed mogelijk verbeteren van de diverse levensgebieden bij een betrokkene wordt niet alleen de kwaliteit van leven verhoogd maar neemt vaak ook de bereidheid toe om zich (medicamenteus) te laten behandelen. Tevens wordt de draaglast van de betrokkene verminderd waardoor er minder snel een terugval optreedt. Psychosociale interventies staan niet op zichzelf maar worden verricht naast andere interventies zoals medicatie.

Men spreekt van rehabilitatie wanneer de psychosociale interventies gericht zijn op het verbeteren van het sociale en maatschappelijke functioneren. Het uitgangspunt voor rehabilitatie is niet de psychiatrische diagnose, maar de mogelijkheden die iemand heeft. Bij rehabilitatie wordt praktische ondersteuning gegeven en neemt het aanleren van vaardigheden een belangrijke plaats in.

Naast rehabilitatie wordt ook het begrip 'herstel' gebruikt. Hiermee wordt verwezen naar het psychologische proces van het accepteren van aanwezige beperkingen en het toegroeien naar een nieuwe zinvolle invulling van het eigen leven waarbij het accent ligt op wat de betrokkene nog aan mogelijkheden heeft. Herstel betekent dus niet genezing maar betekent dat de betrokkene zich losmaakt van de identiteit van psychiatrisch betrokkene en zijn eigen leven ter hand neemt binnen de gegeven beperkingen. Het aspect dat de betrokkene zelf de regie over zijn leven neemt, wordt aangeduid met de term *empowerment*. Bij het herstelconcept neemt het opdoen van ervaringskennis een belangrijke plaats. Bij deze kennis gaat het om hoe de betrokkene geleerd heeft om te gaan met zijn aandoening(en), zijn beperkingen en met de barrières bij het vormgeven van het eigen leven. Tegenwoordig wordt veel waarde gehecht aan deze kennis. Vooral bij chronische psychiatrische aandoeningen worden ervaringsdeskundigen ingezet. Een ervaringsdeskundige kan betrokkenen een voorbeeld bieden hoe om kan worden gegaan met de aandoening en de daaraan verbonden beperkingen.

6.1   Psychosociale interventies

Een dagbesteding is belangrijk omdat het ondernemen van activiteiten bij een betrokkene in de regel bijdraagt aan het toenemen van de psychische stabiliteit. Ook kan aan activiteiten een zingeving worden ontleend en wordt het optreden van een sociaal isolement tegengegaan. Afhankelijk van de mogelijkheden van een betrokkene kunnen deze activiteiten worden aangeboden in de vorm van een dagactiviteitencentrum of een beschutte werkplek. Vaak is de eerste stap naar werk het verrichten van vrijwilligerswerk om weer een arbeidsritme op te doen en te leren verantwoordelijkheden te dragen. Vroeger werden betrokkenen eerst getraind om arbeidsvaardigheden op te doen en dan volgde plaatsing op een werkplek. Uit onderzoek is gebleken dat het beter is om een betrokkene juist op de werkplek de benodigde vaardigheden aan te leren. Een trajectbegeleider kan bemiddelen bij het vinden van passend werk en samen met de betrokkene het contact met de werkgever onderhouden.

Bij het wonen zijn er verschillende vormen van ondersteuning mogelijk. Wanneer een betrokkene samen met anderen met psychiatrische problematiek in een huis woont waarbij er frequent begeleiding aanwezig is, spreekt men van beschermd wonen. Begeleid wonen houdt in dat de betrokkene op zichzelf woont en daar begeleiding bij krijgt.

Wanneer de betrokkene moeite heeft zijn financiën te beheren dan kan geprobeerd worden dit te verbeteren door een cursus budgetteren. Wanneer een betrokkene ondanks ondersteuning steeds in ernstige financiële problemen komt kan er via de rechter bewindvoering of ondercuratelestelling worden aangevraagd.

Psychiatrische thuiszorg wordt ingezet indien er sprake is van een ernstige zelfverwaarlozing zoals door een zeer eenzijdige voeding, het zich niet laten behandelen voor een lichamelijke ziekte of het zich vervuilen. In dergelijke situaties kan een betrokkene thuis worden verzorgd en verpleegd.

6.2   (Functie) Assertive Community Treatment

Het lukt vaak niet betrokkenen uit de groep met ernstige psychiatrische aandoeningen (EPA) in reguliere zorg te krijgen en te houden. Zij melden zich niet aan, komen afspraken niet na of mijden hulpverleners. Ongeveer een derde deel van deze groep is er van overtuigd dat zij geen problemen hebben ondanks dat zij duidelijk een psychiatrische stoornis hebben. Deze groep wordt wel zorgwekkende zorgmijders genoemd. In de Verenigde Staten is er voor de EPA-groep *assertive community treatment* (ACT) ontwikkeld. *Assertive* betekent dat de hulpverleners actief en zo nodig ongevraagd betrokkenen benaderen, de term *community* houdt in dat de hulp plaatsvindt in de samenleving. Bij ACT zoekt de hulpverlener de betrokkene op: dat kan zijn op straat, in een daklozenopvang of in de eigen woning. Wanneer het om zorgwekkende zorgmijders gaat, wordt ook wel de term bemoeizorg gehanteerd.

In een ACT-team zijn *alle* disciplines (psychiater, psycholoog, maatschappelijk werker, verpleegkundige, woonbegeleider) ingeschakeld bij iedere betrokkene die bij het team in zorg is. Op deze manier wordt voorkomen dat een betrokkene steeds weer naar een andere hulpverlener verwezen moet worden: alle teamleden zijn op de hoogte van wat de actuele problemen zijn van de betrokkene. Door deze opzet kan ook gecoördineerd hulp worden geboden op de verschillende levensgebieden. Met de inzet van een ACT-team probeert men ook een opname te voorkomen. Wanneer echter de risico's voor de betrokkene of zijn omgeving te groot worden, kan het team het initiatief nemen voor een (gedwongen) opname.

In Nederland is een variant op ACT ontwikkeld. Het betreft een FACT-team waarbij F staat voor Functie- of Functionele. In een dergelijk team zijn naast de ACT-methodiek waarbij alle teamleden zijn ingeschakeld bij hulp aan een betrokkene, ook betrokkenen in zorg die meer stabiel functioneren en waarbij individuele hulp door een enkel teamlid volstaat. Wanneer er een verslechtering optreedt, kan van een FACT-aanpak worden opgeschaald naar een ACT-aanpak.

7   Forensische aspecten

7.1   Behandelsettings

Bij de keuze in welke setting een forensische behandeling plaatsvindt, speelt het beveiligingsniveau een belangrijke rol. Gerangschikt van een hoog naar een laag beveiligingsniveau zijn er de Forensische Psychiatrische Centra (FPC) waar vooral tbs-behandelingen worden uitgevoerd, Forensisch Psychiatrische Klinieken (FPK) en Forensisch Psychiatrische Afdelingen (FPA). Daarnaast zijn er Forensische Verslavingsklinieken (FVK) en Forensische Verslavingsafdelingen (FVA) met respectievelijk een hoog en lager beveiligingsniveau.

Bij veel gedetineerden is er sprake van een psychiatrische stoornis. Wanneer verslavingen en persoonlijkheidsstoornissen worden meegerekend, heeft iets meer dan de helft van de gedetineerden een psychiatrische stoornis.[5] Een klein deel van deze groep, vooral bij ernstige psychiatrische problematiek, wordt behandeld in een Penitentiair Psychiatrisch Centrum (PPC). Dit is een speciale afdeling van een Penitentiaire Instelling. In Nederland is er een klein aantal van deze afdelingen.

Verder zijn er forensische poliklinieken. Sinds kort bestaan er ook Forensische FACT-teams. Verder zijn er Forensisch Beschermd Wonen-voorzieningen waarbij de nadruk ligt op de dagelijkse begeleiding van de betrokkenen. Vaak wordt dit gecombineerd met een ambulant behandelcontact op een forensische polikliniek.

7.2   Psychofarmaca en delictgedrag

Antidepressiva kunnen in zeldzame gevallen bijdragen aan agressief gedrag.[6,7] Dit is in het bijzonder het geval bij de aanvang van het medicatiegebruik en wanneer er gestart wordt met een te hoge dosis. De meeste documentatie over dit effect betreft de ssri's. Deze antidepressiva worden ook het meest voorgeschreven. Men spreekt in de Verenigde Staten in dit verband over *prozac killings*. Het is in de praktijk moeilijk om te onderzoeken wat het aandeel van de gebruikte antidepressiemedicatie is bij het gewelddadige gedrag. Recentelijk is er onderzoek bij een betrokkene gedaan waarbij afwisselend het eerder voorgeschreven antidepressivum en een placebo werd gegeven en waarbij zowel het gedrag werd geobserveerd als neuropsychologische tests werden afgenomen.[8] Hierbij wist de betrokkene noch degene die de medicatie uitreikte wanneer het middel of het placebo werd gegeven (dubbelblind onderzoek). Dergelijk onderzoek is nog niet op grote schaal uitgevoerd.

Ook het gebruik van benzodiazepinen kan in uitzonderingsgevallen leiden tot agressief gedrag, als gevolg van een paradoxale reactie op deze middelen die gepaard kan gaan met een opwindingstoestand.[9] Verder worden benzodiazepinen soms ingezet bij seksuele delicten. Hierbij wordt het slachtoffer ongemerkt een benzodiazepine toegediend, bijvoorbeeld door het op te lossen in een drankje. Hierdoor raakt het slachtoffer versuft en kan hij zich minder goed verzetten. Vanwege de door de benzodiazepine veroorzaakte anterograde amnesie kan het slachtoffer zich achteraf niet goed herinneren wat er is gebeurd. In het Engels spreekt men in zo een situatie van een *date rape drug*.

7.3   What Works-principes

Bij forensische behandelingen wordt een aantal principes aangehouden waarvan is aangetoond dat hierdoor de effectiviteit wordt verhoogd. Deze worden als de *What Works*-principes aangeduid en zijn ontwikkeld door D.A. Andrews en zijn collega's.[10]

Risicoprincipe

De intensiteit van een behandeling wordt afgestemd op het recidiverisico van de betrokkene. Zo vereist een hoog recidiverisico een intensieve behandeling. Naarmate het recidiverisico lager is, dient de intensiteit af te nemen.

Behoefteprincipe

De behandeling richt zich op veranderbare risicofactoren die een relatie hebben met het risico op een recidive.

Responsiviteitsprincipe

De behandeling is aangepast aan de leermogelijkheden van de betrokkene. Zo wordt er bijvoorbeeld rekening gehouden met de intelligentie, de motivatie en de groepsgeschiktheid van een betrokkene.

Conclusie

De *What Works*-principes houden in dat een behandeling dient te worden afgestemd op de specifieke kenmerken van een betrokkene. Dit betekent dat elke behandeling maatwerk vereist. Er bestaat dan ook niet een en dezelfde behandeling voor een soort delinquenten. Er zal altijd nader onderzoek bij een betrokkene nodig zijn om tot een adequate indicatiestelling voor een behandeling te kunnen komen.

7.4   Interventies

Bij forensische behandelingen worden de volgende interventies frequent ingezet: delictanalyse, delictscenario, signaleringsplan, delictketen en terugvalpreventieplan.

Delictanalyse

Hierbij wordt zeer gedetailleerd met de betrokkene besproken wat in hem omging voorafgaand, tijdens en na het delict. Voor elk moment wordt in beeld gebracht wat de gedachten, gevoelens en het gedrag van de betrokkene waren. Ook de context waarin het delict is gebeurd, is van belang. Frequent zijn betrokkenen geneigd delen van het verloop van het delict weg te laten of de weergave te vervormen. Het bij de delictanalyse betrekken van informatie verkregen uit de processen-verbaal van de politie is dan ook zinvol. Het bespreken van de delictanalyse maakt deel uit van de behandeling waarbij onder meer 'risico'-gevoelstoestanden (bijvoorbeeld het zich vervelen) en risicosituaties (bijvoorbeeld het opzoeken van bepaalde kennissen) in beeld worden gebracht. Ook kan de betrokkene hierdoor verantwoordelijkheid leren nemen voor de keuzes die hij heeft gemaakt bij de aanloop tot en bij de uitvoering van het delict.

Delictscenario

Bij een delictscenario wordt beschreven welk patroon er bestaat bij herhalend delictgedrag. Voor een eenmalig delict wordt deze term ook wel gebruikt voor een meer globale beschrijving van de opeenvolgende gebeurtenissen op basis van de delictanalyse.

Aan de hand van het delictscenario kunnen risicofactoren tijdens de behandeling en bij verloven sneller worden herkend. Wanneer bijvoorbeeld bij een betrokkene met een paranoïde psychose een geweldsdelict vooraf is gegaan met het versturen van talloze brieven met klachten naar autoriteiten, kan het signaleren dat deze betrokkene tijdens een verlof een rol postzegels heeft gekocht, een belangrijk signaal zijn.

Signaleringsplan

In een signaleringsplan worden alle vroege voortekenen beschreven van een mogelijke (psychiatrische) ontregeling (verheviging van een stoornis door een ontoereikende compensatie) waaronder delictgedrag. De signalen worden beschreven in oplopende mate van ernst (licht/matig/ernstig) waarbij voor elk niveau tevens beschreven is welke acties de betrokkene en zijn omgeving moeten ondernemen om het risico te laten afnemen. Bijvoorbeeld: de voortekenen van agressie bij een betrokkene kunnen zijn: stil worden (lichte mate), niet meer rustig kunnen zitten (matige ernst) en het gaan schreeuwen (ernstige mate). De bijpassende acties voor de betrokkene kunnen respectievelijk zijn: tv gaan kijken, gitaar gaan spelen, en 30 minuten buiten gaan wandelen. Het signaleringsplan helpt de betrokkene om meer zelfcontrole te verkrijgen, en het levert de hulpverleners en naasten een hulpmiddel om het decompensatierisico te kunnen inschatten om vervolgens eventueel actie te kunnen ondernemen.

Delictketen

Bij een delictketen wordt alle informatie uit de delictanalyse, het delictscenario en het signaleringsplan geordend tot een samenhangende keten van factoren betreffende delictgedrag en recidiverisico's. Op deze wijze kan de betrokkene en zijn omgeving inzicht krijgen hoe de verschillende factoren met elkaar samenhangen en tot een toename van het recidiverisico leiden. Tevens wordt beoogd de betrokkene concrete handvatten te geven om deze risicofactoren te beïnvloeden.

Terugvalpreventieplan

Op basis van de delictketen wordt op een concrete wijze beschreven op welke wijze de diverse factoren kunnen worden beïnvloed. Ook worden in dit plan beschermende maatregelen benoemd, zoals het inschakelen van familie of hulpverlening, die het recidiverisico kunnen doen afnemen.

7.5   Risicotaxatie

Bij forensische behandelingen neemt het inschatten van het delictrecidiverisico een belangrijke plaats in. De hoogte van het ingeschatte recidiverisico bepaalt vaak mede het benodigde beveiligingsniveau tijdens een behandeling, of een betrokkene verlof kan worden toegekend en hoelang een ambulante behandeling dient te worden voortgezet.

Binnen de forensische psychiatrie was het lange tijd gebruikelijk om het recidiverisico alleen vast te stellen op basis van de beoordeling door een clinicus. Het nadeel van deze methode is dan dat er geen uniforme beoordeling van het recidiverisico plaatsvindt. De beoordeling wordt sterk gekleurd door het persoonlijke referentiekader van de clinicus. Uit onderzoek blijkt dat deze klinische voorspellingen nauwelijks beter scoren dan de toevalkans.[11] Deze bevinding leidde tot een brede invoering van risicotaxatie-instrumenten.

In Nederland wordt meestal gewerkt met de methode van een klinisch gestructureerde risicotaxatie. Hierbij wordt een aantal items beoordeeld waarvan uit empirisch onderzoek bekend is dat deze correleren met een verhoogd recidiverisico. De beoordeling omvat twee fases. De eerste bestaat uit de beoordeling en scoring van de verschillende risicofactoren van het risicotaxatie-instrument. De tweede fase is een weging van alle risicofactoren in hun onderlinge samenhang door de clinicus. De clinicus beoordeelt uiteindelijk het risico waarbij de conclusie wordt geformuleerd in termen van een laag, matig of hoog recidiverisico.

Deze risicotaxatie verschilt van de vroegere klinische beoordeling doordat de clinicus nu systematisch alle binnen het instrument relevante risicofactoren nagaat. Het recidiverisico wordt niet bepaald door de somscore van alle risicofactoren, alhoewel een hoge somscore in het *algemeen* wel gerelateerd is aan een hoog recidiverisico. Het kan echter zijn dat een enkele risicofactor of de combinatie van een beperkt aantal risicofactoren het recidiverisico zeer sterk bepaalt.[12] Wanneer nu de overige risicofactoren als laag worden gescoord, levert dit een lage somscore op en zou op basis hiervan ten onrechte de conclusie kunnen worden getrokken dat er sprake is van een laag recidiverisico. Ook kunnen er contextuele factoren zijn die het recidiverisico sterk bepalen. Een voorbeeld hiervan is een pedoseksueel die naast een school gaat wonen.

Er wordt een onderscheid gemaakt tussen statische en dynamische risicofactoren. Statische (historische) risicofactoren zijn kenmerken die niet meer veranderen, zoals het aantal gepleegde delicten en de aanwezigheid van gedragsproblemen voor het 12e jaar. Dynamische risicofactoren zijn wel veranderbaar, zoals impulsiviteit en de mate waarin een betrokkene de verantwoordelijkheid neemt voor zijn delict. Een forensische behandeling richt zich op beïnvloeding van de dynamische risicofactoren, waarbij rekening wordt gehouden met de statische risicofactoren.

Het is van belang om te beseffen dat gevaarlijkheid geen vaste eigenschap is van een betrokkene. Het risico wordt altijd bepaald door de kenmerken van een betrokkene in combinatie met de specifieke situatie waarin deze verkeert. Zo kan het delictrecidiverisico van een betrokkene met een paranoïde psychose toenemen wanneer deze van een klinische setting wordt ontslagen naar een eigen woning. De kans op een recidive kan toenemen door het wegvallen van de structuur en intensieve begeleiding in de kliniek. Tegenwoordig heeft men ook aandacht voor het belang van de invloed van beschermende factoren op het recidiverisico. Zo kan bijvoorbeeld bij een pedoseksueel het hebben van een dagbesteding, het accepteren van medicatie en de aanwezigheid van een sociaal netwerk het recidiverisico doen afnemen.

Het toepassen van risicotaxatie-instrumenten heeft de forensische behandelingen verbeterd, mede doordat de interventies specifiek gericht worden op de systematische beïnvloeding van de aanwezige risicofactoren. Het is van belang zich te realiseren dat ook wanneer men risicotaxatie-instrumenten gebruikt, een voorspelling van het recidiverisico nog altijd met veel onzekerheid gepaard gaat.[13] Bij risicotaxatie-instrumenten worden de bevindingen bij een groep toegepast op een individu. Een individu kan uiteraard op vele aspecten afwijken van een gemiddelde van een groep; ook de omgeving waarin een betrokkene functioneert, kan in relatief korte tijd sterk veranderen.

8   Aandachtspunten

- Een betrokkene dient altijd voorgelicht te worden over mogelijke risico's van een behandeling. Dit geldt niet alleen voor biologische maar ook voor psychologische behandelmethoden.
- Aan een opname is het risico verbonden dat zich een gedragspatroon ontwikkelt waarbij de betrokkene in toenemende mate afhankelijk en passief gedrag gaat vertonen.
- Bij het gebruik van een antipsychoticum nemen in de regel als eerste de onrust en ontremming af, daarna de angstgevoelens en hallucinaties en pas als laatste de waangedachten.
- Bij het behandelen van een depressie in het kader van een bipolaire stoornis met een antidepressivum kan een manie ontstaan.
- Bij het instellen op een ssri kan vooral in de eerste weken een toename optreden van onrust- en angstgevoelens. Dit effect kan in versterkte mate optreden bij jongeren waardoor het suïciderisico kan toenemen.
- Wanneer een betrokkene een overdosis benzodiazepine heeft genomen, dient men erop bedacht te zijn dat ook wanneer de betrokkene aanspreekbaar is, deze zich soms van het gesprek en eventueel gemaakte afspraken achteraf in het geheel niets meer kan herinneren.
- Bij meer dan de helft van de gedetineerden is sprake van een psychiatrische stoornis.
- De kans op een recidive bij een betrokkene wordt naast statische (historische) en dynamische risicofactoren ook bepaald door beschermende en contextuele factoren.

Noten

1   Bij de paragrafen over psychofarmaca (paragraaf 3) en elektroconvulsieve therapie (paragraaf 4) is gebruikgemaakt van Stolk, P.J., & Hengeveld, M.W. (2012). *Psychiatrie voor verpleegkundigen*. Amersfoort: Thieme Meulenhof.

2   Spijker, J., Bockting, C.L.H., Meeuwissen, J.A.C., Vliet, I.M. van, Emmelkamp, P.M.G., Hermens, M.L.M., e.a. (2013) *Multidisciplinaire richtlijn depressie*. (2013). Utrecht: Trimbos-instituut.

3   Verwey, B., & Waarde, J. van. (2010). Opvang, beoordeling en behandeling van suïcidepogers in het algemeen ziekenhuis. In: A.J.F.M. Kerkhof, & J.B. van Luyn (Red.), *Suïcidepreventie in de praktijk*. Houten: Bohn Stafleu van Loghum.

4   Broek, W.W. van den, Birkenhäger, T.K., Boer, D. de, Burggraaf, J.P., Gemert, B. van, Groenland, T.H.N., e.a. (2010). *Richtlijn elektroconvulsietherapie* (2e herz. versie). Utrecht: De Tijdstroom.

5   Bulten, E., & Nijman, H. (2009). Veel psychiatrische stoornissen onder gedetineerden op
       reguliere afdelingen van penitentiaire inrichtingen: Veel gedetineerden willen zelf ook hulp.
       Nederlands Tijdschrift voor Geneeskunde, 153, A 634.

6   Merckelbach, H., & Jelicic, M., & Ruiter, C. de. (2009). De B. heeft een
       persoonlijkheidsstoornis en doodt zijn vriendin. *Maandblad Geestelijke volksgezondheid,
       64*, 747-759.

7   Roef, D., & Verkes, R.J. (2013). Medicijngebruik, agressie en strafrechtelijke verantwoorde-
       lijkheid. *Nederlands Juristenblad, 45*, 3137-3142.

8   Onderzoek opgezet door R.J. Verkes.

9   Roef, D., & Verkes, R.J. (2013). Medicijngebruik, agressie en strafrechtelijke verantwoorde-
       lijkheid. *Nederlands Juristenblad, 45*, 3137-3142.

10   Andrews, D.A., Zinger. I., Hoge, R.D., Bonta, J., Gendreau, P., & Cullen, F.T. (1990). Does cor-
       rectional treatment work? A clinically relevant and psychologically informed meta-analysis.
       Criminology, 28, 369-404.

11   Ruiter, C. de. (2008). Gestructureerde risicotaxatiemethoden: Wat de jurist moet weten.
       Expertise en Recht, 4, 121-131.

12   Philipse, M.W.G. (2011). Risicotaxatie in de forensische psychiatrie. Principes, doelen en
       instrumenten. In: H. Groen, M. Drost, & H. Nijman (Red.), *Handboek forensische geestelijke
       gezondheidszorg* (pp. 399-417). Utrecht: De Tijdstroom.

13   Blok, G.T., Beurs, E. de, Ranitz, A.G.S. de, & Rinne, T. (2010). Psychometrische stand van
       zaken van risicotaxatie-instrumenten voor volwassenen in Nederland. *Tijdschrift voor Psy-
       chiatrie, 52*, 331-340.

3 Neurocognitieve stoornissen

1 Inleiding

Bij de neurocognitieve stoornissen staan stoornissen in de 'kennende functies' centraal. Het gaat hierbij om de functie van het zich bewust zijn van de omgeving en van zichzelf, het vermogen om de aandacht op iets te richten en deze vast te houden en de functie oriëntatie. Bij dit laatste onderscheidt men oriëntatie in tijd (welke dag is het?), plaats (weet de betrokkene waar hij zich bevindt?) en persoon (herkent de betrokkene wie hij voor zich heeft?). Andere cognitieve functies die gestoord kunnen zijn, zijn het geheugen en de intellectuele functies. Bij de intellectuele functies onderscheidt men het oordeelsvermogen (heeft de betrokkene het vermogen om de sociale situatie correct te beoordelen en adequaat in die situatie te handelen?), het vermogen tot ziektebesef en ziekte-inzicht, het abstractievermogen (kan de betrokkene nieuwe en complexe informatie verwerken en kunnen problemen worden opgelost door te generaliseren?) en de intelligentie. Onder de cognitieve functies valt ook het taalvermogen.

In dit hoofdstuk worden de volgende neurocognitieve stoornissen behandeld: delirium, dementiesyndroom, de amnestische stoornis (syndroom van Korsakov) en traumatisch hersenletsel. Bij deze stoornissen spelen hersendisfuncties een belangrijke rol, maar psychologische en sociale factoren kunnen ook een grote invloed hebben op het optreden van de symptomen en het vermogen om te kunnen functioneren in de eigen leefomgeving.

2 Delirium

2.1 Kenmerken

Het kernsymptoom van een delirium (ook wel delier genoemd) is een gedaald bewustzijn. Dit uit zich in een afgenomen besef van de omgeving. Daarnaast kan de betrokkene zich moeilijk concentreren en is de aandacht snel afgeleid. Door de stoornis van het bewustzijn en de moeite om aandacht vast te houden bestaat er meestal ook een desoriëntatie in vooral tijd en plaats. De intellectuele functies zijn gestoord in de vorm van een oordeelsstoornis en het ontbreken van ziektebesef. Het logisch redeneren is bemoeilijkt en het denken wordt incoherent. Deze gestoorde psychische functies leiden tot een betrokkene die verward is en niet weet waar hij is. Verder bestaan er dikwijls paranoïde gedachten. De stemming is meestal angstig, radeloos of geprikkeld. De waarneming kan gestoord zijn. Er kunnen vooral visuele hallucinaties bestaan; de betrokkene ziet dan bijvoorbeeld beestjes op zijn lichaam of op zijn dekens en probeert deze dan weg te krijgen ('plukkerig gedrag'). Er kan een sterke onrust bestaan waarbij het, mede op basis van de angst en het gevoel bedreigd te worden, tot verbale of fysieke agressie kan komen.

Het beeld van een delirium kan zich snel ontwikkelen in de loop van uren tot dagen. Een eerste symptoom is vaak slapeloosheid of rusteloosheid. De symptomen kunnen snel wisselen waarbij er soms uren zijn dat er nagenoeg geen symptomen zijn. 's Avonds, wanneer het moeilijker wordt om zich te oriënteren, nemen de symptomen dan weer toe.

Er zijn twee typen delirium. Een hyperactief delirium waarbij een sterke agitatie en motorische onrust bestaan en een hypoactief (stil) delirium waarbij betrokkene apathisch is en nauwelijks op zijn omgeving reageert. Meestal wisselen de twee typen elkaar af.

2.2   Ontstaan

Een delirium is altijd het gevolg van een lichamelijke ziekte of het gebruik van geneesmiddelen of verslavende middelen. Een delirium komt frequent (10-15%) voor bij in het ziekenhuis opgenomen patiënten.[1] Deze stoornis kan op elke leeftijd optreden maar komt vooral voor bij ouderen boven de 70 jaar. Vooral chirurgische ingrepen en infectieziekten (bijvoorbeeld een longontsteking of een urineweginfectie) vormen een risicofactor. Betrokkenen met een kwetsbaar brein, zoals bij dementie, zijn extra gevoelig voor het ontwikkelen van eenx delirium.

Een delirium kan ook optreden door overmatig gebruik van alcohol of drugs. Vooral door stimulerende middelen als cocaïne en 'speed' kan een delirium ontstaan met sterke agitatie en onrust; men spreekt wel van een opwindingsdelirium.

Wanneer iemand met een alcoholverslaving zijn drankgebruik sterk vermindert of ermee stopt, kan een onttrekkingsdelirium optreden. Bij dit delirium is er sprake van een sterke activatie van het autonome zenuwstelsel waardoor de betrokkene veel transpireert en er tremors optreden. Vanwege het aanwezig zijn van deze tremors spreekt men wel van een delirium tremens. Een alcoholonttrekkingsdelirium kan optreden wanneer de betreffende persoon voor een ingreep of ziekte wordt opgenomen in een algemeen ziekenhuis of wordt ingesloten in de politiecel en daarbij geen melding maakt van het chronische overmatige alcoholgebruik. Doordat men in het ziekenhuis en in de cel geen alcohol tot zijn beschikking heeft, treedt soms een ont-trekkingsdelirium op. Dit delirium begint meestal rond de derde dag na het stoppen van het alcoholgebruik. Een alcoholonttrekkingsdelirium kan tot een week na het stoppen met drinken optreden. Het mechanisme waardoor een delirium optreedt, is niet geheel duidelijk. Men neemt aan dat een ver-storing van de signaaloverdracht tussen de neuronen een belangrijke rol speelt.

2.3   Behandeling

Men zal altijd eerst de lichamelijke oorzaak van het delirium willen opsporen en dit trachten te behandelen. Dit kan het best in een algemeen ziekenhuis gebeuren. Daarnaast worden de symptomen van een delirium behandeld met medicatie. Meestal wordt een antipsychoticum gegeven. Bij sterke onrust wordt ook een benzodiazepine gegeven. Het is belangrijk om een betrokkene mogelijkheden aan te bieden waaraan hij zich kan oriënteren. Dit kan door een klok in de kamer te hangen en ervoor te zorgen dat wan-neer de betrokkene een bril of een gehoorapparaat heeft, de betrokkene deze niet op het nachtkastje legt maar gebruikt. Tevens is het van belang betrokkene niet te overvragen (bijvoorbeeld door langdurig bezoek) en hem op een geruststellende wijze te bejegenen.

2.4   Beloop

De duur van een delirium hangt samen met de lichamelijke stoornis die eraan ten grondslag ligt. Doorgaans duurt een delirium enkele dagen tot weken. Na een ernstig delirium kunnen cognitieve restsymptomen blijven bestaan.

3   Dementiesyndroom

In de DSM-5 worden voor de groep stoornissen met een dementiesyndroom ook de termen uitgebreide en beperkte neurocognitieve stoornis gehanteerd. Dit onderscheid wordt gemaakt om met de diagnose van een beperkte (in tegenstelling tot de uitgebreide) neurocognitieve stoornis aan te kunnen geven dat deze niet interfereert met de dagelijkse activiteiten, maar dat er wel een reden is voor bezorgdheid en behandeling. In een dergelijke situatie kan de betrokkene met een verhoogde inspanning en door compenserende strategieën de beperkingen van de neurocognitieve functies (nog) opvan-gen.

3.1   Kenmerken

Men spreekt van dementie wanneer *meerdere* cognitieve functies zijn aangetast en het sociale en beroepsmatige functioneren hierdoor achteruit zijn gegaan. Meestal is deze achteruitgang onomkeerbaar en is er een progressief beloop. De cognitieve functies zijn niet zoals bij een delirium relatief kortdurend aangedaan: in de regel betreft het een chronisch proces. In tegenstelling tot bij het delirium blijft bij dementie, zeker gedurende de beginfase, het besef van de omgeving (het bewustzijn) helder. Er zijn verschillende onderliggende ziekten die tot dementie kunnen leiden.

Het dementiesyndroom omvat het aanwezig zijn van een geheugenstoornis en minstens een symptoom in de vorm van een afgenomen vermogen om zich uit te drukken in gesproken of geschreven taal (afasie), een gestoord vermogen om doelgerichte handelingen uit te voeren (apraxie), een onvermogen om voorwerpen te herkennen (agnosie), of een onvermogen om te plannen, te organiseren en logisch na te denken (executieve functies).

Welke cognitieve functies zijn aangetast, wordt bepaald door de lokalisatie van de aangetaste hersendelen. Zo is bij de dementie van het alzheimertype vooral de hersenschors aangetast (corticale dementie) en staan geheugenstoornissen en taalstoornissen centraal. Wanneer de voorste delen van het brein zijn aangedaan (frontale dementie) zijn vooral de executieve functies gestoord en treden geheugenstoornissen pas laat in het ziekteproces op.

Ziekte van Alzheimer

De eerste cognitieve tekenen van dit type dementie kunnen vooraf worden gegaan door een verminderde belangstelling: interesses die men levenslang heeft gehad, verminderen. Geheugenproblemen treden in een vroeg stadium op. Het betreft vooral onvermogen om nieuwe informatie op te slaan of zich weer te herinneren. In een later stadium is ook het geheugen aangetast van voor de periode dat het brein is aangetast. Het verlies van herinneringen geschiedt retrograde: het eerst vergeet men betrekkelijk recente gebeurtenissen en blijven eerdere herinneringen nog intact. Uiteindelijk leeft de betrokkene steeds meer in het verleden. De betrokkene kan door de geheugenproblemen zich niet meer oriënteren en kan bijvoorbeeld de weg naar het eigen huis niet meer vinden. Later kan men in het eigen huis verdwalen. Door apraxie (zoals het zich niet meer kunnen aankleden) en agnosie (bijvoorbeeld: niet meer weten waar een fornuis voor dient), wordt het onmogelijk nog zelfstandig te functioneren. In een later stadium treden ook persoonlijkheidsveranderingen op; men kan impulsief of agressief gedrag gaan vertonen. Ook kunnen hallucinaties of wanen optreden. Zo kan een betrokkene overtuigd zijn, zonder dat daar aanleiding voor is, dat de zuster van de thuiszorg geld of spullen uit het huis steelt. Soms beseft een betrokkene in de vroege fase van de ziekte dat het functioneren achteruit gaat. Het kan echter ook zijn dat een betrokkene elk tekort in zijn functioneren ontkent of verbloemt. Men noemt dit façadegedrag.

Van alle gevallen van dementie is ongeveer 70% van het alzheimertype. De ziekte kan al voor het 65e jaar beginnen: men spreekt dan van preseniele dementie. Het percentage mensen in de bevolking dat aan Alzheimer lijdt, neemt toe met de leeftijd. Op 65-jarige leeftijd is het 1-2% en het percentage verdubbelt elk 5 jaar: met 85 jaar lijdt ongeveer 35% aan deze ziekte.[2]

Het is onduidelijk waardoor de ziekte van Alzheimer ontstaat; wel is duidelijk dat genetische factoren vaak een rol spelen. De hersenbeschadiging treedt op doordat er in de neuronen zich afwijkende eiwitten afzetten waardoor de zenuwcel uiteindelijk afsterft. Dit proces treft in de beginfase vooral de hersenstructuur (hippocampus) die belangrijk is voor de geheugenfunctie.

Vasculaire dementie

Bij dit type dementie berust de uitval van hersenfuncties op een doorbloedingsstoornis, meestal door het optreden van een afsluiting van de bloedvaten (infarct). In de voorgeschiedenis is vaak sprake van hoge bloeddruk of suikerziekte, waardoor de bloedvaten zijn aangetast. In tegenstelling tot het sluipende ontstaan van de symptomen bij de alzheimerdementie is er bij de vasculaire dementie meestal een snel ontstaan van de uitval van cognitieve functies. Welke functies wegvallen, hangt samen met waar de doorbloedingsstoornis is opgetreden. Hierdoor kunnen er, naast uitval op sommige cognitieve terreinen, lange tijd gezonde aspecten in het functioneren blijven bestaan.

Frontotemporale dementie

Bij dit type dementie zijn de frontale kwabben en de voorste delen van de temporale kwabben (zijkant) van de hersenen aangedaan. Deze aandoening kan door verschillende ziekteprocessen worden veroorzaakt. Een deel hiervan betreft een erfelijke vorm. Een belangrijk verschil met andere typen dementie is dat het begint met gedragsveranderingen. De betrokkene verliest het vermogen sociale situaties goed in te schatten en zich adequaat te gedragen. Dit uit zich in egocentrisch gedrag en het zich onaangepast gedragen in sociale situaties. De betrokkene gaat vaak de persoonlijke verzorging verwaarlozen en vertoont steeds meer rigide gedrag. Handelingen moeten op een bepaalde manier worden uitgevoerd en de betrokkene reageert met woede wanneer deze routine wordt verstoord. Bij sommige betrokkenen staat apathie op de voorgrond maar bij anderen is er juist sprake van ontremming. Dit kan zich onder meer uiten in koopzucht en overmatig eten. Geheugenstoornissen treden pas heel laat in het ziekteproces op.

Een frontotemporale dementie begint vaak rond het 55e jaar maar kan reeds vanaf het 40e jaar optreden en een zeer sluipend beloop hebben. Door het zeer langzame progressieve beloop, dat vele jaren kan duren en waarbij de gedragsveranderingen op de voorgrond staan en er nog geen geheugenstoornissen zijn, kan de diagnose lang gemist worden. Het navragen of er in de familie vormen van dementie voorkomen kan de diagnosticus soms op het spoor van deze ziekte brengen.

Dementie door de ziekte van Huntington

De ziekte van Huntington gaat gepaard met onwillekeurige bewegingen en gedragsveranderingen; soms treden er ook wanen of hallucinaties op. Van de cognitieve functies zijn vooral het geheugen en het vermogen tot abstract denken aangedaan. Wanneer de eerste uitingen van deze ziekte bestaan uit gedragsveranderingen, en er nog geen psychotische symptomen en motorische symptomen aanwezig zijn, kan de diagnose worden gemist. De onwillekeurige bewegingen nemen in de tijd toe en voor buitenstaanders kunnen deze de indruk wekken dat de betrokkene dronken is. Door de ongecontroleerde bewegingen komt vallen (bijvoorbeeld op het hoofd!) frequent voor. De ziekte van Huntington is een erfelijke ziekte. Wanneer een ouder deze ziekte heeft, heeft elk kind 50% kans om ook aangedaan te zijn. Met genetisch onderzoek is, ook voordat er symptomen zijn opgetreden, vast te stellen of iemand genetisch drager is en deze ziekte zal gaan ontwikkelen.

De ziekte begint doorgaans tussen het 35e en 40e jaar. Meestal sterft een betrokkene ongeveer 15 jaar na het begin van de eerste symptomen. Iemand met de ziekte van Huntington in een vroege fase heeft vaak een goed beeld van het te verwachten beloop omdat die het ziektebeloop heeft gezien binnen de eigen familie. Dit besef kan leiden tot een suïcidepoging of suïcide.

3.2   Bijkomende stoornissen

Bij dementie kan zich relatief frequent een depressieve stoornis ontwikkelen. Vooral bij een dementie van het alzheimertype kan een depressie aan het manifest worden van de dementie voorafgaan.

3.3   Behandeling

Voor de hier beschreven vormen van dementie is geen behandeling van het oorzakelijke ziekteproces beschikbaar. Bij de ziekte van Alzheimer zijn wel
geneesmiddelen ontwikkeld die de progressie van het ziektebeeld moeten
tegengaan. Het effect van deze middelen is zeer beperkt. Onrust en agressie
bij betrokkenen met dementie worden vaak behandeld met antipsychotische medicatie. Problematisch is dat de kans op een herseninfarct hierdoor
toeneemt en dat deze medicatie slechts bij een deel van de betrokkenen
effect heeft.

4   Amnestische stoornis

4.1   Kenmerken

Wanneer er geheugenstoornissen bestaan zonder een aantasting van andere cognitieve functies, spreekt men van een amnestische stoornis. Een dergelijke
stoornis kan worden veroorzaakt door een neurologische aandoening of
door middelengebruik.

Korsakovsyndroom

De meest voorkomende oorzaak van een amnestisch syndroom is chronisch alcoholgebruik waardoor een vitamine B_1-tekort ontstaat. Dit noemt men het
syndroom van Korsakov. Het vitaminetekort ontstaat zowel doordat bij
alcoholisme meestal sprake is van een slecht voedingspatroon maar ook
doordat de alcohol de opname van de vitamine B_1 vanuit het maag-darmkanaal verstoort.

Er bestaat een onvermogen tot het leren van nieuwe informatie. Een betrokkene kan nieuwe informatie wel onmiddellijk weergeven, maar na enige
minuten is de informatie verloren gegaan. Door deze kortetermijngeheugenstoornis bestaat er ook een desoriëntatie in tijd en plaats. De betrokkene
is zich vaak niet bewust van de geheugenstoornis.

Wanneer een betrokkene gevraagd wordt naar recente voorvallen en hij kan
zich deze niet herinneren dan kan dit verhuld worden door confabulaties.
Dit zijn verhalen die vaak wisselen en waarvan betrokkene aanneemt dat
deze een antwoord geven op een vraag. Men lijkt zelf overtuigd van de con-
fabulatie.

Een korsakovsyndroom kan ook optreden met neurologische symptomen zoals coördinatiestoornissen en verwardheid. Men spreekt dan van het syndroom van Wernicke-Korsakov.

4.1   Behandeling

De behandeling bestaat uit het geven van vitamine B_1-injecties. Het geheugen wordt ondersteund door de betrokkene te leren te werken met een agenda en om een gestructureerd levenspatroon aan te houden.

4.2   Beloop

De geheugenstoornis kan zich na het toedienen van vitamine B_1 soms (gedeeltelijk) herstellen. Vaak blijft er echter een kortetermijngeheugenstoornis bestaan. Wanneer er niet opnieuw een vitamine B_1-tekort optreedt (weer alcohol gebruiken!) neemt de geheugenstoornis niet toe.

5   Traumatisch hersenletsel

Bij traumatisch hersenletsel is het letsel ontstaan door een oorzaak buiten het lichaam, in tegenstelling tot bijvoorbeeld een beroerte of een gezwel. Hierbij is door inwerkend geweld schade opgetreden aan de hersenen. Dit kan onder meer komen door een val, een verkeersongeval of mishandeling. Traumatisch hersenletsel dient van een hersenschudding te worden onderscheiden. Bij een hersenschudding is er geen sprake van blijvende schade en zullen de klachten in de loop van de tijd geheel verdwijnen. De medische term voor traumatisch hersenletsel is *contusio cerebri* (contusio betekent kneuzing, cerebri betekent van de hersenen). Bij een hersenschudding spreekt men van een *commotio cerebri* (commotio betekent schudding).

Direct na de beschadiging van de hersenen treedt er bewusteloosheid op. Wanneer de betrokkene weer bij bewustzijn komt, is deze verward en kan de betrokkene geen nieuwe informatie onthouden. Men spreekt van een posttraumatische amnesie. Ook kunnen herinneringen van kort voor de beschadiging afwezig zijn. In ernstige gevallen kan dit dagen tot weken omvatten.

De klachten die na een hersenletsel blijvend aanwezig zijn, kunnen per individu sterk verschillen. De aard en ernst van deze klachten hangen samen met de ernst van het letsel maar ook met de leeftijd en welke delen van het de hersenen zijn aangedaan. Veelvoorkomende klachten zijn overgevoeligheid voor geluid, licht en drukte. Ook komen concentratieproblemen voor en is het vermogen tot planning verminderd. De geheugenstoornis verbetert in de loop van de tijd maar geregeld blijft deze voor een deel bestaan. Verder is er soms sprake van prikkelbaarheid en emotionele labiliteit. Prikkelbaarheid kan vooral optreden bij vermoeidheid en wanneer een betrokkene relatief veel informatie te verwerken krijgt.

Een beschadiging van de voorste hersenkwabben (prefrontale cortex) kan leiden tot twee clusters van symptomen.[3] Het eerste cluster bestaat uit het tekortschieten van de regulering van het gedrag met het optreden van impulsiviteit en agressie. Het tweede cluster omvat het afwezig zijn van het vermogen tot empathie en een stoornis in het oordeelsvermogen waardoor sociale situaties niet adequaat worden ingeschat. De twee clusters kunnen zowel apart of gecombineerd voorkomen. In beide gevallen spreekt men van een frontaal syndroom. Dit beeld kan dermate uitgebreid zijn dat van een persoonlijkheidsverandering kan worden gesproken. Ziektebesef kan soms ontbreken.

6   Forensische aspecten

Iemand met een **delirium** is in verwarring en is vaak angstig en paranoïde. Wanneer er sprake is van een **hyperactief** delirium, kan een betrokkene een gevaar voor zichzelf vormen, bijvoorbeeld door na een operatie een aanwezig infuus eruit te trekken, uit bed te stappen en ten val te komen of door het ziekenhuis te gaan dwalen. Een betrokkene kan op basis van verwardheid en paranoïde belevingen komen tot agressie jegens anderen. Door de cognitieve stoornissen kan de betrokkene zijn gedrag niet goed structureren en is de agressie in de regel ongericht. Bij een **hyperactief** delirium kan door de voortdurende onrust een betrokkene volledig uitgeput raken. Het gevaar zichzelf te beschadigen, anderen aan te vallen of het verstoren van het leefmilieu van een afdeling van een ziekenhuis of verpleeghuis maakt dat een betrokkene soms in zijn bed of stoel gefixeerd moet worden.

Door **de cognitieve stoornissen** zal een betrokkene **met een delirium** de aangeboden informatie niet goed kunnen begrijpen en afwegen, en niet kunnen overzien wat de gevolgen van een besluit zijn. In de regel zal er gedurende een delirium sprake zijn van **wilsonbekwaamheid** wat betreft het voorgestelde behandelbeleid.

Het gebruik van drugs, vooral cocaïne of 'speed' al dan niet in combinatie met alcohol, kan leiden tot een **opwindingsdelirium**. Dit komt vooral voor in het uitgaansleven. De betrokkene raakt verward, vertoont een sterke motorische onrust, is gedesoriënteerd en kan vanuit een paranoïdie zich zeer bedreigd voelen. Het kan dan komen tot sterk agressief gedrag. Dit gedrag kan weer agressie van omstanders uitlokken. Met de betrokkene valt geen contact te maken en deze laat zich niet kalmeren. Ook wanneer de betrokkene door de beveiliging of politie is overmeesterd, blijft deze door-vechten. Door het blijven vechten treedt een volledige uitputtingstoestand op en kan een acute hartstilstand optreden.

Een dementie brengt in de loop der tijd ernstige cognitieve stoornis-sen met zich mee waardoor betrokkene aangeboden informatie niet goed meer begrijpt, geen zicht heeft op de eigen situatie, het logisch redeneren afneemt, en de betrokkene de gevolgen van een beslissing niet goed meer kan overzien. Deze cognitieve stoornissen maken dat betrokkene niet meer wilsbekwaam is en bijgevolg voor het tekenen van bijvoorbeeld een nota-riële akte niet meer in staat is 'tot een redelijke waardering ter zake' zoals de wet voorschrijft. Het is voor een notaris dan ook zaak attent te zijn op de mogelijke aanwezigheid van wilsonbekwaamheid. Het komt met enige regelmaat voor dat na het overlijden van betrokkene door belanghebbenden wordt aangevoerd dat deze ten tijde van het tekenen van de akte reeds aan dementie leed, en de geldigheid van het testament wordt aangevochten.

Verder kan het een rol spelen dat een betrokkene met een dementie in de loop der tijd steeds meer afhankelijk is geworden van een verzorger. Hier-door bestaat de mogelijkheid dat beslissingen niet op eigen initiatief wor-den genomen of sterk worden beïnvloed door een verzorger. Het is dan ook raadzaam om in een dergelijke situatie de betrokkene ook alleen te spreken en vragen voor te leggen als: 'Kunt u mij vertellen wat deze akte inhoudt en wat de gevolgen zijn wanneer u deze akte ondertekent?'; 'Kunt u vertellen wat de redenen zijn voor uw besluit?'[4]

Bij een ernstig demente betrokkene die een delict heeft begaan en tegen wie een strafvervolging wordt ingesteld, kan het zijn dat deze de tegen hem ingestelde vervolging niet begrijpt. Dit kan op grond van de wet een reden zijn om het strafproces te schorsen en wanneer duidelijk is dat er geen her-stel zal optreden, het strafproces te beëindigen.

Bij een dementie kunnen er ook agitatie en ontremming optreden waarbij het tot agressie kan komen. Soms lijkt een dergelijke agressie uit het niets te komen, soms wordt duidelijk dat deze gedreven wordt door een paranoïde gedachtegang. Men ziet dat agressie nogal eens optreedt wanneer er te veel prikkels zijn waardoor een betrokkene geen overzicht meer heeft en wordt overvraagd. Een (extreem) voorbeeld hiervan is de man met dementie die, met behulp van de thuiszorg, voor zijn zieke vrouw zorgt en haar in een impuls doodt en daarna dit niet meer weet.

Een **frontotemporale dementie** begint met gedragsveranderingen. Een eerste verandering kan zijn dat een betrokkene zijn werk verliest doordat hij sociaal inadequaat gedrag vertoont. Soms wordt een optredende prikkelbaarheid aangezien voor een burn-out. Ontremming van het gedrag kan onder andere bestaan uit winkeldiefstallen en seksueel grensoverschrijdend gedrag.[5] Men dient de aanwezigheid van deze stoornis te overwegen wanneer een betrokkene op latere leeftijd gedrag vertoont dat in het geheel niet past bij diens eerdere functioneren.

Bij de **ziekte van Huntington** zal een betrokkene uiteindelijk niet meer voor zichzelf kunnen zorgen. Door het vaak ontbrekende ziektebesef in een dergelijke fase kan het tot een gedwongen opname komen. Zowel bij een **dementiesyndroom** als bij het **syndroom van Korsakov kan het tot een ernstige zelfverwaarlozing komen.** De betrokkene kan door de geheugenstoornis waarbij deze alles vergeet, zijn leven niet meer organiseren, koopt geen eten meer of vergeet noodzakelijke medicijnen in te nemen. Ook kan er een gevaar voor brand ontstaan doordat de betrokkene vergeet het gas van het fornuis uit te doen. Dit kunnen redenen zijn om een gedwongen opname te overwegen.

Gewelddadig en impulsief gedrag kunnen vooral bij een **frontaal syndroom bij hersenletsel optreden.** Dit gedrag komt soms vooral naar voren wanneer een betrokkene niet in staat is om een situatie te overzien doordat het vermogen om informatie te verwerken is afgenomen. Hierdoor wordt het regulerende vermogen van de hersenen extra belast waardoor dit tekort kan schieten. Verder kan het een rol spelen dat een betrokkene na een hersenletsel doorgaans extra gevoelig is geworden voor alcohol en drugs.

7   Aandachtspunten

- Een delirium heeft een wisselend beloop waarbij er vooral overdag minder tot vrijwel geen symptomen aanwezig kunnen zijn. Voor een adequate diagnostiek is het vereist het beeld gedurende enige tijd te volgen en informatie van derden (verpleging en familie) hierbij te betrekken.
- Een doorgemaakt delirium bij een (beginnende) dementie kan tot een blijvende sterke cognitieve achteruitgang leiden.
- Een depressieve stoornis op oudere leeftijd kan voorafgaan aan het ontwikkelen van een dementiesyndroom.
- Bij het optreden van een sterke onrust en verwardheid kort na aanvang van detentie kan er mogelijk sprake zijn van een alcoholonttrekkingsdelirium.

- Wanneer een betrokkene pas na zijn 40e jaar voor het eerst delictgedrag vertoont, vooral wanneer ontremming van het gedrag op de voorgrond staat, dient een lichamelijke oorzaak voor dit gedrag uitdrukkelijk te worden onderzocht. Een voorbeeld van een mogelijke oorzaak is frontotemporale dementie.
- Prikkelbaarheid bij hersenletsel kan vooral optreden bij vermoeidheid en wanneer een betrokkene relatief veel informatie te verwerken krijgt.

Noten

1   Mast, R.C. van der, Huyse, F.J., Drooglever Fortuijn, H.A., Heeren, T.J., Izaks, G.J., & Kalisvaart, C.J. (2004). *Richtlijn delirium*. Amsterdam: Boom.

2   Eikelboom, P., Cras, P., & Gool, P. van. (2009). Dementieën. In: M.W. Hengeveld, & A.J.L.M. van Balkom (Red.), *Leerboek psychiatrie* (2e herz. dr., pp. 231-253). Utrecht: De Tijdstroom.

3   Jonker, C., Matthaei, I., Schouws, S.N.T.M., & Sikkens, E.P.K. (2011). Twee verdachten met hersenletsel en crimineel gedrag. De bijdrage van de neuroloog aan forensisch psychiatrische diagnostiek. *Tijdschrift voor Psychiatrie, 53*, 181-187.

4   Koninklijke Notariële Beroepsorganisatie. (2006). *Stappenplan beoordeling wilsbekwaamheid ten behoeve van notariële dienstverlening*. Den Haag: Koninklijke Notariële Beroepsorganisatie.

5   Vleugel, E.E., Chong, Y.K., & Mast, R.C. van der. (2006). De diagnostiek van frontotemporale dementie, een kameleon in de psychiatrie. *Tijdschrift voor Psychiatrie, 48*, 705-715; Eikelboom, P., Cras, P., & Gool, P. van. (2009). Dementieën. In: M.W. Hengeveld, & A.J.L.M. van Balkom (Red.), *Leerboek psychiatrie* (2e herz. dr., pp. 231-253). Utrecht: De Tijdstroom.

4 Psychotische stoornissen

1 Inleiding

We spreken van een psychose of psychotische stoornis wanneer de eigen waarnemingen en denkbeelden onvoldoende getoetst worden aan de werkelijkheid. In zo een situatie schiet de realiteitstoetsing tekort. Psychotische symptomen zijn hallucinaties, waandenkbeelden en verward denken. Deze symptomen kunnen ook optreden in het kader van een stemmingsstoornis (manie of depressieve stoornis), een delirium of een dementiesyndroom. In dit hoofdstuk worden echter alleen de stoornissen besproken waarbij de psychotische symptomen het hoofdkenmerk zijn. Sommige mensen horen af en toe een of meer stemmen zonder dat er iemand aanwezig is. Mogelijk zijn deze stemmen een uitdrukking van emotionele conflicten. Wanneer er geen sprake is van lijden of van beperkingen in het functioneren, spreken we niet van een psychiatrische stoornis.

Bij een psychotische stoornis spelen meestal meerdere oorzakelijke factoren een rol. De realiteitstoetsing kan tekortschieten door een verstoring van het denkvermogen. Het cognitieve functioneren kan bijvoorbeeld tijdelijk ondermijnd worden door drugs maar er kan ook sprake zijn van een ontwikkelingsstoornis van de hersenen zoals men aanneemt dat dit een rol speelt bij schizofrenie. Ook een structureel zwak cognitief functioneren zoals bij een verstandelijke beperking kan leiden tot een minder goede realiteitstoetsing. Sterke angstgevoelens kunnen soms bijdragen aan het tekortschieten van de realiteitstoetsing. Sommige mensen worden vrijwel nooit psychotisch, hoe hoog de spanning ook oploopt, anderen kunnen sneller een psychose ontwikkelen. In het laatste geval spreken we van een psychotische kwetsbaarheid. Sommige psychotische stoornissen zijn kortdurend, andere hebben een tendens tot chroniciteit, of recidiveren frequent. Dit beloop hangt naast het type psychotische stoornis ook af van de individuele gevoeligheid van een betrokkene voor een psychose.

Een psychose kan zich snel ontwikkelen maar vaak is er sprake van een geleidelijk proces. De eerste fase wordt dikwijls gekenmerkt doordat de betrokkene de werkelijkheid anders gaat beleven. Belevingen en toevallige gebeurtenissen die eerder als vanzelfsprekend werden ervaren, krijgen een bijzondere betekenis. Wanneer de betrokkene bijvoorbeeld in de rij staat met andere mensen, krijgt hij de beleving dat die anderen speciaal naar hem kijken. Aanvankelijk kan de betrokkene meestal nog blijven twijfelen aan zijn denkbeelden (de realiteitstoetsing is nog intact) maar geleidelijk kan de overtuiging ontstaan dat anderen hem inderdaad steeds in het vizier houden. De betrokkene kan zich in zijn opvatting bevestigd voelen doordat hij allerlei verbanden ziet die hem eerder waren ontgaan. Bijvoorbeeld: dat zijn collega altijd koffie gaat halen als hij binnenkomt en dat dit geen toeval is maar een manier van deze collega is om te verbergen dat die hem observeert. Uiteindelijk kan de betrokkene er vast van overtuigd raken dat hij voortdurend in de gaten wordt gehouden en is er sprake van een paranoïde waan.

De reactie van betrokkenen die een psychose hebben doorgemaakt, kan sterk verschillen. Sommigen zijn zich ervan bewust dat ze in een verwrongen werkelijkheid hebben geleefd. Dit besef kan sterke onzekerheidsgevoelens met zich meebrengen: 'Ik kan mijn eigen waarneming en denken niet vertrouwen.' Een betrokkene kan op zoek gaan naar de eigen kwetsbaarheden en zijn leven hierop aanpassen. In deze gevallen accepteert de betrokkene dat hij of zij psychotisch is geweest. Aan de andere kant van het spectrum zijn er mensen die het psychotisch zijn geweest volledig loochenen. Zij willen er niet over nadenken en zijn niet ontvankelijk voor het bespreken van de kwetsbaarheden die hebben bijgedragen aan het psychotisch worden. Deze mensen passen hun leven dan ook niet aan om te trachten een nieuwe psychose te voorkomen.

2   Psychotische symptomen

2.1   Hallucinatie

Bij een hallucinatie is de betrokkene overtuigd van het werkelijkheidskarakter van wat hij of zij waarneemt, maar er is in de buitenwereld geen corresponderende zintuiglijke stimulus aanwezig. De hallucinaties worden ingedeeld aan de hand van de verschillende typen zintuiglijke functies.

Akoestische hallucinaties (ook wel auditieve hallucinaties genoemd): hierbij hoort de betrokkene stemmen of geluiden (bijvoorbeeld een geruis). De stemmen kunnen soms op de achtergrond aanwezig zijn zonder dat de betrokkene goed kan horen wat deze zeggen. De stemmen of geluiden kunnen vrijwel continu aanwezig zijn of soms juist alleen gedurende uren of dagen. De stemmen kunnen een positieve inhoud hebben en de betrokkene kan deze ervaren als steun (bijvoorbeeld: 'Hou maar vol') maar meestal hebben de stemmen een negatieve inhoud en wordt er voortdurend kritiek gegeven. Voorbeelden hiervan zijn stemmen die zeggen dat de betrokkene niets kan, slecht is of net zo goed dood kan zijn. De stemmen kunnen ook voortdurend commentaar geven op het gedrag van de betrokkene.

Vaak is er een relatie tussen de intensiteit van de stemmen en het spanningsniveau van de betrokkene. Zo kunnen bij een oplopende spanning de stemmen luider worden, ruzie met elkaar gaan maken, langer aanwezig zijn, negatiever van inhoud worden of opdrachten gaan geven. Een dergelijke verandering in het optreden van de stemmen vormt een signaal dat het slechter gaat met de betrokkene en dat eventuele veiligheidsrisico's kunnen toenemen. Het kan hierbij bijvoorbeeld gaan om de kans op agressie, brandstichting, zelfbeschadiging of suïcidaliteit. Het is zinvol om te onderzoeken of er bepaalde situaties of tijdstippen zijn waarop de stemmen optreden of sterker aanwezig zijn omdat dit spanningsbronnen voor de betrokkene zichtbaar kan maken.

Wanneer stemmen de betrokkene opdrachten geven, spreken we van bevelshallucinaties, deze worden ook imperatieve hallucinaties genoemd. Vooral de opdracht aan de betrokkene om suïcide te plegen komt voor, maar het kan ook gaan om de opdracht een ander iets aan te doen. Wanneer een betrokkene een bevelshallucinatie heeft, betekent dit niet dat deze ook aan de opdracht gehoor geeft. Sommige betrokkenen horen jarenlang bevelshallucinaties maar kunnen deze negeren.

Bij het psychiatrische onderzoek zal men de betrokkene vragen of hij stemmen hoort zonder dat er mensen in de buurt aanwezig zijn en wanneer dit het geval is, wat deze stemmen zeggen. Het is moeilijk om een bevelshallucinatie vast te stellen wanneer de betrokkene stemmen hoort die hem verbieden te praten over het aanwezig zijn van deze stemmen. Er bestaat dan het risico dat niet onderkend wordt dat er bij een betrokkene sprake is van een (langdurige) psychotische stoornis waardoor ook niet een passende behandeling kan worden ingesteld. Een voorbeeld hiervan is een vrouw die jarenlang stemmen had die haar opdroegen zich te prostitueren maar haar verboden hierover te spreken op straffe dat haar familie zou sterven. De vrouw was overtuigd van het werkelijkheidskarakter van deze stemmen en sprak hier niet over. Bij een betrokkene die zwijgt over zijn belevingen kan soms een (imperatieve) hallucinatie worden afgeleid uit het afwijkende gedrag dat wordt vertoond.

Visuele hallucinaties: hierbij ziet de betrokkene zaken die er niet zijn zoals dieren, schimmen of personen. Soms kan een visuele hallucinatie veel angst oproepen. Dit was het geval bij een man die zijn kamer in de brand stak omdat deze naar zijn overtuiging geheel in beslag was genomen door insecten. Bij de aanwezigheid van een visuele hallucinatie dient men extra attent te zijn op een lichamelijke oorzaak van de psychose.

Olfactorische hallucinaties: hierbij ruikt de betrokkene een geur die anderen niet ruiken. Vaak gaat het om een vieze geur zoals een rottingsgeur.

Haptische hallucinaties: hierbij is sprake van gewaarwordingen op de huid. Het kan bijvoorbeeld gaan om de beleving dat men door iets wordt aangeraakt meestal zonder dat men kan zien wie of wat dat is. Ook kan er de beleving zijn dat er insecten onder de huid zitten.

Wanneer een betrokkene een waarneming heeft, in afwezigheid van een corresponderende zintuiglijke prikkel, zonder dat hij overtuigd is van het werkelijkheidskarakter van deze beleving dan spreken we van een niet-psychotische hallucinatie, ook wel pseudohallucinatie genoemd. Bij een niet-psychotische hallucinatie is de realiteitstoetsing uiteindelijk intact. Bij het psychiatrische onderzoek wordt dan ook altijd bij het vermoeden van het aanwezig zijn van hallucinaties gevraagd in hoeverre de betrokkene overtuigd is van het werkelijkheidskarakter van zijn beleving. Een voorbeeld van een manier om te vragen naar de aanwezigheid van hallucinaties is: 'Hoort of ziet u wel eens ongewone dingen?'

2.2   Waan

De betrokkene heeft een denkbeeld waarvan hij vast overtuigd is en dat niet wordt gecorrigeerd ondanks voldoende bewijs voor de onjuistheid ervan. De overtuiging wordt daarbij door anderen in de (sub)cultuur als onmogelijk, ongeloofwaardig of onjuist beschouwd. Het is niet altijd gemakkelijk om een waan te onderscheiden van een denkbeeld dat aanvankelijk alleen door een individu wordt aangehangen maar na verloop ook door anderen in de desbetreffende (sub)cultuur zou kunnen worden gedeeld. Het kenmerkende van een waan is dat de relatie van de betrokkene met de realiteit wordt bepaald door de intensiteit van de emotionele lading van het denkbeeld waardoor het denkbeeld niet kan worden gerelativeerd en het persoonlijke leven van de betrokkene hierdoor nagenoeg volledig wordt beïnvloed. Indien een betrokkene niet volledig overtuigd is van zijn denkbeeld en de juistheid ervan in twijfel kan trekken, dan heet dit een waanachtig denkbeeld. Wanen kunnen worden onderscheiden aan de hand van het centrale thema van de waan, zoals ziekte bij de somatische waan.

Waanthema's

Bij *paranoïde wanen* is de betrokkene ervan overtuigd dat hij benadeeld, achtervolgd of vergiftigd wordt. Er kan de overtuiging zijn dat een geheime dienst hem achtervolgt en het op zijn leven heeft voorzien. Wanneer een betrokkene overtuigd is dat men hem, of iemand waar hij een nauwe relatie mee heeft, kwaad wil doen, kan dit leiden tot maatregelen om dit tegen te gaan. In dit kader kan het tot agressie jegens anderen komen.

Betrekkingswanen: de betrokkene is ervan overtuigd dat gebeurtenissen speciaal betrekking op hem hebben. Een voorbeeld hiervan is de betrokkene die denkt dat in televisieprogramma's boodschappen worden doorgegeven die alleen voor hem zijn bedoeld. Wanneer een persoon de gedachte dat voorvallen speciaal met hem te maken hebben, (nog) kan corrigeren dan wordt gesproken van betrekkingsideeën.

Beïnvloedingswanen: de betrokkene heeft de overtuiging dat zijn denken of gedrag van buiten hemzelf wordt bestuurd. Het kan gaan om het denkbeeld dat er van buiten gedachten worden ingebracht of dat hij een bepaalde handeling moet uitvoeren.

Somatische wanen: deze betreffen de overtuiging van een betrokkene dat hij lijdt aan een ernstige ziekte of dat bepaalde lichaamsdelen zijn afgestorven.

Schuld-, zonde, armoede-, wereldondergangswanen: hierbij heeft de betrokkene respectievelijk de overtuiging dat hij zijn plichten heeft verzaakt en anderen onrecht heeft aangedaan, dat hij gestraft wordt voor zijn zonden, dat hij niets meer bezit en dat de wereld ten onder gaat. Dit type wanen komen, tezamen met de somatische wanen, vooral voor bij een ernstige depressieve stoornis. Men noemt dit een psychotische depressie. De inhoud van de waan past bij de diep sombere stemming: de waan is stemmingscongruent. Het zelfde type wanen kan echter voorkomen bij betrokkenen waarbij geen sprake is van een depressieve stoornis of die zelf een te opgewekte stemming hebben. In dit geval is er sprake van een stemmingsincongruente waan. Dit wijst vooral op een schizofrene stoornis.

Een voorbeeld van hoe kan worden gevraagd naar wanen is: 'Hebt u de overtuiging dat er iets eigenaardigs aan de hand is, iets waarvoor u misschien geen of juist wel een verklaring voor hebt?'

2.3 Verward denken

Bij verward denken is de organisatie van het denken verregaand gestoord. Er worden diverse stoornissen in de vorm van het denken onderscheiden. Er kunnen enkele gedachten zijn die op zich juist zijn maar waarbij de logische samenhang ontbreekt. Ook kunnen er associaties worden gemaakt die niet aansluiten op de situatie en die niet doelgericht zijn. Wanneer de betrokkene helemaal niet meer te volgen is, spreekt men van incoherentie. Het verwarde denken is een uiting van cognitieve desorganisatie. Ook het handelen kan zijn doelgerichtheid verliezen en de betrokkene kan verzanden in ongeordend gedrag.

3   Schizofrenie

Schizofrenie wordt door het ingrijpende karakter als een van de ernstigste psychiatrische stoornissen beschouwd. Er is vanaf het eind van de negentiende eeuw tot op de dag van vandaag veel discussie over wat er onder schizofrenie dient te worden verstaan. Een belangrijke reden voor het voortgaan van deze discussie is dat deze stoornis zich met veel verschillende symptomen kan presenteren. Het gaat hierbij naast hallucinaties en wanen ook om onsamenhangend spreken, bewegingsstoornissen, gedesorganiseerd gedrag en negatieve symptomen. Negatieve symptomen zijn de afwezigheid van normale psychische functies zoals het ontbreken van emotionele reacties en initiatiefloosheid. Het blijft onduidelijk of al deze verschillende symptomen onderdeel zijn van een type stoornis of dat het gaat om afzonderlijke stoornissen. Betrokkenen die voldoen aan de DSM-criteria voor schizofrenie, kunnen dan ook sterk van elkaar verschillen. Het symptoombeeld kan bij een betrokkene ook in de loop der tijd veranderen.

Schizofrenie komt over de hele wereld voor waarbij het percentage mensen dat schizofrenie ontwikkelt ligt tussen de 0,5-1,0%.[1] Schizofrenie begint meestal tussen het 16e en 35e jaar, maar een later begin is zeker mogelijk. Vooral bij vrouwen ontwikkelt de stoornis zich in de helft van de gevallen na het 30e jaar. De ziekte treft de betrokkene dus meestal in een fase waarin deze zijn leven opbouwt door te studeren, relaties aan te gaan en een loopbaan te beginnen.

3.1   Kenmerken

Bij schizofrenie kunnen zich vele verschillende symptomen voordoen. Deze symptomen kunnen worden ingedeeld aan de hand van drie dimensies: de psychotische dimensie, de desorganisatiedimensie en de negatieve-symptomendimensie.

Psychotische dimensie

Onder de psychotische dimensie vallen hallucinaties en wanen. Vroeger werd gedacht dat er bepaalde typen hallucinaties zijn die specifiek zouden voorkomen bij schizofrenie, zoals het hardop horen van de eigen gedachten of het horen van stemmen die commentaar geven. Hetzelfde werd gedacht over het type van de waaninhoud zoals het overtuigd zijn dat een externe macht tegen de eigen wil het gedrag bepaalt, of dat de eigen gedachten aan de persoon worden onttrokken. Het is echter gebleken dat deze typen hallucinaties en waaninhouden ook bij andere stoornissen kunnen voorkomen.

Desorganisatiedimensie

De desorganisatiedimensie omvat onder andere het aanwezig zijn van verward denken. Zoals reeds genoemd gaan de logische samenhang en de doelgerichtheid in het denken teloor. Hiernaast onderscheidt men verder de volgende symptomen.

– Perseveratie: het voortdurend herhalen van bepaalde thema's of zinnen.
– Tangentieel denken: de antwoorden van de betrokkene hebben weinig relatie met de gestelde vraag.
– Neologismen: de betrokkene hanteert zelfbedachte woorden.
– Echolalie: de laatste zinnen of woorden van de gesprekspartner worden steeds herhaald.

Onder deze dimensie valt ook desorganisatie van de motorische beweging. Men vat een aantal motorische bewegingen samen onder de term katatonie. Zoals bij alle symptomen van schizofrenie kan katatonie ook bij andere stoornissen voorkomen, bijvoorbeeld bij een ernstige depressie of een ander type psychotische stoornis. Voorbeelden van katatonie zijn het langdurig volhouden van ongewone lichaamshoudingen, bijvoorbeeld het hoofd enkele centimeters boven het kussen houden, langdurige onbeweeglijkheid waarbij de betrokkene niet meer spreekt (mutisme), waarbij dit beeld kan worden afgewisseld met druk chaotisch gedrag. Katatonie kan ook bestaan uit het herhaald maken van een eigenaardige beweging die geen duidelijk doel heeft.

Negatieve-symptomendimensie

Initiatiefverlies is een van de negatieve symptomen. Hierdoor komt de betrokkene nergens meer toe en kan deze bijvoorbeeld vrijwel de hele dag in een stoel zitten roken of nauwelijks zijn bed uitkomen. Een ander negatief symptoom bestaat uit anhedonie (de betrokkene kan nergens meer van genieten). De betrokkene kan zichzelf hierbij als emotioneel 'leeg' ervaren. Een betrokkene beschreef dit een keer als: 'Mijn persoonlijkheid is verdampt.' Het plezier dat men vroeger had bij activiteiten, ontbreekt. Ook kan de emotionele respons in een interactie verdwijnen: men spreekt dan van vervlakking van het affect. Ook het spreken kan bij negatieve symptomen zijn aangedaan. Het spontaan beginnen van een gesprek wordt zeldzaam en als de betrokkene spreekt, wordt er weinig gezegd en is dit inhoudelijk arm; men spreekt in dit verband van spraakarmoede.

Voor de diagnose schizofrenie is het vereist dat twee (of meer) van de volgende kenmerken aanwezig zijn: wanen, hallucinaties, onsamenhangend spreken, ernstig chaotisch of katatoon gedrag, of negatieve symptomen.

Daarnaast geldt dat van de eerste drie van deze vijf kernmerken er altijd een voorkomt. Elk kenmerk dient minstens gedurende een maand te bestaan. De verschijnselen, waaronder prodromale en restsymptomen van de stoornis, zijn gedurende minstens zes maanden onafgebroken aanwezig.

Bijkomende stoornissen

Veel betrokkenen ontwikkelen depressieve symptomen zoals somberheid en het nergens meer aan toe komen. Depressieve symptomen kunnen soms moeilijk te onderscheiden zijn van negatieve symptomatologie waarbij initiatiefverlies en anhedonie op de voorgrond staat. Een overeenkomstig beeld kan ontstaan wanneer een betrokkene een te hoge dosis antipsychotica krijgt. Het gevoel kan dan sterk afgevlakt zijn en de betrokkene heeft geen energie om tot iets te komen.

Suïcidepogingen komen bij een derde van de betrokkenen voor. Uiteindelijk suïcideert zich ongeveer 5% van de betrokkenen met schizofrenie.[2] Bij de suïcidaliteit spelen meerdere factoren een rol. Vooral in het begin van de ziekte realiseert de betrokkene zich wat hij heeft verloren aan toekomstmogelijkheden. Ook kan de suïcidaliteit mede bepaald worden door een bijkomende depressie. Vooral wanneer een opgenomen betrokkene wordt overgeplaatst naar een andere afdeling of wordt ontslagen is er een toename van het suïciderisico. Dit hangt samen met het feit dat deze betrokkenen op een verandering van omgeving snel kunnen reageren met een toename van de psychotische symptomen of depressieve gevoelens.

Alcohol- en middelenmisbruik komen frequent voor bij mensen met schizofrenie. Vooral cannabis wordt veel gebruikt. Dit middel geeft op de korte termijn verlichting van de door psychotische symptomen veroorzaakte gevoelens van onlust en spanning. Men spreekt in dit verband wel van cannabis als zelfmedicatie. Op de wat langere termijn echter leidt cannabis tot een vergrote kans op een toename van de psychotische symptomen. Veel betrokkenen leggen wel het (directe) verband tussen cannabisgebruik en verlichting van de klachten, maar niet met de terugval op wat langere termijn, waardoor het heel moeilijk kan zijn om dit gebruik te stoppen.

Mensen met schizofrenie hebben in vergelijking met de algemene populatie een ongeveer twintig jaar kortere levensverwachting.[3] Naast suïcide spelen lichamelijke oorzaken hierbij een grote rol. Mensen met schizofrenie hebben op zich al een grotere kans op diabetes mellitus (suikerziekte). De kans op het ontwikkelen van diabetes mellitus neemt verder toe door het gebruik van antipsychotica. Ook neemt zowel door antipsychotica als een inactieve levensstijl vaak het lichaamsgewicht toe. Dit heeft ook een negatief effect op de levensverwachting. Verder rookt een groot deel van de betrokkenen (erg)

veel. Hierbij speelt soms mee dat door roken de bijwerkingen (maar tegelijkertijd vaak ook de effectiviteit) van de antipsychotica worden tegengegaan.
Een ander aspect is dat mensen met schizofrenie lichamelijke klachten soms
anders beleven en pas in een laat stadium naar voren brengen. Hierbij kan
meespelen dat door antipsychoticagebruik pijn minder snel wordt waargenomen.

3.2   Ontstaan

Bij het ontstaan van schizofrenie spelen genetische en omgevingsfactoren een
rol. Wanneer een kind in een gezin schizofrenie heeft, hebben de broers of
zusters ongeveer 10% kans om ook schizofrenie te ontwikkelen; wanneer
een ouder aan schizofrenie lijdt, heeft een kind ongeveer 6% kans om deze
ziekte te krijgen.[4] Omgevingsfactoren die een rol kunnen spelen bij het ontstaan van schizofrenie zijn onder andere zuurstofgebrek bij de bevalling,
cannabisgebruik en stress door migratie naar een ander land.

Bij neurobiologisch onderzoek zijn er bij mensen met schizofrenie afwijkingen in de structuur van de hersenen gevonden. Deze afwijkingen kunnen echter alleen worden vastgesteld wanneer men een groep betrokkenen
onderzoekt en daarvan het gemiddelde van de gemeten afwijkingen neemt.
Deze afwijkingen zijn niet specifiek en groot genoeg om te worden gebruikt
om de diagnose bij een individu te stellen. Ook andere gevonden neurobiologische afwijkingen, zoals het doorschieten van de oogbeweging als
men zijn blik richt, zijn niet specifiek voor schizofrenie maar komen ook bij
andere stoornissen voor. Dat gestoorde oogvolgbewegingen eveneens voorkomen bij gezonde familieleden van betrokkenen met schizofrenie, wijst
wel op een genetische factor bij schizofrenie.

Lange tijd heeft men het optreden van psychotische symptomen exclusief
gekoppeld aan een teveel aan dopaminerge activiteit in de hersenen; dit
heet de dopaminehypothese. Dopamine is een stof (neurotransmitter) die
een rol speelt bij de signaaloverdracht tussen de neuronen in de hersenen.
Daarbij past dat drugs die de dopamineafgifte verhogen, zoals amfetamine,
bij gezonde mensen psychotische symptomen kunnen veroorzaken en bij
mensen met schizofrenie de ernst van de symptomen doen toenemen. Bij de
ontwikkeling van medicijnen tegen psychotische symptomen (antipsychotica) is vooral gezocht naar medicijnen die de werking van dopamine blokkeren. De laatste jaren is gebleken dat ook andere neurotransmitters zoals
serotonine een rol spelen en zijn er antipsychotica ontwikkeld die naast de
werking van dopamine ook die van serotonine beïnvloeden.

3.3   Beloop

Schizofrenie kan zich in een bestek van enkele maanden ontwikkelen, maar meestal
duurt dit veel langer: tot aan enkele jaren aan toe. De periode waarin er
nog geen volledig psychotisch beeld bestaat, met wanen en hallucinaties,
noemt men de prodromale fase. In deze fase, die soms jaren kan duren,
staan vaak negatieve symptomen of gedragsproblemen op de voorgrond.
De betrokkene trekt zich steeds meer terug (zit bijvoorbeeld steeds meer
op zijn kamer) en heeft minder belangstelling voor sociale contacten; de
zelfverzorging gaat achteruit; de betrokkene komt pas 's middag uit zijn bed
en is vooral 's nachts actief (omkering van het dag-nachtritme). Verder kan
de betrokkene chaotisch gedrag vertonen waarbij doelgericht gedrag steeds
meer ontbreekt, en hij maakt een rotzooi van zijn kamer. Concentreren gaat
niet meer en de studieresultaten dalen sterk. Ook kan hij impulsief gedrag
gaan vertonen zoals het plotseling op reis gaan of stoppen met zijn werk.
Het contact met anderen kan gekleurd worden door achterdocht waardoor
er conflicten ontstaan. Vaak gaat de prodromale fase ook gepaard met een
depressief beeld.

Doordat deze veranderingen heel geleidelijk kunnen gaan, duurt het vaak
lang voordat de familie of omgeving onderkent dat er iets ernstigs aan de
hand is. Hierbij speelt mee dat een aantal van deze symptomen zich ook kan
voordoen in het kader van adolescentenproblematiek van zich losmaken
van thuis. Wanneer het impulsieve gedrag en de conflicten met anderen op
de voorgrond staan, wordt soms aanvankelijk de diagnose persoonlijkheidsstoornis gesteld. Wanneer er vooral sprake is van het zich terugtrekken,
wordt vaak eerst als diagnose aan een depressieve stoornis of een angststoornis gedacht. Pas wanneer in de loop der tijd wanen of hallucinaties
optreden, wordt duidelijk dat er sprake is van schizofrenie. Dan wordt ook
helder dat de negatieve symptomen en gedragsproblemen een 'knik in de
levenslijn' markeren waarna de schizofrenie met al haar symptomen zich is
gaan ontwikkelen.

Globaal bezien bestaat het verdere beloop van schizofrenie eruit dat een
vierde van de betrokkenen redelijk goed herstelt waarbij er meestal wel
cognitieve stoornissen zoals concentratie- en planningsproblemen blijven
bestaan naast soms enige negatieve symptomen.[5] Ruwweg de helft van de
betrokkenen herstelt wel van de eerste psychose maar er blijven perioden
dat er weer een psychose optreedt. De rest van de betrokkenen houdt min
of meer chronisch last van psychotische symptomen. Naast de cognitieve
stoornissen en negatieve symptomen kan vooral bij een ernstiger verlopend
ziektebeloop er ook een sterke emotionele afvlakking optreden: de betrok-

kene reageert weinig meer op zijn omgeving en het gevoel voor wat er in anderen omgaat neemt af. Men duidt dit wel aan met de term 'defecttoestand'.

3.4 Behandeling

Bij betrokkenen met schizofrenie dient de behandeling zich te richten op medicatie en rehabilitatie. Ook kan cognitieve gedragstherapie zinvol zijn. Vanwege de grote kans op het ontwikkelen van lichamelijke aandoeningen dient er tevens systematisch aandacht te zijn voor het lichamelijke functioneren en het bevorderen van een gezonde levensstijl.

Bij acute psychotische perioden wordt antipsychotische medicatie voorgeschreven. Bij het grootste deel van de betrokkenen zullen met deze medicatie de psychotische symptomen verdwijnen of afnemen. Een voorbeeld van het afnemen van psychotische symptomen is een betrokkene die eerst bevelshallucinaties heeft die hem opdragen zichzelf wat aan te doen, waarbij na het instellen op antipsychotische medicatie de stemmen nog wel aanwezig zijn maar het dwingende karakter is verdwenen. De betrokkene kan dan vertellen dat hij nog steeds de stemmen hoort maar er zich niets meer van aan hoeft te trekken.

Een probleem bij de medicamenteuze behandeling is dat niet vooraf duidelijk is of de betrokkene op een specifiek antipsychoticum zal reageren. Soms dient men dan twee tot drie antipsychotica te geven voordat men effect ziet en soms werkt geen enkel antipsychoticum. In dat laatste geval spreekt men van therapieresistente schizofrenie. Er is veel discussie over hoelang men een betrokkene antipsychotica dient te geven. Men wil een betrokkene niet onnodig lang blootstellen aan antipsychotica die (op de lange termijn) behoorlijke forse bijwerkingen kunnen geven. Vaak zal men na een acute psychose de betrokkene één tot twee jaar deze medicijnen voorschrijven.[6] Een deel van de betrokkenen waarvan de medicatie wordt gestopt valt na één tot twee jaar weer terug in een psychose. Er is dan ook een groep die jarenlang antipsychotische medicatie krijgt voorgeschreven. Ook bij het langdurig gebruiken van antipsychotica dient men kritisch te blijven over de benodigde dosis om de bijwerkingen zo veel mogelijk te beperken.

Een probleem bij het voorschrijven van antipsychotische medicatie is dat er betrokkenen zijn die vanwege het ontbreken van ziektebesef moeilijk te motiveren zijn voor deze medicatie. Daarbij speelt mee dat betrokkenen last kunnen hebben van de bijwerkingen van antipsychotica zoals stijve spieren en een afgevlakt gevoelsleven. Veel betrokkenen die aanvankelijk instemmen met het nemen van antipsychotische medicatie nemen na enige tijd deze niet meer in. Ook kan de betrokkene door de cognitieve stoornissen soms vergeten om de medicatie in te nemen. Om de medicatietrouw te bevorderen wordt er vaak gebruik gemaakt van depotantipsychotica. Hierbij wordt de medicatie geïnjecteerd (in de spieren). De werkingsduur kan weken aanhouden waardoor de betrokkene deze medicatie maar een- of tweemaal per maand hoeft te worden toegediend.

Mensen met schizofrenie hebben mede door de cognitieve functiestoornissen problemen met functioneren in de maatschappij. Rehabilitatie richt zich op verbeteren van het sociaal en maatschappelijk functioneren. Hierbij worden vaardigheidstrainingen ingezet bijvoorbeeld op het gebied van omgaan met financiën, dagbesteding of wonen. Ook wordt aandacht gegeven aan de invloed van de omgeving op het functioneren. Zo is bekend dat emotionele conflicten of overmatige bezorgdheid kunnen leiden tot een terugval. Mensen met schizofrenie kunnen, mede doordat er een stoornis is in het verwerken van informatie, snel overprikkeld raken met als gevolg een achteruitgang in het functioneren. Zo kan bijvoorbeeld boodschappen doen in de supermarkt voor een betrokkene al een overbelasting inhouden. Er is het risico dat de betrokkene door zijn omgeving snel wordt overvraagd.

Hallucinaties en waangedachten kunnen soms ook worden teruggebracht door middel van cognitieve gedragstherapie. Uitgangspunt bij deze benadering is dat niet zozeer de psychotische symptomen het probleem zijn maar de wijze waarop de betrokkene hierop reageert. Zo wordt er door de therapeut kritisch ingegaan op de inhoud van de waangedachten en de betrokkene wordt aangemoedigd zijn denkbeelden uit te testen. De betrokkene kan ontdekken dat een overtuiging minder vaststaand hoeft te zijn dan gedacht. Bij de hallucinaties gaat het om het beïnvloeden van de emotionele reacties en gedachten die deze belevingen oproepen.

4   Waanstoornis

Bij een waanstoornis heeft de betrokkene een gesystematiseerde waan en is het gedrag, behoudens het waangerelateerde gedrag, ongestoord. Gesystematiseerd betekent dat het geheel aan waangedachten op een logische wijze voor de betrokkene met elkaar samenhangt. Het denken is niet verward en de betrokkene kan doorgaans werken en een gezinsleven onderhouden. Hallucinaties zijn meestal afwezig en wanneer deze aanwezig zijn hangen ze samen met het waanthema.

Een waanstoornis ontstaat meestal pas vanaf ongeveer het 40e jaar. Het beloop is chronisch en houdt doorgaans het hele leven aan. Het is een vrij zeldzame stoornis waarbij de prevalentie wordt geschat rond de 25 per 100.000 personen.[7]

4.1   Kenmerken

De inhoud van de waan kan elk thema betreffen, maar men onderscheidt de volgende typen.

- *Erotomane waan*: de betrokkene heeft de vaste overtuiging dat een ander, vaak met een hogere sociale status, verliefd is op hem of haar.
- *Grootheidswaan*: de betrokkene is ervan overtuigd bijzondere kennis of macht te bezitten of een speciale relatie te hebben met een beroemdheid of met God.
- *Jaloersheidswaan*: de betrokkene is ervan overtuigd dat zijn of haar seksuele partner ontrouw is.
- *Paranoïde waan*: de betrokkene is ervan overtuigd dat hij of zij benadeeld, achtervolgd of vergiftigd wordt. Een vorm van een paranoïde waan is de querulantenwaan: de betrokkene is er zeker van dat hem of haar onrecht is aangedaan en zoekt met grote volharding genoegdoening.
- *Somatische waan* de betrokkene is ervan overtuigd een lichamelijke aandoening of handicap te hebben.

Een bijzonder type is de waanstoornis die vroeger een gedeelde psychotische stoornis werd genoemd. Men sprak ook wel van folie à deux. Bij deze stoornis ontwikkelt zich een waan bij iemand die in een nauwe relatie staat met een ander waarbij eerder een waan is vastgesteld. De inhoud van de waan is grotendeels gelijk bij de eerst aangedane betrokkene en de persoon waarbij de waan is opgewekt. Het gaat meestal om een waan met paranoïde inhoud. Meestal betreft het leden van een gezin, vooral tussen de man en de vrouw. De primair aangedane betrokkene is vaak de dominante partij binnen de relatie. Sociale isolatie vormt een significante risicofactor bij het ontwikkelen van deze stoornis.

Het opwekken van een waan kan zich ook uitstrekken tot meerdere personen vooral als die in een langdurige relatie tot elkaar staan in een geïsoleerde omgeving. Zo zijn er gevallen beschreven van het ontwikkelen van een gedeelde waan bij meerdere gedetineerden die op een afdeling verbleven. Ook bij leden van een sekte kan zich een dergelijke waan voordoen. Een probleem bij de diagnostiek is dat het onderscheid tussen een waan en een geloof binnen een culturele context soms moeilijk te maken is.

4.2   Behandeling

Een waanstoornis is moeilijk te behandelen en heeft een tendens om zeer hardnekkig te zijn. De betrokkene heeft geen ziektebesef en wijst elke behandeling doorgaans af. De oorzaak van het probleem zoekt hij geheel buiten zichzelf. Antipsychotische medicatie, indien de betrokkene deze al wil nemen, heeft meestal slechts beperkt effect en de waangedachten blijven in de kern bestaan. Wel kan met deze medicatie soms de angst worden verminderd.

Het opbouwen van een therapeutische relatie vereist veel geduld. De behandelaar kan proberen om over de inhoud van de waangedachten in gesprek te komen waarbij de waangedachten niet expliciet worden bestreden maar men er ook niet in meegaat. De nadruk bij de behandeling ligt niet op de feitelijke inhoud van de waan maar op hoe de waangedachten negatief van invloed zijn op het leven van de betrokkene. Vervolgens bespreekt men met de betrokkene hoe getracht kan worden deze gevolgen te beperken. Het accepteren van behandeling kan helpen die gevolgen te beperken.

De behandeling bij een gedeelde waan bestaat uit het uit elkaar halen van het koppel of de groep. De waan zal vervolgens bij de persoon waarbij deze werd opgewekt, kunnen verbleken of verdwijnen. In de klinische praktijk blijkt echter dat een deel van de met de waan besmette personen, los van de eerst aangedane betrokkene, toch zelf lijdt aan een psychotische stoornis.

5   Schizoaffectieve stoornis

Bij deze stoornis is er naast symptomen die passen bij schizofrenie ook een stemmingsstoornis aanwezig. Het kan hierbij zowel gaan om manische als om depressieve symptomatologie; soms wisselen deze elkaar af.

6   Kortdurende psychotische stoornis

Bij deze stoornis bestaan er psychotische symptomen die minstens een dag en niet langer dan één maand duren. In de regel treedt er een volledig herstel op. Deze stoornis treedt vooral op na stressvolle gebeurtenissen die voor iedereen emotioneel belastend zijn, maar die bij individuen met een psychotische kwetsbaarheid kunnen leiden tot psychotische symptomen. Vroeger werd dit beeld daarom reactieve of psychogene psychose genoemd. Men spreekt ook wel van een psychotische desintegratie om aan te geven dat onder druk van de belasting het normale psychische functioneren ontregeld raakt met een verlies van realiteitstoetsing die vaak gepaard gaat met hevige emoties. Er kan sprake zijn van sterke angstgevoelens en agitatie (voortdurend onrustig moeten bewegen).

De behandeling bestaat uit het bieden van structuur en ondersteuning, vaak gecombineerd met een lage dosis antipsychotische medicatie. Nadat de betrokkene van de psychose is hersteld, is het van belang om de factoren te bespreken die belastend kunnen zijn en hoe daarmee om te gaan.

7   Psychotische stoornis door drugs

Bij een drugspsychose staat het optreden van psychotische symptomatologie in directe relatie tot het onder invloed zijn van drugs. Ook kunnen sommige geneesmiddelen tot psychotische symptomen leiden. De meeste drugs kunnen een psychose geven. De belangrijkste hiervan zijn amfetamine en cocaine die vooral kunnen leiden tot heftige angst en paranoïde wanen.

Voor de diagnose drugspsychose is het vereist dat de psychotische symptomen snel verdwijnen nadat de drugs zijn uitgewerkt. Bij cannabis gaat het, na staken van het gebruik, om een periode van hooguit enkele dagen dat de psychotische symptomen verdwenen dienen te zijn. Bij amfetamine en cocaïne kunnen de psychotische symptomen blijven bestaan tot een maand na het drugsgebruik. Indien bij drugsgebruik de psychotische symptomen langer blijven bestaan dan is de psychose mogelijk een eerste uiting van een chronische psychotische stoornis.

8   Psychotische stoornis door een somatische aandoening

Lichamelijke ziekten kunnen soms een psychose veroorzaken. Voorbeelden hiervan zijn een hersentumor of een psychose na een epileptisch insult.

9   Forensische aspecten

Mensen met schizofrenie of een andere psychotische stoornis hebben een verhoogd risico op het vertonen van gewelddadig gedrag.[8] Het grootste deel van deze toegenomen kans wordt veroorzaakt door gelijktijdig alcohol- en drugsmisbruik.[9] Het gewelddadige gedrag richt zich vooral op de ouders, partner of broers of zusters.[10] Het is overigens goed om zich te realiseren dat het overgrote deel van de betrokkenen met schizofrenie of een andere psychotische stoornis geen gewelddadig gedrag vertoont.

Binnen schizofrenie zijn er subgroepen waarbij de kans op gewelddadig gedrag in het bijzonder is verhoogd. Dit betreft betrokkenen met bevelshallucinaties met als inhoud de opdracht een ander iets aan te doen. Het risico neemt sterk toe wanneer de betrokkene alcohol- en/of drugs gebruikt. De kans om gehoor te geven aan deze opdrachten neemt verder toe wanneer er tevens een hallucinatiegerelateerde (paranoïde) waan bestaat vooral in de vorm dat de betrokkene overtuigd is door anderen bedreigd te worden.[11] In het algemeen is de kans op gewelddadig gedrag groter bij het domineren van positieve symptomatologie dan bij negatieve symptomatologie of desorganisatie.

Een significant deel van de gedwongen opnamen betreft mensen met schizofrenie. De redenen voor opname kunnen heel uiteenlopend zijn. Zo kan het gaan om zelfverwaarlozing of maatschappelijke teloorgang. Hierbij speelt naast psychotische symptomen (bijvoorbeeld de waan dat men de wereld kan redden door niet te eten, of dat het eten is vergiftigd) ook negatieve symptomatologie vaak een rol waardoor de betrokkene tot weinig meer komt en zijn leven niet meer kan organiseren. Dit laatste kan bijvoorbeeld leiden tot een ernstige vervuiling van de woning waardoor er gevaar ontstaat voor de eigen gezondheid. Soms maakt de betrokkene veel lawaai om de stemmen in zijn hoofd tegen te gaan, waarbij dit 's nachts kan doorgaan en er ernstige overlast ontstaat voor de buren. Andere voorbeelden van een reden voor gedwongen opname zijn bevelshallucinaties, met als inhoud zichzelf of anderen iets aan te doen of om brand te stichten, waaraan de betrokkene gehoor dreigt te geven.

Bij een waanstoornis hebben betrokkenen door het hardnekkig vasthouden aan de inhoud van hun denkbeelden een grote kans om in aanraking te komen met politie en justitie. Zo kan een erotomane waan uitmonden in het iemand jarenlang stalken. Opgelegde straatverboden of detentie hebben geregeld slechts weinig invloed op het gedrag van de betrokkene. Een jaloersheidswaan kan bijvoorbeeld leiden tot insluipingen in het huis van de veronderstelde minnaar om bewijzen van ontrouw te verzamelen.

Een betrokkene kan ook juist zelf contact zoeken met justitie. Dit komt vooral voor bij de querulantenwaan. De betrokkene is overtuigd dat hem onrecht is aangedaan en wil hiervoor langs juridische weg genoegdoening. De eigen advocaat of de tegenpartij kan hierbij, soms jarenlang, worden overstelpt met een eindeloos aantal e-mailberichten, telefoontjes of brieven die het eigen gelijk moeten aantonen. Doordat een waanstoornis qua inhoud zaken kan betreffen die zich in de werkelijkheid kunnen voordoen, kan het soms een tijd duren voordat de omgeving ziet dat het om een waanstoornis gaat. Dit speelt vooral bij de querulantenwaan aangezien, zoals bekend, soms zaken in de samenleving niet goed verlopen waardoor een betrokkene met een dergelijke waanstoornis aanvankelijk op begrip van de door hem benaderde partij kan rekenen.

10   Aandachtspunten

- Schizofrenie kan zich in het begin manifesteren door negatieve symptomen en/of gedragsstoornissen. Er kan hierdoor ten onrechte (alleen) de diagnose van een depressie of (borderline-) persoonlijkheidsstoornis worden gesteld.
- Wanen en hallucinaties bij schizofrenie kunnen vaak door antipsychotische medicatie verdwijnen maar geregeld blijven negatieve symptomen bestaan.
- De inhoud van akoestische bevelshallucinaties kan bestaan uit een verbod om over de stemmen te spreken. Een vraag naar het mogelijk aanwezig zijn van stemmen wordt dan negatief beantwoord.
- Mensen met schizofrenie kunnen zeer prikkelgevoelig zijn en kunnen (psychotisch) ontregeld raken door gebeurtenissen die voor anderen tot het normale leven behoren.
- Overplaatsing en ontslag zijn voor mensen met schizofrenie vaak sterk belastende gebeurtenissen. Men dient in deze situaties attent te zijn op opkomend suïcidaal gedrag.
- Het risico op gewelddadig gedrag bij schizofrenie is in het bijzonder verhoogd bij het aanwezig zijn van akoestische bevelshallucinaties met als inhoud iemand iets te moeten aandoen in combinatie met een gerelateerde paranoïde waan.
- Bij de waanstoornis dienen in de regel de waangedachten niet expliciet te worden bestreden maar dient men ook niet met de waangedachten mee te gaan.
- Het effect van antipsychotische medicatie bij een waanstoornis is meestal beperkt.
- Wanneer meerdere personen in een leefverband psychotisch zijn, dienen voor het stellen van een diagnose de leden eerst van elkaar gescheiden te worden.
- Een psychose die na drugsgebruik optreedt en langer duurt dan de intoxicatieperiode, is verdacht voor het manifest worden van een chronisch psychotische stoornis.

Noten

1   Sommer, I. (2013). Schizofrenie. In: I. Franken, P. Muris, D. Denys (Red.). *Basisboek psycho-pathologie* (pp. 319-334). Utrecht: De Tijdstroom.

2   Alphen, C. van, Ammeraal, M., Blanke, C., Boonstra, N., Boumans H., Bruggeman, R., e.a. (2012). *Multidisciplinaire richtlijn schizofrenie*. Utrecht: De Tijdstroom.

3   Alphen, C. van, Ammeraal, M., Blanke, C., Boonstra, N., Boumans H., Bruggeman, R., e.a. (2012). *Multidisciplinaire richtlijn schizofrenie*. Utrecht: De Tijdstroom.

4   Black, D.W. & Andreasen, N.C. (2011). *Introductory texbook of psychiatry, Fith edition*. Washington: American Psychiatric Publishing, Inc.

5   Haan, L. de, & Kahn, R. (2009). Psychotische stoornissen. In: M.W. Hengeveld, & A.J.L.M. van Balkom (Red.), *Leerboek psychiatrie* (2e herz. dr., pp. 261-279). Utrecht: De Tijdstroom.

6   Alphen, C. van, Ammeraal, M., Blanke, C., Boonstra, N., Boumans H., Bruggeman, R., e.a. (2012). *Multidisciplinaire richtlijn schizofrenie*. Utrecht: De Tijdstroom.

7   Black, D.W. & Andreasen, N.C. (2011). *Introductory texbook of psychiatry, Fith edition*. Washington: American Psychiatric Publishing, Inc.

8   Philipse, M., Bulten, E., & Nijman, H. (2010). Psychische stoornissen en delictgedrag. In: P.J. van Koppen, H. Merckelbach, M. Jelicic, & J.W. de Keijser (Red.), *Reizen met mijn rechter: Psychologie van het recht* (pp. 67-89). Deventer: Kluwer.

9   Lefevre, S., & Pieters, G. (2010). Schizofrenie en gewelddadige delicten. *Tijdschrift voor Psychiatrie, 52,* 197-798.

10   Philipse, M., Bulten, E., & Nijman, H. (2010). Psychische stoornissen en delictgedrag. In: P.J. van Koppen, H. Merckelbach, M. Jelicic, & J.W. de Keijser (Red.), *Reizen met mijn rechter: Psychologie van het recht* (pp. 67-89). Deventer: Kluwer.

11   Philipse, M., Bulten, E., & Nijman, H. (2010). Psychische stoornissen en delictgedrag. In: P.J. van Koppen, H. Merckelbach, M. Jelicic, & J.W. de Keijser (Red.), *Reizen met mijn rechter: Psychologie van het recht* (pp. 67-89). Deventer: Kluwer.

5   Stemmingsstoornissen

1   Inleiding

Gevoelens hebben als belangrijke functie dat we ons kunnen aanpassen aan de omgeving. Zo maken gevoelens aan onszelf duidelijk wat ons emotionele oordeel is over een situatie of over een eigen gedachte. Daarnaast sturen gevoelens ons handelen: als we blij zijn zullen we geneigd zijn contact te zoeken, bij verdriet is er de tendens om zich terug te trekken. Verder speelt het tonen van emoties een zeer belangrijke rol bij de communicatie met anderen.

Bij het gevoelsleven wordt een onderscheid gemaakt tussen stemming en affect. Stemming is de subjectief ervaren grondtoon van het gevoelsleven. De stemming kan spontaan fluctueren maar in de regel houdt deze enkel uren tot dagen aan. Het variëren van de stemming is een normaal verschijnsel: men voelt zich opgewekt, gedeprimeerd of neutraal. Wanneer de stemming langdurig afwijkt van de normale fluctuatie, spreekt men van een stemmingsstoornis. Dat kan een dysfore stemming zijn, waarbij de persoon geprikkeld en bozig is, een eufore stemming waarbij men overdreven opgewekt is, of een depressieve stemming, waarbij men zich neerslachtig voelt. Onder affect wordt verstaan: de directe emotionele reactie op een gebeurtenis (extern) of gedachten en herinneringen (intern). Affecten staan op de voorgrond, zijn meestal zichtbaar of hoorbaar, terwijl de stemming de langer durende achtergrond vormt en vooral door de betrokkene zelf wordt ervaren. Een affect duurt in de regel slechts seconden tot minuten en uit zich onder meer door mimiek en spraak (woordkeus en intonatie). Normaal moduleert het affect mee met de emotionele betekenis van het onderwerp dat aan de orde is. Wanneer een persoon erg heftig reageert dan spreekt men van een sterk modulerend affect, wanneer er juist heel weinig reactie is wordt dit aangeduid met vlak affect. Een vlak affect kan bijvoorbeeld optreden bij een depressieve stoornis.

1.1   Unipolair versus bipolair

Bij de stemmingsstoornissen wordt een onderscheid gemaakt tussen unipolaire en bipolaire stoornissen. Bij unipolaire stoornissen zijn er uitsluitend depressieve episoden, geen (hypo)manische episoden. De belangrijkste unipolaire stoornis is de depressieve stoornis. Binnen de groep van de unipolaire stoornissen valt ook wat vroeger de dysthyme stoornis werd genoemd: hierbij is de depressieve stemming wisselend in intensiteit maar wel jarenlang aanwezig. Tegenwoordig duidt men deze stoornis, evenals een chronische depressieve stoornis, aan als persisterende depressieve stoornis.

Bij bipolaire stoornissen komen zowel depressieve als manische en hypomanische episoden voor met daarbij intervallen zonder symptomen. Deze intervallen kunnen variëren van dagen tot jaren. De combinatie van manische en depressieve episoden wordt aangeduid als een bipolaire-1-stoornis. Deze stoornis werd vroeger manisch-depressieve stoornis genoemd. De combinatie van hypomanische en depressieve episoden is een bipolaire-II-stoornis. Een bijzondere vorm van een bipolaire stoornis is een beeld dat begint met psychotische symptomen rond de bevalling, ook wel kraambedpsychose genoemd.

2   Depressieve stoornis

De kans om in het leven een depressieve stoornis te krijgen is ongeveer 15%; een depressie komt bij vrouwen tweemaal vaker voor dan bij mannen.[1] Een depressieve episode kan zich eenmalig voordoen of meerdere malen. Bij dit laatste spreekt men van een recidiverende depressie. Men onderscheidt verder de postpartumdepressie en de depressie met psychotische kenmerken.

2.1   Kenmerken

Bij de depressieve stoornis zijn er **twee kernsymptomen** op het gebied van de stemming, waarvan er minstens één aanwezig dient te zijn. Het ene kernsymptoom is het **verlies aan interesse voor de omgeving met een afname van het vermogen om plezier te hebben en te kunnen genieten.** Men noemt dit **anhedonie.** De betrokkene trekt zich terug uit sociale contacten omdat hij hier geen plezier aan kan ontlenen. Vaak worden deze contacten alleen maar als belastend ervaren. Wanneer de omgeving belangstelling toont voor de betrokkene, reageert hij hier niet meer op en worden bijvoorbeeld telefoontjes niet meer beantwoord. Hobby's worden nauwelijks nog beoefend. Het kunnen genieten van eten kan verdwijnen; de betrokkene eet alleen omdat het moet. Ook de belangstelling voor seksuele activiteiten neemt af. De anhedonie kan zo sterk zijn dat de betrokkene helemaal niets meer voelt; dit wordt als een zeer kwellende toestand ervaren omdat de betrokkene zich bewust is van deze afwezigheid van gevoel. **Het andere kernsymptoom bestaat uit een sterke en langdurige neerslachtigheid.** Men kan het leven als kleurloos gaan ervaren en zonder perspectief. Dit kan leiden tot gevoelens van hopeloosheid. De somberheid kan fluctueren. Karakteristiek is de stemming 's ochtends het slechtst en is er sprake van enige verbetering in de loop van de dag; men spreekt in dit verband van een dagschommeling. Naast somberheid zijn er vaak ook diffuse angstgevoelens. Zoals gezegd hoeft er bij een depressieve stoornis slechts sprake te zijn van één kernsymptoom. Dit betekent dat er sprake kan zijn van een depressieve stoornis zonder dat de betrokkene aan neerslachtigheid lijdt.

Lichamelijke symptomen

Bij een depressie zijn er vaak ook lichamelijke klachten. Meestal is er sprake van moeheid. Andere klachten kunnen zijn een verminderde eetlust en obstipatie. Soms doen zich chronische pijnklachten voor. Vaak zijn er slaapstoornissen. Het kan zijn dat het inslapen moeilijk gaat of dat de betrokkene niet kan doorslapen. Een kenmerkende slaapstoornis is het vroegtijdig wakker worden (bijvoorbeeld een tot drie uur eerder dan normaal) en het dan niet meer in kunnen slapen.

Soms staan de lichamelijke klachten, bijvoorbeeld moeheid, sterk op de voorgrond en beseft de betrokkene niet dat hij ook stemmingsklachten heeft. Dit wordt wel aangeduid met de term 'gemaskeerde depressie'. Deze mensen melden zich vaak bij de huisarts voor nader lichamelijk onderzoek. Wanneer de depressieve stoornis niet wordt onderkend, bestaat er het risico dat er langdurig (specialistisch) lichamelijk onderzoek volgt terwijl de oorzaak van de klachten buiten beeld blijft.

Cognitieve symptomen

Naast de stemmingssymptomen zijn er in wisselende mate ook stoornissen in de cognitieve functies. Het concentreren verslechtert: de betrokkene kan bijvoorbeeld niet goed een boek lezen, of het werk achter de computer lukt niet meer. Daarnaast kan er vergeetachtigheid zijn. De betrokkene weet bijvoorbeeld niet meer waar hij iets heeft neergelegd of loopt ergens heen en weet daar niet meer wat hij daar wou doen.

De depressieve stoornis gaat geregeld gepaard met zelfverwijten en met gevoelens van waardeloosheid. Dit kan uitgroeien tot (overdreven) schuldgevoelens waarbij de betrokkene de gedachte heeft tekort te zijn geschoten. Soms kan het bij deze schuldgevoelens gaan om zaken die jaren eerder zijn voorgevallen en waar betrokkene zich eerder niet schuldig over heeft gevoeld. Geregeld schaamt de betrokkene zich voor zichzelf en dit kan ertoe leiden dat de klachten worden verzwegen of wanneer er naar wordt gevraagd, worden gebagatelliseerd.

Er is verder vaak sprake van piekeren. Soms gaan de gedachten zeer snel zonder dat betrokkene daar nog greep op heeft: men spreekt dan van gejaagd denken.

Conatieve symptomen

Het gedrag kan bij een (ernstige) depressie worden gekenmerkt door **remmings-verschijnselen**: het bewegen is vertraagd, de gezichtsexpressie is verstard en het spreken bestaat uit zeer korte zinnen, soms zelfs alleen een enkel woord. Het initiatief neemt af, de betrokkene onderneemt weinig meer. In extreme gevallen blijft de betrokkene in bed liggen, spreekt niet meer (mutisme) en beweegt nauwelijks meer.

Soms is er geen sprake van remming maar juist van agitatie. De betrokkene is gespannen, voelt een **voortdurende onrust en kan nauwelijks stil blijven** zitten. Men spreekt dan van een **geagiteerde depressie**. Er is sprake van een **prikkelbare** stemming. Hierbij kan het relatief gemakkelijk tot impulsief gedrag komen, bijvoorbeeld plotseling weglopen. Maar ook neemt het risico toe om zichzelf iets aan te doen.

2.2   Peripartumdepressie

Veel vrouwen hebben na de geboorte van hun kind klachten zoals een **labiel affect, prikkelbaarheid en slapeloosheid** ('kraamtranen'). Deze klachten bereiken hun piek rond de vierde dag en gaan vanzelf over binnen ongeveer tien dagen. Soms blijven deze klachten bestaan en ontwikkelt zich een depressieve stoornis. De **depressieve stoornis kan zich vrij direct na de geboorte ontwikkelen maar het komt ook voor dat dit een geleidelijk proces is dat maanden duurt**. Tevens kan zich reeds een depressie ontwikkelen tijdens de zwangerschap.

Bij een peripartumdepressie, ook wel aangeduid als postpartumdepressie, zijn er vaak **ambivalente gevoelens aanwezig tegenover de baby**. Vooral het beleven van agressieve gevoelens tegenover de baby kan voor de moeder moeilijk te accepteren zijn. Vaak ontstaan er twijfels of men wel in staat is voor de baby te zorgen. Een peripartumdepressie kan de ontwikkeling van de baby bedreigen. Wanneer de moeder depressief is, zal zij namelijk minder reageren op de signalen van de baby.

2.3 Depressie met psychotische kenmerken

Bij een ernstige depressie kunnen zich **wanen ontwikkelen**. Bij een depressieve stoornis komen **overdreven schuldgevoelens** geregeld voor. Wanneer een betrokkene geheel overtuigd is dat hij schuldig is zonder dat hiervoor een aanleiding is, is er sprake van een schuldwaan. De betrokkene heeft daarbij soms de opvatting dat hij gestraft dient te worden. Het zich ellendig voelen kan dan als een verdiende straf worden beleefd, of de betrokkene wil geen behandeling omdat hij vindt dat hij hierop geen recht heeft.

Bij een **armoedewaan** is betrokkene overtuigd dat hij niets meer bezit. Dit kan er bijvoorbeeld toe leiden dat hij het normale beheer van zijn financiën niet meer uitvoert. Bij een **somatische waan** bestaat er de overtuiging een ziekte te hebben. Vaak gaat het om een levensbedreigende ziekte zoals kanker of aids. Ook kan er de overtuiging zijn dat organen beschadigd zijn. Bij een ernstige depressie kan zich een **paranoïde waan** vormen: de betrokkene is er dan van overtuigd bedreigd te worden. Het onderliggende thema bij al de typen wanen bij een depressie is **het verlies aan vertrouwen in zichzelf, het eigen lichaam of de omgeving**.

2.4 Bijkomende stoornissen

De onlust- en angstgevoelens bij een depressie worden soms bestreden door het overmatige gebruik van alcohol of benzodiazepinen (bijvoorbeeld diazepam (Valium®)). Op de korte termijn kan het gebruik van deze stoffen een verlichting van de klachten geven maar op de langere termijn leiden zij juist tot een **verergering van de depressieve stemming en mogelijk tot verslaving**.

2.5 Ontstaan

Er is niet een enkelvoudige oorzaak voor het ontstaan van een depressie. Zowel genetische als psychologische en omgevingsfactoren spelen een rol. Uit familieonderzoeken blijkt dat de **kwetsbaarheid voor het ontwikkelen van een depressie deels genetisch bepaald is**. Deze genetische factor lijkt vooral een rol te spelen bij terugkerende (recidiverende) depressies.

Een psychologische factor betreft een denkstijl waarbij veel belang wordt gehecht aan negatieve ervaringen terwijl positieve gebeurtenissen snel worden vergeten. Een andere psychologische factor kan bestaan uit 'aangeleerde hulpeloosheid': een persoon heeft door ervaringen geleerd dat wat hij ook doet, dit geen effect heeft en de situatie niet verbetert. Dit leidt tot negatieve opvattingen over zichzelf en tot passiviteit. Verder kan een streng geweten, waardoor men zichzelf snel afkeurt, de kans op een depressie verhogen. Psychologische factoren kunnen niet alleen bijdragen aan het ontstaan van een depressie, maar ook deze in stand houden.

Omgevingsfactoren kunnen onder andere zijn verwaarlozing in de jeugd, of misbruik. Andere stressfactoren zoals het verlies van een geliefde of een echtscheiding vergroten ook de kans op een depressie.

Een depressieve stoornis kan eveneens ontstaan door een lichamelijke stoornis, bijvoorbeeld een schildklierziekte. Het is daarom belangrijk om altijd lichamelijk onderzoek te doen bij iemand met een depressieve stoornis.

2.6   Behandeling

Allereerst wordt voorlichting (psycho-educatie) gegeven over hoe een depressie kan ontstaan, wat men kan verwachten van het beloop en welke behandelmogelijkheden er zijn. Een belangrijk aspect bij deze voorlichting is vermelden dat een depressieve stoornis meestal overgaat. Deze informatie kan een betrokkene weer perspectief geven. Dit is vooral van belang omdat een persoon met een depressie juist de beleving heeft dat de klachten nooit meer overgaan. Verder wordt aandacht gegeven aan leefstijladviezen zoals het aanhouden van een goed dagritme (niet in bed blijven liggen), bewegen (elke dag wandelen) en geen alcohol of andere middelen te gebruiken die negatief werken op de stemming.

Bij een 'lichte' depressie hoeft vaak geen verdere behandeling te volgen. Het is bekend dat men zich van een lichte depressie in 50% van de gevallen binnen 3 maanden weer herstelt.[2] Wanneer een depressie na 3 maanden niet overgaat, wordt er in principe gekozen voor psychotherapie. Een veelgebruikte vorm bij depressie is cognitieve gedragstherapie, waarbij disfunctionele denkstijlen worden bewerkt en de betrokkene gestimuleerd wordt om de passiviteit los te laten en actief gedrag te ontplooien. Een andere psychotherapievorm is interpersoonlijke therapie, waarbij aandacht wordt gegeven aan het oplossen van eventuele conflicten met belangrijke anderen en de betrokkene wordt geholpen met omgaan met verlieservaringen.

Psychotherapie kan worden gecombineerd met antidepressiemedicatie. In de afgelopen jaren is er de kritiek geuit dat deze middelen te snel worden voorgeschreven. Duidelijk is geworden dat medicamenteuze behandeling van een depressieve stoornis alleen echt effectief is bij de matige tot ernstige depressies. De belangrijkste groep antidepressiva vormen de selectieve serotonineheropnameremmers. Een andere groep antidepressiva zijn de tricyclische antidepressiva (TCA's). Deze medicijnen werken op zich goed, vooral bij ernstige depressies, maar geven meer bijwerkingen (zie hoofdstuk 2, paragraaf 3.2). **Antidepressiva werken pas na enige weken.**

Bij een zeer ernstige depressie die onvoldoende reageert op antidepressiva of waarbij er een ernstig acuut risico bestaat op suïcide, kan **elektroconvulsieve therapie (ECT) worden toegepast** (zie hoofdstuk 2, paragraaf 4).

2.7   Beloop

Ongeveer de **helft van de mensen die een depressieve stoornis doormaken,** krijgt later **opnieuw een depressie.** Naarmate er vaker een depressie is geweest neemt de kans op het terugkeren van depressie toe. In ongeveer **15% van de** gevallen ontstaat een chronische vorm van depressie.[3] Suïcide is een belangrijk risico bij een depressieve stoornis (zie hoofdstuk 12, paragraaf 2).

3   Manie

Bij een manische episode is er sprake van een overdreven opgewekte (eufore) stemming en expansief gedrag. De betrokkene heeft een opgeblazen eigenwaarde of grootheidsideeën en is overtuigd van de eigen opvattingen waarop geen kritiek wordt geduld. Er is sprake van een oordeels- en kritiekstoornis: de eigen situatie kan niet worden ingeschat, risico's worden genegeerd, en daarnaast ontbreekt zelfkritiek. De betrokkene is hyperactief, is voortdurend in de weer, voelt zich niet moe en slaapt vaak maar enkele uren per nacht. De betrokkene praat vrijwel aan een stuk door en laat zich niet onderbreken door een gesprekspartner. Het denken is verhoogd associatief en de betrokkene springt van de hak op de tak waardoor het denken zijn doelgerichtheid verliest. Men noemt dit gedachtevlucht. De combinatie van de oordeels- en kritiekstoornis en de hyperactiviteit leidt tot ontremd gedrag waarbij betrokkene grote relationele, sociale en financiële schade kan aanrichten.

Meestal is de stemming niet voortdurend eufoor maar slaat deze, vooral op het moment dat de betrokkene zich begrensd voelt, snel om in een prikkelbare stemming waarbij dwingend, respectloos of boos gedrag naar voren kan komen. Soms voert deze dysfore stemming de boventoon.

Er kunnen bij een manie ook psychotische symptomen optreden. Dit betreft vooral grootheidswanen waarbij men bijvoorbeeld overtuigd is de aangewezen persoon te zijn om de wereld te redden, van koninklijke bloede te zijn of over uitzonderlijke gaven te beschikken.

3.1   Hypomanie

Ook bij de hypomanie is er sprake van een inadequaat opgewekte stemming, een verhoogd zelfgevoel, expansief gedrag en hyperactiviteit. Het verschil met de manie is dat de ontremming niet zo sterk is dat deze leidt tot duidelijke problemen op relationeel of maatschappelijk gebied. Er zal dan ook geen noodzaak zijn voor een psychiatrische opname. Mensen met een hypomanische episode ervaren deze vaak als prettig: men voelt zich vol zelfvertrouwen, kan bergen werk aan en is vol nieuwe ideeën. Doordat de betrokkene zelf geen klachten ervaart en de omgeving relatief weinig last heeft van het gedrag, worden hypomanische episoden vaak langdurig niet onderkend. In zo een geval zal men, ook al komen tevens recidiverende depressies voor, abusievelijk niet de diagnose bipolaire-II-stoornis stellen. Dit onderscheid is belangrijk, omdat bij een bipolaire stoornis een andere behandeling is aangewezen dan bij een depressieve stoornis.

3.2   Ontstaan

De bipolaire stoornis is **sterk genetisch bepaald** en bij een betrokkene met deze stoornis zijn er dikwijls ook andere familieleden aangedaan. Het optreden van een (hypo)manie wordt vaak voorafgegaan door **emotioneel stressvolle gebeurtenissen**. Dit kunnen **negatieve gebeurtenissen** zijn maar vaak ook juist **positieve ervaringen** zoals een promotie krijgen. De normale uitgelatenheid die bij een positieve ervaring optreedt, lijkt bij lijders aan een bipolaire stoornis door te schieten. Een belangrijke andere factor bij het ontstaan van een (hypo)manische episode is **slaapgebrek**.
Manische symptomen kunnen ook ontstaan door sommige medicijnen, vooral door **antidepressiva**. Wanneer na het stoppen van deze medicijnen de manische symptomen verdwijnen, is er geen sprake van een bipolaire stoornis. Ook kunnen **lichamelijke ziekten**, zoals hersenziekten, manische symptomen geven. Vooral bij **oudere mensen** die nooit eerder een manische of depressieve episode hebben doorgemaakt, dient men alert te zijn op een lichamelijke oorzaak.

3.3   Behandeling

Bij de behandeling van een manie onderscheidt men een **acute fase en een onderhoudsbehandeling**. In de **acute fase** bestaat de behandeling doorgaans uit **antipsychotische medicatie**. Wanneer iemand meerdere manische episoden heeft doorgemaakt wordt er een **stemmingsstabilisator voorgeschreven**. Een dergelijk middel reduceert de kans op het opnieuw optreden van zowel een manische als een depressieve episode. **De meest gebruikte stemmingsstabilisator is lithium** (zie hoofdstuk 2, paragraaf 3.3). Behandeling met lithium wordt meestal jarenlang voortgezet.

Naast de medicatie is voorlichting over de bipolaire stoornis belangrijk. Hierbij wordt ook aandacht geschonken aan **het belang van een gestructureerd levenspatroon.** Zo dient werk met onregelmatige of nachtdiensten te worden vermeden. Daarnaast brengt men in beeld wat bij een betrokkene de vroege signalen zijn van het optreden van een manische episode. In het bijzonder is het belangrijk om vroege tekenen van een verstoring van het slaappatroon te leren onderkennen. Ook de familieleden worden betrokken bij deze vroege signalering. Zij zien meestal als eersten de tekenen van ontremming, bijvoorbeeld dat de betrokkene meer geld gaat uitgeven.

3.4   Beloop

Meestal begint een bipolaire stoornis met een depressieve episode. Het patroon van depressies en manische episoden kan sterk per individu verschillen. Doorgaans zijn er meer depressieve dan manische episoden. Soms kan men in de intervallen goed functioneren maar het komt ook voor dat gedurende intervallen er enkele depressieve symptomen of cognitieve symptomen blijven bestaan, zoals geheugenproblemen. Een manische episode kan zonder behandeling weken tot maanden duren. Er bestaat dan het gevaar dat betrokkene uitgeput raakt en er bijvoorbeeld hartfalen optreedt.

4   Kraambedpsychose

De kraambedpsychose is een vorm van een bipolaire stoornis die begint met psychotische symptomen rond de bevalling. Dit beeld wordt ook wel postpartumpsychose of puerperaalpsychose genoemd. De symptomen van een kraambedpsychose lijken voor een deel op die van een manische stoornis. De kraambedpsychose komt 1 tot 2 op de 1.000 bevallingen voor.[4] Wanneer een vrouw een keer een kraambedpsychose heeft doorgemaakt, is de kans op het optreden van een recidive van deze stoornis, zonder ingestelde medicatie, zeer groot: tussen de 30 en 50%.[5] In de regel is er een volledig herstel van de kraambedpsychose. Sommige vrouwen houden echter last van wisselende stemmingen, soms met psychotische symptomen.

4.1   Kenmerken

De symptomen ontstaan doorgaans binnen twee tot vier weken na de bevalling, maar kunnen ook reeds na enkele dagen optreden. De symptomen kunnen zich vrij plotseling ontwikkelen. Het beeld begint doorgaans met rusteloosheid, prikkelbaarheid (waarbij ook een overgevoeligheid voor geluid en licht kan bestaan) en slapeloosheid. Er ontstaat een beeld van emotionele labiliteit waarbij de stemming snel kan wisselen van somber naar te opgewekt met hyperactiviteit. Vaak zijn er tevens heftige angstgevoelens. Er kunnen sterke gevoelens van vervreemding bestaan: de kraamvrouw kijkt naar zichzelf als in een film (depersonalisatie) of de wereld wordt als onecht beleefd (derealisatie). Er is sprake van verwardheid en de wereld om zich heen wordt niet meer begrepen. Dit leidt tot gedesorganiseerd gedrag. Tussendoor kunnen er ook weer heldere momenten zijn. Daarbij treden er waangedachten op waarbij de inhoud vaak de baby betreft. Zo kan er de overtuiging zijn dat de baby ernstig mismaakt is of dat deze bezeten is door het Kwaad. Daarnaast zijn er vaak paranoïde waangedachten. Ook kunnen er hallucinaties zijn, bijvoorbeeld stemmen die zeggen dat de moeder volkomen slecht is of dat de baby gedood moet worden.

4.2   Behandeling

Een kraambedpsychose is een ernstig toestandsbeeld dat meestal een psychiatrische opname behoeft. Alleen bij lichtere gevallen kan men met veel ondersteuning thuis blijven. Het risico van een kraambedpsychose is dat de moeder zichzelf of de baby iets aandoet. Wanneer het tot een opname komt, tracht men vaak tegelijkertijd de baby op te nemen zodat de moeder betrokken kan blijven bij de verzorging en de hechting tussen moeder en kind zo goed mogelijk kan verlopen.
Het is belangrijk de slapeloosheid te bestrijden omdat hierdoor de ernst van het beeld kan toenemen. Men zal dan een benzodiazepine voorschrijven. Dit werkt zowel als slaapmiddel als ter bestrijding van de angst. Daarnaast zal men meestal een antipsychoticum geven. Men geeft na een volgende bevalling meteen lithium als medicatie om het opnieuw ontwikkelen van een kraambedpsychose te voorkomen.

5   Forensische aspecten

Door schaamte en het zich sociaal terugtrekken kan een depressieve stoornis lange tijd niet onderkend worden door de omgeving van betrokkene. Een betrokkene kan door zijn depressie gaan disfunctioneren zonder dat de omgeving de oorzaak hiervan begrijpt. Het gebrek aan belangstelling voor de omgeving en het verlies van initiatief kunnen leiden tot verzuim van taken. Een voorbeeld hiervan is een boer met een depressie die werd vervolgd voor het ernstig verwaarlozen van zijn vee. Ook kan initiatiefverlies bijvoorbeeld gepaard gaan met het niet reageren op poststukken. Concentratie- en geheugenproblemen kunnen leiden tot het maken van fouten op het werk, bijvoorbeeld het versturen van verkeerde facturen.

Bij een geagiteerde depressie kunnen door de prikkelbare stemming relatief snel conflicten ontstaan. Het kan ook tot impulsieve fysieke agressie komen. Dit is vooral het geval bij een geagiteerde psychotische depressie met paranoïde waangedachten. De betrokkene is in dat geval ervan overtuigd door een ander bedreigd te worden, en door de agitatie is het vermogen om agressieve impulsen te beheersen ondermijnd. Dit kan bijvoorbeeld resulteren in het in een impuls neersteken van de vermeende belager.

Bij een (ernstige) postpartumdepressie kan de moeder de baby verwaarlozen. Dit kan onder andere bestaan uit het onvoldoende voeden van de baby, deze niet beschermen tegen onderkoeling, of het niet inroepen van hulp bij ziekte. Een ernstige of psychotische depressie kan leiden tot infanticide of een poging daartoe. Een voorbeeld hiervan is de moeder die naar achteraf bleek al een jaar ernstig depressief was zonder dat de omgeving, inclusief haar echtgenoot, hier iets van in de gaten had. De vrouw probeerde haar kinderen te doden met medicijnen omdat zij overtuigd was dat het leven een hel was en zij dit haar kinderen wilde besparen. Na het toedienen van de medicijnen probeerde zij zichzelf te suïcideren. Zowel de moeder als de kinderen overleefden het. De combinatie van doding van gezinsleden al dan niet gevolgd door suïcide wordt door de pers vaak aangeduid als 'familiedrama'. De dynamiek kan per geval verschillen maar het bestaan van een ernstige depressie bij de dader behoort tot een van de mogelijkheden. Suïcide of een poging daartoe kan ook gepaard gaan met gevaar voor de directe woonomgeving. Een betrokkene kan zich (proberen te) suïcideren door de gaskraan open te zetten of zijn huis in brand te steken.

Tijdens een manische fase kan een betrokkene zichzelf en zijn omgeving veel schade berokkenen. Een seksuele ontremming kan leiden tot een zwangerschap, geslachtsziekten en echtscheiding. Een normaal gezinsleven kan onmogelijk worden door de dysfore stemming en het expansieve gedrag, waarbij betrokkene zich niet laat corrigeren. Dit maakt dat de partner en de kinderen soms het huis uit moeten vluchten. Zakelijk kunnen volkomen onverantwoordelijke beslissingen worden genomen. Zo kan een bedrijf dat in tientallen jaren is opgebouwd, in korte tijd teloorgaan doordat de betrokkene zijn beste werknemers ontslaat, ruzie maakt met klanten en het geld besteedt aan de aankoop van extreem dure auto's. In een **werksituatie** kan het bijvoorbeeld komen tot het zich niet meer houden aan de werktijden, zich ongepast kleden, ruzie maken met collega's en het negeren van veiligheidsprocedures. In het verkeer kan er roekeloos worden gereden. Wanneer er bij een manie ook **paranoïde waangedachten zijn**, bestaat er een risico op impulsief fysiek agressief gedrag.

Bij een kraambedpsychose is er een zeer hoog risico op suïcide en schattingen van de kans op **infanticide lopen op tot 4%**.[6] Door de combinatie van verwardheid, stemmingslabiliteit, angst en motorische onrust (overdadige bewegingsdrang) kan in een zeer korte tijd agressief gedrag optreden zonder dat er vooraf waarschuwingssignalen zijn. Het betreft derhalve een psychiatrische stoornis met een groot gevaar voor een levensdelict. Direct ingrijpen is dan ook aangewezen, waarbij vooral ook de veiligheid van de baby dient te worden gewaarborgd. Indien de vrouw behandeling afwijst, dient in de regel een gedwongen opname te volgen. Men dient bij de beoordeling van de ernst van het toestandsbeeld erop bedacht te zijn dat het beeld sterk kan wisselen, waarbij de betrokkene soms gedurende korte tijd een heldere indruk kan maken. Vanuit een psychose, zoals een paranoïde waan of een bevelshallucinatie met de opdracht om niets te zeggen, kan de betrokkene de eigen belevingswereld actief buiten een gesprek houden. Informatie van derden over het beloop van het beeld dient dan ook uiterst serieus te worden genomen.

6   Aandachtspunten

- Een depressieve stoornis hoeft niet gepaard te gaan met een neerslachtige stemming.
- Een depressieve stoornis kan door schaamte en het zich sociaal terugtrekken van de betrokkene lang onopgemerkt blijven door de omgeving.
- Hypomanische episoden worden vaak niet onderkend, terwijl dit wel van belang is voor de behandeling.
- Bij een manie dient vanwege de grote kans op sociale en zakelijke schade een gedwongen opname in een vroegtijdig stadium te worden overwogen.

– Bij een kraambedpsychose dient direct te worden ingegrepen vanwege het hoge risico op suïcide en/of infanticide.

Noten

1   Hoogedijk, W., Broek, W.W. van den, & Schaik, A. van. (2010). Unipolaire stemmingsstoornissen. In: M.W. Hengeveld, & A.J.L.M. van Balkom (Red.), *Leerboek psychiatrie* (2e herz. dr., pp. 283-303). Utrecht: De Tijdstroom.

2   Bouvy, P., Birkenhager, T., Broek, W.W. van den, & Hoogendijk, W. (2013). Depressie. In: I. Franken, P. Muris, & D. Denys (Red.), *Basisboek psychopathologie* (pp. 337-352). Utrecht: De Tijdstroom.

3   Spijker, J., Bockting, C.L.H., Meeuwissen, J.A.C., Vliet, I.M. van, Emmelkamp, P.M.G., Hermens, M.L.M., e.a. (2013) *Multidisciplinaire richtlijn depressie.* (2013). Utrecht: Trimbosinstituut.

4   Berg, M. van den. (2010). Peripartum- en transgenerationele psychiatrie. In: M.W. Hengeveld, & A.J.L.M. van Balkom (Red.), *Leerboek psychiatrie* (2e herz. dr., pp. 585-595). Utrecht: De Tijdstroom.

5   Black, D.W. & Andreasen, N.C. (2011). *Introductory texbook of psychiatry, Fith edition.* Washington: American Psychiatric Publishing, Inc.

6   Nonacs, R., & Cohen, L.S. (2000). Postpartum psychiatric syndromes. In: B.J. Sadock, & V.A. Sadock (2000), *Kaplan's & Sadock's comprehensive textbook of psychiatry* (pp. 1276-1283). Philadelphia: Lippincott Williams & Wilkins.

6 Posttraumatische-stressstoornis en dissociatieve stoornissen

Op een potentieel gevaarlijke situatie reageert iedereen met angstgevoelens. Deze angstgevoelens gaan gepaard met een toename van de waakzaamheid en met lichamelijke verschijnselen zoals een versnelde hartslag en een snelle ademhaling. Men noemt deze reacties het stressresponssysteem. De angstgevoelens hebben de functie om ons attent te maken op mogelijke gevaren en te voorkomen dat er geen acht wordt geslagen op de risico's van een situatie. De waakzaamheid zorgt ervoor dat we actief de omgeving afspeuren op gevaar. De lichamelijke reacties bereiden ons organisme voor op de reactie op het gevaar; dit kan zijn wegvluchten uit een situatie of de strijd aangaan. Voor beide reactiepatronen is het nodig dat er meer zuurstof naar de spieren gaat; dit wordt bewerkstelligd door de lichamelijke verschijnselen van angst. Een derde manier om te reageren op angst is om te 'bevriezen': je doodstil houden vanuit de gedachte dat je niet wordt opgemerkt en dat het gevaar voorbijgaat.

Wanneer de gevaarlijke situatie is geweken, nemen in de regel de angstgevoelens, de waakzaamheid en de lichamelijke verschijnselen weer af. Soms blijft echter het stressresponssysteem geactiveerd. Dit betreft vooral acute levensbedreigende situaties waaraan je niet kunt ontsnappen. Voorbeelden van zulke situaties zijn verkeers- en vliegtuigongelukken, fysiek worden aangevallen en verkrachting. Op het moment van zo'n acute levensbedreigende situatie kun je door de angst verlamd worden en daardoor niet in staat zijn om te ontsnappen aan het gevaar, bijvoorbeeld uit een brandend vliegtuig proberen te komen. Dit is te beschouwen als een disfunctionele uiting van het reactiepatroon van 'bevriezen'. Ook kun je in de acute situatie de beleving hebben dat het gevaar geen betrekking heeft op jezelf maar op een ander, of alles beleven alsof het niet echt gebeurt. Soms kun je je achteraf niet alles meer herinneren. Wanneer deze belevingen direct in aansluiting op de bedreigende situatie optreden, en minstens enkele dagen blijven bestaan, spreekt men van een *acute stressstoornis*.

Wanneer dit soort verschijnselen langer dan een maand aanhouden, spreekt men van een *posttraumatische-stressstoornis* (PTSS). De bij de PTSS behorende symptomen kunnen ook pas veel later na het gevaar optreden. De betrokkene ervaart dan kort na de bedreigende situatie weinig klachten en het lijkt alsof de bedreigende situatie goed is doorstaan. Soms treden de klachten van een PTSS pas maanden tot jaren na de bedreigende situatie op. Een voorbeeld hiervan zijn sommige overlevenden van de vernietigingskampen uit de Tweede Wereldoorlog die pas na jaren klachten ontwikkelden. Vaak worden de klachten bij een dergelijk verlaat begin uitgelokt doordat de betrokkene iets meemaakt dat de herinnering aan de traumatische gebeurtenis oproept. Dat kan voor iemand die een verkrachting heeft doorgemaakt bijvoorbeeld een film op de televisie zijn waarin seksueel geweld voorkomt. Bij de bedreigende situaties die kunnen leiden tot een PTSS, maakt men een onderscheid tussen een type-I- versus een type-II-trauma. Bij een type-I-trauma betreft het een eenmalige acuut bedreigende situatie, bijvoorbeeld een verkeersongeluk of brand. Bij type II gaat het om een herhaaldelijke traumatisering gedurende langere tijd zoals seksueel misbruik of mishandeling. In deze gevallen vindt de traumatisering plaats in een structureel onveilige (gezins)situatie. Hierbij gaan klachten passend bij een PTSS vaak gepaard met veranderingen in de persoonlijkheid, bijvoorbeeld niemand durven vertrouwen of sterke minderwaardigheidsgevoelens. Men duidt deze combinatie van PTSS en persoonlijkheidsveranderingen aan met de term complexe PTSS.

Alhoewel het al lang bekend was dat het blootstaan aan zeer bedreigende situaties kan leiden tot psychische klachten, duurde het tot de jaren tachtig van de vorige eeuw dat de samenhang tussen doorgemaakt geweld en de verschillende psychische klachten officieel werd erkend door PTSS op te nemen als psychiatrische stoornis in de derde versie van de DSM-classificatie. Deze psychiatrische classificatie betekende voor veel betrokkenen met PTSS dat hun doorgemaakte leed maatschappelijke erkend werd.

2   Posttraumatische-stressstoornis

2.1   Kenmerken

Om te kunnen spreken van een posttraumatische-stressstoornis (PTSS) is een voorwaarde dat er sprake is geweest van een schokkende gebeurtenis. Het dient hierbij te gaan om een gebeurtenis die een feitelijke of dreigende dood of ernstige verwonding met zich heeft meegebracht of om seksueel geweld. Het hoeft niet alleen te gaan om een directe dreiging van de eigen persoon maar kan ook gaan om het getuige zijn geweest van een bedreigende situatie voor een ander. Een schokkende gebeurtenis kan ook bestaan uit het vernemen dat een ongeluk of geweld een direct familielid of goede vriend heeft getroffen. Ook het bij herhaling geconfronteerd worden met aversieve details van schokkende gebeurtenissen, zoals het bij een politieonderzoek vele videobanden met kinderporno moeten bekijken of na ongelukken het moeten verzamelen van menselijke lichaamsdelen, kan tot een PTSS leiden. Niet iedereen ervaart een schokkende gebeurtenis op dezelfde manier. Sommige mensen reageren hierop met intense angst of afschuw, anderen bijvoorbeeld met niets meer voelen.

Het hebben meegemaakt van een schokkende gebeurtenis hoeft zeker niet te leiden tot PTSS. Slechts in een minderheid van de gevallen treedt er na zo een situatie PTSS op. Men dient er dan ook niet te snel van uit te gaan wanneer een betrokkene vertelt over een schokkende gebeurtenis dat deze wel tot PTSS 'moet hebben geleid'. Bij de PTSS worden er vier clusters van symptomen onderscheiden: voortdurende herbeleving van het trauma, vermijdingssymptomen, negatieve gedachten en stemming, en symptomen van een overmatige alertheid.

Voortdurende herbeleving van het trauma

Er zijn steeds terugkerende zich opdringende herinneringen aan de traumatische gebeurtenis. Meestal wordt de herinnering geluxeerd door een omstandigheid die de traumatische gebeurtenis symboliseert. Bijvoorbeeld het zoemend geluid van een ventilator dat herinnert aan het lawaai van de motoren van een vliegtuig vlak voor het neerstorten, of een geur die lijkt op die van de aanvaller. Bij een herinnering kunnen ook dezelfde gevoelens en lichamelijke reacties optreden zoals tijdens de traumatische gebeurtenis. Men beleeft dan opnieuw de gebeurtenis met de angst die daarbij hoort. Men spreekt dan van een herbeleving. Bij een herbeleving kan er dissociatie optreden. Bij dissociatie is de integratie van psychische functies verstoord. Dit kan zich erin uiten dat een betrokkene het contact met de omgeving verliest en niet meer goed aanspreekbaar is, of na een herbeleving zich niet meer kan herinneren wat zich heeft afgespeeld. Een herbeleving kan ook gepaard gaan met pogingen zich te beschermen tegen het vermeende gevaar zoals wegkruipen of het aandoen van beschermende kleding. Herinneringen kunnen zich ook uiten in dromen. Een betrokkene kan dan in zo een nachtmerrie bijvoorbeeld wild om zich heen gaan slaan of het huis uit vluchten.

Vermijdingssymptomen

Een betrokkene probeert de eigen gedachten of gevoelens over het trauma te onderdrukken omdat die tot herbelevingen kunnen leiden. Dit leidt ertoe dat ook het praten over het trauma wordt vermeden. Dit vermijden kan ertoe leiden dat bij betrokkenen met een PTSS deze diagnose wordt gemist. Een betrokkene kan ook plaatsen, activiteiten of mensen gaan vermijden die herinneringen oproepen aan het trauma.

Negatieve veranderingen betreffende gedachten en stemming

Er kan een onvermogen bestaan om zich belangrijke aspecten van het trauma te herinneren (dissociatieve amnesie). Er kunnen overtrokken negatieve opvattingen zijn over zichzelf of anderen zoals: 'Ik ben slecht' of: 'Niemand is te vertrouwen.' Verder kunnen er inadequate gedachten zijn over het zichzelf of anderen de schuld geven van de schokkende gebeurtenis. Er kan een voortdurende negatieve stemming zijn, een emotionele afvlakking en een afgenomen belangstelling voor de buitenwereld.

Overmatige alertheid

Het zenuwstelsel is in een voortdurende staat van verhoogde activatie waardoor er een te sterke alertheid bestaat voor omgevingsprikkels. Men staat voortdurend op 'scherp'. De voor het slapen benodigde toestand van ontspanning ontbreekt en dit leidt tot moeite met inslapen of het vaak wakker worden. Er is een overmatige waakzaamheid voor wat er in de omgeving gebeurt en de betrokkene speurt steeds naar tekenen die op gevaar zouden kunnen wijzen. Onverwachte situaties, bijvoorbeeld het rinkelen van een telefoon, kunnen leiden tot een sterke schrikreactie. Door de voortdurende alertheid op de omgeving kan de betrokkene zich niet goed meer concentreren op een taak. Dit kan bijvoorbeeld leiden tot een onvermogen om nog te studeren. De combinatie van voortdurende waakzaamheid en de vaak aanwezig slaapproblemen maken geregeld dat een betrokkene uitgeput raakt waardoor deze nog verder uit het mentale evenwicht raakt.

De overmatige alertheid kan leiden tot prikkelbaarheid: men reageert dan snel met irritatie op (kleine) voorvallen. Het kan ook komen tot woedeuitbarstingen. Bij zo een woedeaanval kunnen meerdere factoren een rol spelen. Naast het 'op scherp staan' met de daarbij optredende continue gespannenheid, kan ook het uitgeput zijn een rol spelen waardoor men minder beheersing heeft over de eigen gevoelens en impulsen. Een andere belangrijke factor bij woede-uitbarstingen kan het gevoel zijn zich bedreigd te voelen en daarbij het idee te hebben zich te moeten verdedigen. Vooral wanneer het gevoel van dreiging uitmondt in een herbeleving waarbij men door dissociatie het contact verliest met de normale realiteit, kan dit een luxerende factor zijn voor een woede-uitbarsting. Verder kan er sprake zijn van roekeloos of zelfdestructief gedrag.

2.2   Bijkomende stoornissen

Bij PTSS is er vaak ook sprake van een andere psychiatrische stoornis. Het gaat hierbij vooral om een depressieve stoornis. De combinatie van een PTSS en een depressieve stoornis leidt tot een verhoogde kans op een suïcidepoging. Soms spelen bij suïcidaliteit schuldgevoelens een rol over het feit dat de betrokkene de traumatische situatie heeft overleefd en een ander daarbij het leven heeft gelaten.

Om gevoelens te verdoven wordt er vaak alcohol of drugs gebruikt. Dit kan leiden tot alcohol- en/of drugsverslaving. Het risico op gewelddadig gedrag bij een PTSS neemt bij het gebruik van alcohol of drugs toe doordat deze het vermogen ondermijnen om impulsen af te remmen.

2.3   Ontstaan

Bij het meemaken van een schokkende gebeurtenis is vooral de subjectieve beleving hiervan een bepalende factor bij het ontstaan van PTSS. De ene mens ervaart bij een zelfde bedreigende situatie meer angst en machteloosheid dan een ander. Hierbij kan een aanlegfactor meespelen maar ook levenservaringen. Mensen die in hun jeugd seksueel misbruikt of verwaarloosd zijn, zijn kwetsbaarder om een PTSS na een trauma te ontwikkelen.[1] Geweld dat opzettelijk tegen een persoon is gericht, leidt eerder tot een PTSS dan een ongerichte bedreiging zoals een natuurramp, terwijl de aanwezigheid van sociale steun na een trauma de kans op het ontstaan van een PTSS doet afnemen.

Psychologisch wordt het ontstaan van een PTSS vooral verklaard door het vermijden van de confrontatie met de door angst beladen gedachten en herinneringen aan het trauma. Door deze vermijding kan de angst niet uitdoven. Wanneer men de aan het trauma gerelateerde angst in een veilige omgeving kan beleven, zal deze kunnen afnemen.

Bij neurobiologisch onderzoek is gebleken dat het stressresponssysteem bij een betrokkene met een PTSS gevoeliger is geworden. Dit leidt onder andere tot een verandering in de regulering van stresshormonen. Ook is er bij betrokkenen met een PTSS een verkleinde hippocampus gevonden. Deze hersenstructuur speelt een belangrijke rol bij het opslaan van herinneringen. Het is niet duidelijk of deze afwijkingen reeds bestonden voordat zich een PTSS ontwikkelde (dan zou men deze afwijkingen als een risicofactor kunnen opvatten) of pas hierna.

2.4   Behandeling

De meest toegepaste behandeling bij een PTSS is cognitieve gedragstherapie waarbij de betrokkene in een veilige omgeving geleidelijk weer geconfronteerd wordt met traumagerelateerde gedachten, herinneringen en gevoelens waardoor de angst kan uitdoven. Deze confrontatie kan plaatsvinden door het op een geluidsdrager opnemen van het verhaal van de betrokkene over de traumatische gebeurtenis en daarna regelmatig dit relaas te beluisteren. Bij veteranen wordt tegenwoordig de confrontatie met een traumatische situatie op het slagveld nagebootst door middel van *virtual reality*. Het is hierbij mogelijk het type van voertuigen, wapens en de kleding van tegenstanders zo te kiezen dat deze sterk lijken op die ten tijde van de traumatische gebeurtenis. Deze confrontatie wordt gecombineerd met het aanleren van ontspanningsoefeningen teneinde de overmatige alertheid te doen afnemen. Ook worden disfunctionele gedachten, zoals: 'Het is mijn schuld dat het gebeurd is, ik had daar niet moeten lopen', uitgedaagd en vervangen door reëlere gedachten.

Een behandeling die sterk in opkomst is voor PTSS, is *eye movement desensitization and reprocessing* (EMDR). Hierbij staat het verschuiven van de aandacht centraal. Dit verschuiven werd eerst bereikt doordat de betrokkene met aandacht de vinger van de therapeut moest volgen die deze voor zijn ogen heen en weer bewoog. Tegenwoordig wordt vaak gewerkt met geluiden (piepjes) die afwisselend aan het linker- en rechteroor worden aangeboden. Het aandachtig volgen van de vinger of het geluid wordt gecombineerd met het vragen aan de betrokkene om een traumagerelateerd beeld in gedachten te nemen. Wanneer na enige tijd de spanning van het traumagerelateerde beeld zakt, wordt de betrokkene gevraagd dit negatieve beeld te vervangen door een positief beeld, bijvoorbeeld: 'Ik heb zelfvertrouwen'.

Het is niet duidelijk hoe EMDR werkt. Er zijn hier verschillende theorieën over. Eén theorie gaat ervan uit dat EMDR een variatie is op het thema van geleidelijke uitdoving van de angst wanneer men geconfronteerd wordt met traumagerelateerde herinneringen. De confrontatie vindt volgens deze opvatting plaats door het in gedachten nemen van de gebeurtenis waarbij de spanning afneemt doordat de betrokkene wordt afgeleid door het steeds moeten verschuiven van de aandacht.

Vooral wanneer een PTSS gepaard gaat met een depressieve stoornis, wordt er naast cognitieve gedragstherapie een medicamenteuze behandeling ingesteld met een antidepressivum.

PTSS-symptomen nemen dikwijls toe wanneer het algemene stressniveau in het leven van de betrokkene toeneemt. Zo kunnen bijvoorbeeld conflicten met een partner of problemen op het werk leiden tot meer herbelevingen en slaapproblemen. Er kan dan een negatieve spiraal ontstaan waarbij een betrokkene steeds meer uitgeput raakt en er een toename van symptomen optreedt. Het is dan ook van belang om oog te hebben voor de leefsituatie van de betrokkene en te stimuleren dat er een gestructureerde dagindeling bestaat waarbij wordt gewaakt voor overbelasting. In dit kader is het ook zinvol om een partner uitleg te geven over PTSS.

Men heeft getracht na een schokkende gebeurtenis het optreden van PTSS bij betrokkenen te voorkomen door hen kort hierna over hun belevingen en emoties met hulpverleners te laten praten. Dit wordt *debriefing* genoemd. Het doel hiervan is het verminderen van het stressniveau. Debriefing blijkt echter niet te werken en zelfs bij sommige mensen de kans op het ontwikkelen van een PTSS te vergroten.[2] Wel werkzaam bij het voorkomen van een PTSS is het bieden van steun door naasten van de betrokkene. Ook kan deze steun worden gegeven door Slachtofferhulp.

Professionals die werken met mensen met een PTSS, zoals politiefunctionarissen of hulpverleners, kunnen zelf klachten gaan ontwikkelen door de confrontatie met traumagerelateerde verhalen. Dit risico neemt toe wanneer men zich kan identificeren met het slachtoffer of als het om kinderen gaat. De klachten kunnen bestaan uit het feit dat iemand de verhalen van de betrokkenen niet meer van zich af kan zetten, bang is dat henzelf of naasten iets ergs overkomt, nachtmerries, prikkelbaarheid, chronische vermoeidheid, sterke gevoelens van wantrouwen en een overtuiging dat de hele wereld slecht is. Men spreekt in dit verband van secundaire traumatisering.

2.5   Beloop

De meeste mensen ontwikkelen na een traumatische gebeurtenis geen PTSS. De kans om na een traumatische gebeurtenis een PTSS te ontwikkelen is ongeveer 7%.[3] Sommige beroepen zoals politie, brandweer en het leger brengen een verhoogde kans op een PTSS met zich mee. De meest voorkomende oorzaak van PTSS zijn waarschijnlijk verkeersongelukken. Voor vrouwen betreft het trauma voorafgaand aan een PTSS dikwijls fysiek of seksueel geweld. Wanneer een PTSS niet behandeld wordt, ontstaat er vaak een chronisch beloop met een grote negatieve invloed op het psychosociale functioneren. Bij een behandeling van een PTSS herstelt ongeveer 65%.[4]

3 Dissociatieve stoornissen

Bij dissociatieve stoornissen staat een stoornis in de normale integratie van psychische functies centraal. Het kan hierbij gaan om het bewustzijn, geheugen, emoties en waarneming. Maar het kan ook betrekking hebben op de beleving van de eigen identiteit. De dissociatieve stoornissen zijn meestal, maar niet altijd, gerelateerd aan traumatische of emotioneel beladen gebeurtenissen.

3.1 Dissociatieve amnesie

Bij dissociatieve amnesie bestaat er een onvermogen zich belangrijke persoonlijke gegevens te herinneren. Deze gegevens betreffen meestal traumatische of stressvolle gebeurtenissen. Het zich niet kunnen herinneren is te uitgebreid om verklaard te worden door gewone vergeetachtigheid.

De amnesie kan een omschreven tijdsperiode omvatten. Dit komt het vaakst voor. Soms is de amnesie beperkter en betreft het alleen een specifieke gebeurtenis. Bij een selectieve amnesie kan de betrokkene zich bepaalde, maar niet alle aspecten van een gebeurtenis herinneren. De duur van een vergeten periode kan variëren van minuten tot tientallen jaren. Vaak is de persoon zich niet of slechts gedeeltelijk bewust van zijn geheugenverlies. De amnesie wordt nogal eens gebagatelliseerd en de betrokkene kan gespannen worden wanneer hij hiermee wordt geconfronteerd. Wanneer de betrokkene uit de stressvolle omgeving wordt gehaald, bijvoorbeeld weg van het slagveld, kunnen de herinneringen relatief snel terugkomen; soms blijft de amnesie echter jarenlang bestaan. Indien de vergeten periode plotseling terugkeert in het geheugen, kan er vooral bij betrokkenen met afschuwelijke herinneringen zelfdestructief of suïcidaal gedrag optreden.

Wanneer een dissociatieve amnesie voorkomt in het kader van PTSS, wordt de amnesie niet apart geclassificeerd. Bij een *algemene* dissociatieve amnesie is er een volledig verlies van herinnering van de eigen levensgeschiedenis. Deze amnesie treedt acuut op. Hierbij kan de eigen persoonlijkheid en kunnen soms ook vaardigheden vergeten worden. Dit kan gepaard gaan met plotseling het werk of het huis verlaten en gaan zwerven. Men spreekt in dit geval van een dissociatieve fugue. Zo iemand komt vanwege zijn gedesoriënteerde gedrag vaak in contact met hulpverleners of met de politie.

3.2   Depersonalisatie-/derealisatiestoornis

Bij depersonalisatie staat het zich van zichzelf vervreemd voelen centraal. Het kan om de beleving gaan geen eigen zelf of gevoelens meer te hebben. Bij het laatste rapporteert de betrokkene dat hij weet dat hij gevoelens heeft maar dat hij deze niet werkelijk voelt. Ook gedachten kunnen als los staand van zichzelf worden beleefd. Zintuiglijke belevingen kunnen als niet deel uitmakend van de eigen persoon worden ervaren. Bij derealisatie wordt de omgeving als onwerkelijk beleefd. De vanzelfsprekende vertrouwdheid met de buitenwereld is verdwenen. De wereld wordt als onecht of als in een droom beleefd.

Zowel depersonalisatie als derealisatie komen in de algemene bevolking zeer frequent voor, maar dan betreft het kort durende episoden van uren of dagen. Ook kunnen deze symptomen voorkomen bij psychotische en depressieve stoornissen. Pas wanneer deze symptomen bij herhaling of doorlopend aanwezig zijn en het functioneren beïnvloeden, is er sprake van een depersonalisatie-/derealisatiestoornis. De beide symptomen kunnen samen voorkomen maar het kan ook zijn dat er slechts één symptoom aanwezig is. Zowel depersonalisatie als derealisatie kunnen als zeer kwellend worden ervaren.

De stoornis kan optreden na stressvolle gebeurtenissen. Een andere factor betreft drugsgebruik van vooral cannabis en hallucinogenen.

3.3   Dissociatieve identiteitsstoornis (DIS)

Bij deze stoornis (vroeger werd dit multipele persoonlijkheidsstoornis genoemd) bestaan er twee of meer persoonlijkheidstoestanden die afwisselend het gedrag van de betrokkene bepalen. De dissociatieve identiteitsstoornis lijkt samen te hangen met seksueel misbruik in de vroege jeugd. De diagnose dissociatieve identiteitsstoornis is niet onomstreden. Sommige auteurs stellen dat de persoonlijkheidstoestanden worden opgewekt door suggestibele vragen.

3.4   Acute dissociatieve reacties op stressvolle gebeurtenissen

Het gaat om een aantal symptomen die bij een stressvolle gebeurtenis acuut kunnen optreden. Deze symptomen kunnen enkele uren tot dagen aanhouden tot maximaal een maand. Het betreft een vernauwing van het bewustzijn, depersonalisatie, derealisatie, een stoornis in de waarneming zoals het ervaren dat de tijd vertraagd verloopt, bewusteloosheid, het geen pijn ervaren en verlamming.

4   Forensische aspecten

Betrokkenen die claimen een PTSS te hebben opgelopen door een traumatische gebeurtenis, wenden zich soms tot de rechtbank met een schadeclaim. Het kan hierbij gaan om verkeerslachtoffers maar ook kan bijvoorbeeld de werkgever aansprakelijk worden gesteld omdat de opvang na een traumatische gebeurtenis onvoldoende zou zijn geweest. Een voorbeeld hiervan is een conducteur die zijn werkgever aanklaagde dat er geen opvang had plaatsgevonden na een ernstig agressie-incident met een treinreiziger.

Binnen het strafrecht gaat het frequent om de vraag of een door een betrokkene gepleegd geweldsincident (mede) samenhang met een aanwezige PTSS. Een voorbeeld hiervan is een veteraan die stelt tijdens een uitzending een PTSS te hebben opgelopen waardoor hij nu last heeft van woedeaanvallen en zo tot een geweldsdelict is gekomen. Een ander voorbeeld is een vrouw die herhaaldelijk zwaar is mishandeld door haar echtgenoot, daardoor een PTSS heeft opgelopen en door een opmerking van haar man een herbeleving kreeg waarbij zij hem heeft neergestoken. Geregeld melden betrokkenen met een PTSS dat ze in het kader van een herbeleving een amnesie ('blackout') te hebben voor het ten laste gelegde.

Vanwege de grote belangen die in het geding zijn kunnen betrokkenen zowel klachten simuleren als overdrijven (aggravatie). Een nauwgezette diagnostiek is dan ook van groot belang. Hierbij gaat het om de vraag of alle de vier bij een PTSS optredende symptoomclusters aanwezig zijn. Daarnaast gaat het om de vraag of de door een betrokkene aangegeven traumatische gebeurtenis voldoet aan de hiervoor in de DSM-classificatie gestelde criteria. Daarbij zal men niet willen volstaan met het door de betrokkene gegeven relaas over een schokkende gebeurtenis maar dit willen toetsen aan overige beschikbare informatie. Verder onderzoekt men of de presentatie van de traumatische gebeurtenissen congruent is met de emotionele reacties. Iemand met een PTSS zal moeite hebben om over het trauma te spreken en zal proberen dit te vermijden uit angst een herbeleving te krijgen. Wanneer iemand zonder aansporing uitvoerig spreekt over de traumatische gebeurtenis, dient dit tot argwaan te leiden bij de onderzoeker. Iemand met een PTSS zal situaties of activiteiten die herinneren aan het trauma willen vermijden.

Men dient er attent op te zijn dat alcohol- of middelengebruik frequent wordt gebruikt door mensen met een PTSS om de gevoelens te verdoven. Vooral alcohol kan op zich leiden tot een amnesie en tot ontremming van agressie.

Wanneer een betrokkene stelt geen controle over zichzelf te hebben gehad wegens een dissociatieve toestand ten tijde van een ten laste gelegde delict, is het aangewezen om de psychische gesteldheid voor, tijdens en na het delict nauwgezet in kaart te brengen. Hierbij is het van belang wat de betekenis van de veronderstelde stressor is geweest en hoe en wanneer dit bij een betrokkene zou hebben geleid tot een dissociatieve toestand. Zo is het mogelijk dat een eventuele dissociatieve toestand pas na aanvang van het delictgedrag is ontstaan. Ook hoeft een dissociatieve toestand niet per definitie te betekenen dat de betrokkene geen enkele controle over zijn handelen had.

5   Aandachtspunten

- Slechts in een minderheid van de gevallen leidt een schokkende gebeurtenis tot PTSS.
- De symptomen van een PTSS kunnen zich geruime tijd na een traumatische gebeurtenissen nog ontwikkelen.
- Het risico op gewelddadig gedrag bij PTSS neemt toe wanneer er tevens alcohol en/of drugs worden gebruikt.
- Wanneer iemand met PTSS op een afstandelijke of vlakke wijze vertelt over een traumatische gebeurtenis betekent dit niet dat de gebeurtenis geen grote invloed heeft gehad. Dit gedrag kan samenhangen met het willen voorkomen van het optreden van herbelevingen.
- Doordat de betrokkene gevoelens, gedachten en herinneringen aan het trauma wil vermijden, kan de diagnose PTSS worden gemist.

Noten

1 Rinne, T., Rijders, R., & Beurs, E. de. (2008). Posttraumatische stressstoornis en dissociatieve stoornissen. In: B.A. Blansjaar, M.M. Beukers, & W.F. Kordelaar (Red.), *Stoornis en delict: Handboek psychiatrische en psychologische rapportage in strafzaken* (pp. 155-171). Utrecht: De Tijdstroom.

2 Gersons, B., Lindauer, R., & Olff, M. (2010). Stressstoornissen. In: Hengeveld, M.W. & Balkom, A.J.L.M. van. (Red.), *Leerboek psychiatrie* (2e herz. dr., pp. 355-364). Utrecht: De Tijdstroom.

3 Vries, G.J. de, & Olff, M. (2009).The lifetime prevalence of traumatic events and posttraumatic stress disorder in the Netherlands. *Journal of Traumatic Stress, 22,* 259-267.

4 Gersons, B., Lindauer, R., & Olff, M. (2010). Stressstoornissen. In: Hengeveld, M.W. & Balkom, A.J.L.M. van. (Red.), *Leerboek psychiatrie* (2e herz. dr., pp. 355-364). Utrecht: De Tijdstroom.

7 Somatisch-symptoomstoornissen en simulatie

1 Inleiding

Wanneer men aan mensen vraagt of zij in de afgelopen weken een lichamelijke klacht hebben gehad, antwoordt bijna iedereen hier bevestigend op. Soms kunnen mensen zich zorgen maken over hun klachten en zich daarvoor bij de huisarts melden. In 30-60% van deze gevallen blijkt de huisarts bij lichamelijk onderzoek geen of onvoldoende verklaringen te kunnen vinden voor de klachten.[1] Soms wordt er wel een lichamelijke aandoening gevonden maar zijn de klachten ernstiger of duren ze langer dan op grond van de gevonden aandoening te verwachten is. Meestal gaan de klachten na enkele weken over. Vaak helpt het hierbij wanneer de arts uitleg geeft over hoe klachten kunnen ontstaan en geruststelling geeft over het beloop.

2 Somatisch-symptoomstoornissen

Sommige mensen hebben echter een persisterende neiging om lichamelijke klachten te ervaren en deze toe te schrijven aan een lichamelijke ziekte en hiervoor medische hulp te zoeken terwijl er bij onderzoek geen of onvoldoende lichamelijke oorzaken worden gevonden die de ernst van de klachten voldoende verklaren. Deze mensen voelen zich ongezond, maken zich bovenmatig zorgen over hun klachten, zijn gepreoccupeerd met hun klacht(en) of besteden buitensporig veel tijd en energie aan hun klachten. Als gevolg hiervan wordt het dagelijks functioneren ontregeld. Dit symptomencomplex wordt aangeduid als de somatisch-symptoomstoornis. Eerder werd dit een somatoforme stoornis genoemd. Verwant aan de somatisch-symptoomstoornis zijn de conversiestoornis en de ziekteangststoornis.

Een vastgestelde somatische ziekte sluit een somatisch-symptoomstoornis niet uit. Voor de somatisch-symptoomstoornis is het kenmerkend dat de betrokkene zich zo overmatig bezorgd maakt over de lichamelijke ziekte, zodanig hierover piekert, of de klachten dermate centraal komen te staan in het leven van de betrokkene dat hierdoor zijn dagelijks leven wordt ontregeld. De kenmerken van een somatisch-symptoomstoornis zijn niet de lichamelijke klachten op zich maar de manier waarop deze worden opgevat en naar voren komen.

Het blijven bestaan van de klachten leidt er geregeld toe dat men na een onsuccesvolle behandeling bij een arts zich tot een andere arts wendt en zo in de loop der tijd veel medische behandelingen ondergaat. Het zoeken en het meer of minder afdwingen van een behandeling voor de klachten kan zo ver gaan dat er hierdoor juist lichamelijke schade optreedt, bijvoorbeeld littekens na een (medische niet noodzakelijke) operatie die tot een (verdere) bewegingsbeperking hebben geleid. Er kunnen spanningen ontstaan met de behandelende arts doordat deze wil doorverwijzen naar een psycholoog terwijl degene met de klachten juist een somatisch-medische behandeling wil. Bij een depressieve of angststoornis kunnen lichamelijke klachten eveneens sterk op de voorgrond staan. Deze stoornissen dienen te worden uitgesloten wanneer men de aanwezigheid van een somatisch-symptoomstoornis overweegt.

Bij de nagebootste stoornis gaat het om het opzettelijk voorwenden, of bij zichzelf veroorzaken van lichamelijke of psychiatrische klachten of ziekteverschijnselen. De achterliggende – onbewuste – drijfveer is de wens om de rol van patiënt te vervullen. Er zijn geen externe motieven aanwezig, zoals geldelijke gewin, vermijden van werk of het uit de weg gaan van wettelijke verplichtingen.

Bij simulatie daarentegen is er juist wel sprake van een extern motief. Hierbij is er zowel het opzettelijk voorwenden of overdrijven van symptomen, als een bewust motief aanwezig om verplichtingen te ontlopen, aanspraak te maken op vergoedingen, of een strafrechtelijke vervolging te ontlopen. Tabel 7.[1] laat het onderscheid zien tussen de somatisch-symptoomstoornis, de nagebootste stoornis en de simulatie wat betreft het produceren van symptomen en de motivatie hiervoor.

Tabel 7.1	Symptoomproductie en motivatie per stoornis of gedrag		
	Stoornis of gedrag	**Symptoomproductie**	**Motivatie**
	Somatisch-symptoomstoornis	Onbewust	Onbewust
	Nagebootste stoornis	Bewust	Onbewust
	Simulatie	Bewust	Bewust

2.1   Conversiestoornis

Bij de conversiestoornis zijn er lichamelijke klachten die samenhangen met stoornissen van de willekeurige motoriek of van zintuiglijke functies. De bevindingen bij onderzoek zijn strijdig met die bij een neurologische ziekte. De klachten kunnen onder meer bestaan uit verlammingsverschijnselen in armen of benen, het nauwelijks meer kunnen spreken, pseudo-epileptische aanvallen, blindheid, doofheid of verlies van gevoel in een lichaamsdeel. De klachten kunnen sterk het leven gaan bepalen zoals terechtkomen in een rolstoel, niet meer zelfstandig kunnen wonen of arbeidsongeschikt worden. In een aantal gevallen wordt in de loop van de tijd toch een lichamelijke oorzaak gevonden en blijken de verschijnselen een vroege uiting te zijn van een neurologische ziekte.

Een stressvolle gebeurtenis of een trauma kan soms aan de conversiestoornis voorafgaan. Een conversiestoornis kan gepaard gaan met dissociatieve symptomen zoals dissociatieve amnesie of depersonalisatie en derealisatie. Alhoewel psychische factoren een rol kunnen spelen bij het begin van de klachten wil dit nog niet zeggen dat deze de enige oorzaak zijn van de stoornis zijn. Hoe de conversiestoornis ontstaat is onduidelijk. Mogelijk spelen onontdekte neurologische stoornissen voorafgaand aan de klachten een rol bij het ontstaan.

De term 'conversie' stamt uit de psychodynamische theorie van Sigmund Freud, die ervan uitging dat psychische conflicten worden omgezet (geconverteerd) in lichamelijke verschijnselen.[2] Om afstand te nemen van deze theorie-beladen benaming, wordt de stoornis ook functioneel neurologische symptoomstoornis genoemd.

2.2   Ziekteangststoornis

Een persoon die lijdt aan ziekteangststoornis, is gepreoccupeerd met het idee een ernstige ziekte te hebben en is hier voortdurend erg angstig over. Hij is er voortdurend over aan het piekeren. Vaak speelt de angst kanker te hebben. Dat bij lichamelijke onderzoek geen afwijkingen worden gevonden, leidt niet tot een blijvende geruststelling. Hooguit voelt de persoon zich even opgelucht maar al snel komt de twijfel en de angst voor een ziekte weer terug. Men spreekt niet van een waanstoornis omdat iemand met een ziekteangststoornis de mogelijkheid openhoudt dat hij niet aan een ziekte lijdt. Ondanks dit besef blijft de angst voor een ziekte echter bestaan.

Eerder werd de stoornis waarbij op basis van een verkeerde interpretatie van lichamelijke klachten, een betrokkene gepreoccupeerd is met de vrees een ernstige ziekte te hebben hypochondrie genoemd. Binnen de DSM-5 vallen de meeste mensen met dit beeld onder de diagnose somatisch-symptoomstoornis. Wanneer deze preoccupatie bestaat zonder dat er lichamelijke klachten zijn, wordt dit nu aangeduid als ziekteangststoornis.

2.3   Behandeling

Vroeger stonden bij de behandeling van de somatisch-symptoomstoornissen de veronderstelde psychische oorzakelijke factoren centraal. Deze benadering leidt in de praktijk tot weinig succes doordat iemand met een dergelijke stoornis de oorzaak van zijn klachten juist wel als lichamelijk beschouwt en men zich afgescheept voelt bij verwijzing voor een psychologische behandeling. Een dergelijke benadering leidt vaak alleen maar tot conflicten en het gaan zoeken van een andere arts. Tegenwoordig wordt bij de behandeling als vertrekpunt genomen hoe het beste kan worden omgegaan met de lichamelijke klachten en de gevolgen hiervan. Daarbij wordt besproken dat lichamelijke klachten leiden tot bepaalde gedachten en gevoelens die vervolgens op hun beurt weer de klachten in stand kunnen houden. Bijvoorbeeld: de ongerustheid bij de ziekteangststoornis leidt tot een versnelde hartslag en zweten waarbij deze sensaties weer worden opgevat als een bevestiging dat er sprake is van een ziekte. Verder wordt uitgelegd dat bij vrijwel alle lichamelijke klachten psychische factoren, en in het bijzonder stress, de klachten doen toenemen. Soms kunnen ook verbeteringen worden bereikt met medicatie, in het bijzonder de nieuwe generatie antidepressiva.

3   Nagebootste stoornis

Bij de nagebootste stoornis wordt een ziekte voorgewend door klachten te vermelden die men niet heeft. Ook kunnen diagnostische tests worden vervalst, bijvoorbeeld door bij het onderzoek van de urine een druppel van het eigen bloed toe te voegen. Daarnaast kunnen ziekteverschijnselen worden opgewekt zoals door zich met een besmette substantie te injecteren of door misbruik van medicatie (bijvoorbeeld door injectie van insuline waardoor men het bewustzijn verliest). Ook kan men zichzelf wonden toebrengen.
Er kan een patroon bestaan waarbij men voortdurend ziekten voorwendt om in een ziekenhuis te worden opgenomen. In een dergelijke situatie worden artsen er soms toe gebracht op grond van de aangegeven klachten over te gaan tot een operatie. Vaak vertelt de patiënt ook allerlei gefantaseerde verhalen over diens levensloop en maatschappelijke positie. Men noemt dit pseudologia fantastica (zie kader 7.1). Wanneer uiteindelijk wordt vastgesteld dat de betrokkene niet aan de voorgewende ziekte lijdt en wordt ontslagen, meldt deze zich, soms onder een andere naam, weer bij een volgend ziekenhuis. Men gebruikt in dit verband wel de term syndroom van Münchhausen vanwege het hoge fantasiegehalte in de verhalen van deze negentiende-eeuwse romanfiguur.

Kader 7.1   Pseudologia fantastica

Er bestaat geen overeenstemming over wat onder pseudologia fantastica dient te worden verstaan. Dit gedragspatroon wordt niet vermeld in het classificatiehandboek DSM. Men gebruikt ook wel de term pathologisch liegen als synoniem voor pseudologia fantastica.

Iedereen kent het begrip liegen in de betekenis van het met opzet spreken van onwaarheden. Liegen beperkt zich meestal tot een bepaalde situatie waarbij men bang is, of zich zou schamen wanneer de waarheid naar voren zou komen. Ook kan men liegen om zich beter voor te doen of materieel voordeel te verkrijgen.

Bij pseudologia fantastica bestaat er een patroon van het herhaaldelijk, vaak over de jaren heen, vertellen van onwaarheden waarbij een gefantaseerd levensverhaal wordt gecreëerd. De verhalen zijn niet geheel onaannemelijk en kunnen elementen bevatten die waar zijn. Voor de betrokkene lopen fantasie en werkelijkheid vaak in elkaar over en de betrokkene gaat zelf in zijn eigen verhalen geloven. De gefantaseerde verhalen stellen meestal de betrokkene in een gunstig licht. In tegenstelling tot iemand met een psychose kan de pathologische leugenaar wanneer deze geconfronteerd wordt met de vertelde onwaarheden, de onjuistheden wel erkennen. In de regel is er bij pseudologia fantastica niet een motief om materieel voordeel te behalen. Het liegen komt voort uit een innerlijke drang. Pseudologia fantastica kan op zichzelf staand voorkomen zonder dat andere psychiatrische symptomatologie aanwezig is.[9] Indien er wel een psychiatrische stoornis bij aanwezig is, gaat het vaak om een persoonlijkheidsstoornis.

Ook psychiatrische symptomen kunnen worden voorgewend. Aangezien het hierbij gaat om enkel subjectieve klachten die niet kunnen worden aangetoond met objectief onderzoek, is het moeilijk dit vast te stellen. Een atypische klachtenpresentatie of beloop kan de diagnosticus op het spoor zetten van een nagebootste stoornis.

Het komt voor dat ziekteverschijnselen worden voorgewend of veroorzaakt bij een persoon die afhankelijk is van de zorg van de betrokkene, zoals een ouder of een kind van de betrokkene. Dit wordt ook wel genoemd een nagebootste stoornis opgedrongen aan iemand anders, of Münchhausen by proxy. Vaak betreft het moeders die op deze manier ervoor zorgen dat hun jonge kinderen onder medische behandeling komen. Dit kan heel ver gaan waarbij uiteindelijk een kind bijvoorbeeld een buikoperatie krijgt vanwege voorgewende ernstige buikklachten. Ook zonder operatie kunnen de gevolgen voor een kind verstrekkend zijn, zoals het moeten ondergaan van allerlei belastende diagnostische onderzoeken of het toegediend krijgen van onnodige medicatie.

3.1   Ontstaan

Er is geen eenduidig beeld over het ontstaan van de nagebootste stoornis. Er zijn wel aanwijzingen dat er vaak sprake is geweest van affectieve verwaarlozing, of van gescheiden worden van, of het verliezen van een ouder op jonge leeftijd. Ook kan het hebben ondergaan van een medische behandeling op jonge leeftijd een rol spelen. Bij de nagebootste stoornis opgedrongen aan iemand anders zijn er aanwijzingen dat moeders die bij kinderen een ziekte voorwenden, eerder zelf hebben geleden aan een nagebootste stoornis.

De motivatie voor het gedrag blijft vaak onduidelijk. Betrokkenen die naar de reden van het voorwenden van ziekteverschijnselen wordt gevraagd, weten zelf niet goed wat hen hiertoe beweegt. Men neemt aan dat het verkrijgen van aandacht en zorg door middel van het contact met artsen en verpleegkundigen een rol speelt. Ook wordt wel genoemd dat vooral bij individuen die hoge eisen aan zichzelf stellen en perfectionistisch zijn, vanuit een angst om tekort te schieten, het aannemen van de identiteit van patiënt een manier is om aan de zichzelf opgelegde eisen te ontkomen.

3.2   Behandeling

Er bestaat discussie of degene waarbij is aangetoond dat er sprake is van een nagebootste stoornis, hiermee geconfronteerd dient te worden. Door confrontatie zou het psychische evenwicht bij de betrokkene verstoord worden met als gevolg bijvoorbeeld de kans op een suïcidepoging. Een ander aspect is dat de meeste betrokkenen, ook wanneer zij geconfronteerd worden met duidelijke bewijzen voor het voorwenden van een ziekte, dit toch blijven ontkennen. In deze gevallen verbreken zij het contact met de behandelend arts en ontbreekt daardoor de mogelijkheid om te trachten het zoeken naar behandeling te begrenzen, en hen te motiveren voor een psychiatrische behandeling. Wanneer er gekozen wordt om de betrokkene met zijn gedrag te confronteren, is het belangrijk dat dit uiterst respectvol gebeurt. Hierbij kan worden duidelijk gemaakt dat de betrokkene wel degelijk aan een ziekte lijdt namelijk een nagebootste stoornis en dat dit een ernstige stoornis betreft met veel risico's voor de gezondheid.

4   Morfodysfore stoornis

De Engelse benaming van de morfodysfore stoornis die vaak ook in Nederland wordt gebruikt, is *body dysmorphic disorder* (BDD). Men spreekt ook van een stoornis in de lichaamsbeleving. Deze stoornis wordt tegenwoordig beschouwd als een vorm van een dwangstoornis maar wordt nu in dit hoofdstuk besproken. Bij deze stoornis bestaat er een sterke preoccupatie met een vermeende onvolkomenheid van het uiterlijk. Indien er een geringe lichamelijke afwijking is dan is de ongerustheid die hiermee gepaard gaat sterk overdreven. De stoornis komt even vaak bij mannen als bij vrouwen voor. Iemand met een morfodysfore stoornis vindt zichzelf mismaakt terwijl de omgeving (vrijwel) niets aan het uiterlijk ziet. Vaak gaat het om vermeende afwijkingen van de huid, bijvoorbeeld een veronderstelde littekenvorming. De preoccupatie kan onder meer gaan om de vorm van de neus, de grootte van de borsten, de genitaliën of de lichaamslengte. Er bestaat altijd vermijdingsgedrag in de vorm van het bedekken van het verondersteld afwijkende lichaamsdeel met kleding of make-up, of het uit de weg gaan van sociale contacten. Vaak wendt men zich tot de plastisch chirurg om de vermeende onvolkomenheden te laten corrigeren. De wanhoop over het zich mismaakt voelen leidt vaak tot een depressie en het kan daarbij ook tot suïcidepogingen komen.

5   Simulatie

Simulatie is geen psychiatrische stoornis. Simulatie is niet alleen het voorwenden van ziekteverschijnselen, maar ook het bewust overdrijven van lichamelijke of psychische symptomen en klachten van een aanwezige stoornis. Dit laatste wordt partiële simulatie genoemd of ook wel aggravatie. Bij simulatie worden er vaak door het overdrijven meer symptomen van een stoornis aangegeven dan wanneer iemand daadwerkelijk lijdt aan die stoornis. Ook kunnen er door het overdrijven absurde symptomen worden vermeld, bijvoorbeeld: 'Wanneer ik mijn rechtervoet beweeg, wordt ik direct somber.' Andere aanwijzingen voor simulatie zijn het rapporteren van zeldzame symptomen of van opvallende combinaties van symptomen. Ook kan de betrokkene een atypisch beloop van de klachten rapporteren.

In de wetenschappelijke literatuur wordt gesteld dat simulatie vaak niet wordt onderkend door artsen. Een factor die daaraan bijdraagt is dat artsen er in de regel van uitgaan dat degene die zich meldt met ziekteverschijnselen deze op een getrouwe wijze weergeeft. Een andere factor is dat artsen vaak denken dat zij met hun ervaring ('klinische blik') een simulant kunnen herkennen. Het blijkt echter dat zonder nader onderzoek simulatie niet goed kan worden vastgesteld. Zo is het essentieel dat de door de betrokkene gerapporteerde gegevens worden vergeleken met verkregen informatie uit de heteroanamnese en van vroegere behandelaars. Daarnaast bestaan er psychologische tests die gebruikt kunnen worden bij het onderkennen van simulatie. Deze tests gaan vaak van de volgende principes uit.[3]

- De betrokkene moet op een lijst, waarbij wordt gezegd dat hierop de symptomen staan van de (voorgewende) ziekte waaraan de betrokkene lijdt, aangeven welke symptomen op hem van toepassing zijn. In deze lijst staan naast reguliere symptomen ook een aantal absurde omschrijvingen. Vanuit de neiging te overdrijven om de geclaimde stoornis aan te tonen, worden de absurde verschijnselen door de simulant als aanwezig aangegeven.
- Wanneer een betrokkene geheugen- of concentratieproblemen voorwendt, kunnen er neuropsychologische tests aan hem worden voorgelegd. Vragen die zelfs door personen met een zeer ernstige neurocognitieve stoornis nog goed worden beantwoord, worden bij simulatie juist verkeerd beantwoord. Een simulant mist de kennis van de relatie tussen de ernst van een stoornis en het vermogen om te presteren op tests.
- Bij een geclaimd geheugenverlies worden over gebeurtenissen uit deze periode een aantal uitspraken gedaan met per uitspraak de vraag of deze wel of niet juist is. Indien er werkelijk een amnesie is zal de persoon moeten gokken en zal het aantal goede en foute antwoorden ongeveer gelijk zijn aan het kansniveau. Een simulant zal geneigd zijn vooral foute antwoorden te geven om aan te tonen dat hij zich niets meer herinnert. Indien onder het kansniveau wordt gescoord, geeft dit een aanwijzing voor het simuleren van amnesie.

6   Forensische aspecten

Bij een nagebootste stoornis opgedrongen aan iemand anders waarbij een moeder een ziekte voorwendt bij haar kind, is er sprake van kindermishandeling. De arts zal de moeder uiteraard met dit gedrag moeten confronteren teneinde het te kunnen stoppen. De vraag zal opkomen of het vertrouwd is dat de moeder voor het kind blijft zorgen. In het kader van de beantwoording van deze vraag zal er meestal een psychologisch en psychiatrisch onderzoek worden verricht. Het is zoals bij elk forensisch gedragsdeskundig onderzoek van belang niet alleen op het verhaal van de betrokkene af te gaan.

Deze professionele handelwijze wordt nog eens extra ondersteund doordat uit onderzoek naar voren komt dat bij een deel van deze vrouwen reeds vanaf de adolescentie sprake is van een patroon van pathologisch liegen.[4] Het is dan ook belangrijk om bij het forensische onderzoek heteroanamnestische informatie (informatie van naasten van de betrokkene) in te winnen en schriftelijke informatie uit meerdere bronnen op te vragen.

Bij een morfodysfore stoornis wordt vrijwel altijd medische behandeling gezocht om het vermeende defect te corrigeren. Vaak gaat het hierbij om dermatologische of plastisch chirurgische behandeling. Na een medische behandeling zal de preoccupatie met het uiterlijk onverminderd aanwezig zijn. Het komt voor dat de behandelend arts vervolgens wordt aangeklaagd voor een onjuiste behandeling. De wanhoop en teleurstelling over het bereikte resultaat en de hierbij opkomende woede kan in zeldzame gevallen zelfs leiden tot het aanvallen van de behandelende arts. Voor een arts is het belangrijk om te onderkennen wanneer er sprake is van een morfodysfore stoornis en bij een behandeling hiermee rekening te houden. Dit geldt in het bijzonder voor plastisch chirurgen waarbij het meegaan in het verzoek van een betrokkene tot onherstelbare ingrepen kan leiden.

Simulatie kan men onder andere tegenkomen bij letselschadezaken. Het kan dan onder meer gaan om het claimen van geheugen- en concentratiestoornissen na een verkeersongeluk waarbij sprake zou zijn geweest van hersenletsel of een *whiplash*. Soortgelijke stoornissen kunnen ook na het werken met toxische stoffen worden gesimuleerd. Bij letselschadezaken kan het zeer wel gaan om partiële simulatie. Hierbij is er wel degelijk sprake van letsel, maar de ernst van de daarbij optredende klachten wordt groter voorgesteld dan deze werkelijk is. In de Verenigde Staten zou bij 20%-30% van de letselschadezaken sprake zijn van simulatie.[5] In dit land zijn er ook letselschadeadvocaten die hun cliënten voorafgaand aan een neuropsychologisch onderzoek instructies geven.[6] In Nederland werd bij 60% van de gevallen waarbij whiplashklachten werden geclaimd, aanwijzingen gevonden voor het voorwenden of overdrijven van cognitieve stoornissen.[7] Bij letselschadezaken kunnen ook opzettelijk onjuiste verbanden worden gelegd tussen actuele klachten en de oorzaak die daaraan ten grondslag zou liggen. Een betrokkene vermeldt dan bijvoorbeeld dat hij gedeeltelijk doof is geworden na een klap. In werkelijkheid bestond de doofheid echter al eerder.

In het kader van een strafrechtelijke vervolging wordt soms door verdachten een amnesie op basis van excessief alcoholgebruik voor gebeurtenissen ten tijde van het ten laste gelegde geclaimd. Hierbij kan worden opgemerkt dat wanneer er zo veel alcohol is gebruikt dat er een amnesie optreedt, de betrokkene zeer waarschijnlijk niet meer in staat was tot doelgerichte handelingen.

Wanneer aan een betrokkene een forensisch psychiatrische behandeling is opgelegd, kan deze zijn symptomen minimaliseren om eerder uit behandeling te worden ontslagen. Wanneer de betrokkene aangeeft geen enkele klacht meer te hebben kan dit een aanwijzing zijn voor dissimulatie. Psychiatrische symptomen bevinden zich qua intensiteit meestal op een continuüm waarbij lichte klachten, zoals een gedeprimeerde stemming, ook in de algemene populatie frequent voorkomen. Een betrokkene die stelt nooit een daling van zijn stemming te hebben, stelt daarmee dat hij gezonder is dan de mensen zonder psychiatrische voorgeschiedenis. Men duidt dit overdreven een beroep doen op gezondheid aan met 'supernormaliteit'.[8]

7   Aandachtspunten

- Bij een depressie of angststoornis komen geregeld lichamelijke klachten voor en deze stoornissen dienen te worden uitgesloten indien de diagnose somatische-klachtenstoornis wordt overwogen.
- Wanneer er financiële of strafrechtelijke belangen in het spel zijn, dient men bij een betrokkene die ziekteverschijnselen vermeldt altijd de mogelijkheid van simulatie in de differentiële diagnose op te nemen.

Noten

1   Feltz-Cornelis, C.M. van der, Swinkels, J.A., Blankenstein, A.H., Hoedeman, R., & Keuter, E.J.W. (2011). De Nederlandse multidisciplinaire richtlijn 'Somatisch onvoldoende verklaarde lichamelijke klachten en somatoforme stoornissen'. *Nederlands Tijdschrift voor Geneeskunde, 155*, A1244.

2   Vermeulen, M., & Linden, E.A.M. van. (2013). Conversiestoornis. *Nederlands Tijdschrift voor Geneeskunde, 157*, A5406.

3   Merckelbach, H., & Jelicic, M. (2010). Maar niet heus: Simulanten. In: A. Jansen, M. van den Hout, & H. Merckelbach (Red.), *Gek, Experimentele psychopathologie: Over angst, verslaving, depressie en andere ellende* (pp. 229-248). Houten: Bohn Stafleu van Loghum.

4   Bass, C., & Jones, D. (2011). Psychopathology of perpetrators of fabricated or induced illness in children: Case series. *British Journal of Psychiatry, 199*, 113-118.

5   Mittenberg, W., Patton, C., Canyock, E.M., & Condit, D.C. (2002). Base rates of malingering and symptom exaggeration. *Journal of Clinical and Experimental Neuropsychology, 24*, 1094-1102.

6   Jelicic, M., & Merckelbach, H. (2010). Neuropsychologische expertises. In: P.J. van Koppen, H. Merckelbach, M. Jelicic, & J.W. de Keijser (2010), *Reizen met mijn rechter: Psychologie van het Recht* (pp. 423-438). Deventer: Kluwer.

7   Schmand, B., Lindeboom, J., Schagen, S., Heijt, R., Koene, T., & Hamburger, H.L. (1998). Cognitive complaints in patients after whiplash injury: The impact of malingering. *Journal of Neurology, Neurosurgery and Psychiatry, 64*, 339-343.

8   Jelicic, M., Merckelbach, H. & Cima, M. (2003). Over het simuleren van cognitieve stoornissen. *Tijdschrift voor Psychiatrie, 45*, 687-696.

9   Janssens, S., Morrens, M., Sabbe, B.G.C. (2008). Pseudologia fantastica: definiëring en situering ten aanzien van as-I en as-II stoornissen. *Tijdschrift voor Psychiatrie, 10*, 679-683.

8 Anorexia nervosa

1 Inleiding

Veel mensen zijn regelmatig bezig met diëten. Naast gezondheidsaspecten speelt hierbij vaak ook een rol dat aan het uiterlijk veel waarde wordt gehecht. Er wordt pas van een eetstoornis gesproken wanneer er voortdurend een verstoring is van het eetgedrag, de betrokkene steeds in gedachten bezig is met voedsel, en hierdoor de lichamelijke gezondheid wordt bedreigd of het psychosociale functioneren wordt beperkt. Eetstoornissen komen vooral voor bij meisjes en jonge vrouwen. Sommige beroepen waarbij het uiterlijk een belangrijke rol speelt, zoals fotomodel of balletdanseres, vormen een extra risico op het ontwikkelen van een eetstoornis.

Bij anorexia nervosa is er sprake van een ernstig ondergewicht, een intense angst om aan te komen en een verstoorde lichaamsbeleving. De term anorexia nervosa betekent gebrek aan eetlust door een 'psychische' oorzaak. Deze term is onjuist omdat het niet gaat om een gebrek aan eetlust maar om de angst om aan te komen waardoor de eetlust juist onder controle moet worden gehouden. De stoornis treft vooral vrouwen maar komt ook bij mannen voor. De stoornis werd reeds in de negentiende eeuw beschreven.

Bij boulimia nervosa (boulimie betekent eetbui) staan herhaalde perioden met eetbuien centraal waarbij een toename van het lichaamsgewicht wordt getracht te voorkomen door compensatoir gedrag zoals het uitbraken van eten, het gebruik van laxantia, vochtuitdrijvende middelen (diuretica) of het bij zichzelf toedienen van klysma's. Een stijging van het gewicht kan ook worden tegengegaan door te vasten of door overmatige lichamelijke activiteit. Door dit compensatoire gedrag blijft het gewicht meestal binnen de normale grenzen. Doordat het gewicht normaal blijft en de betrokkene de eetbuien en het braken verbergt, wordt de stoornis vaak niet door de buitenwacht onderkend. Een eetbui is het binnen een korte tijd een grote hoeveelheid voedsel gebruiken waarbij dit gepaard gaat met controleverlies over het eigen gedrag. Dit kan de vorm hebben dat de betrokkene niet kan stoppen met eten of niet kan bepalen wat zij eet. De betrokkene hecht overmatig veel waarde aan haar uiterlijk of gewicht en het zelfbeeld wordt voor een belangrijk deel hierdoor bepaald. Soms kan een betrokkene eerst lijden aan anorexia nervosa waarbij later hiervoor boulimia nervosa in de plaats komt.

Bij de eetbuistoornis (*binge-eating disorder*) zijn er eetbuien maar blijft het compensatoire gedrag achterwege. Hierdoor is er een grote kans op overgewicht of obesitas.

Bij wat een normaal gewicht is speelt de body mass index (BMI) een belangrijke rol. Deze index wordt berekend door het gewicht (kg) te delen door het kwadraat van de lengte (m). Een index tussen 18,5-25 kg/m^2 wordt als normaal beschouwd. Boven de 25 tot aan 30 spreekt men van overgewicht en boven de 30 van obesitas. Overigens wordt obesitas niet als een psychiatrische stoornis beschouwd. Voor kinderen en adolescenten kan de BMI niet zonder meer worden toegepast. De reden hiervoor is dat de hoeveelheid vet verandert met de leeftijd en dat deze verschilt tussen jongens en meisjes. Voor het beoordelen of er sprake is van een onder- of overgewicht wordt dan ook met deze factoren rekening gehouden.

2   Kenmerken

De betrokkene handhaaft een lichaamsgewicht onder een voor de leeftijd en lengte minimaal gewicht. Er is veel discussie geweest over wat onder een normaal gewicht dient te worden verstaan. Voor volwassenen wordt een grenswaarde van een BMI van 17 kg/m^2 aangehouden. Bij een BMI van tussen de 17 en 18,5 kg/m^2 kan ook sprake zijn van een ondergewicht indien er tevens sprake is van aanwijzingen hiervoor in de voorgeschiedenis of dat er aan ondergewicht gerelateerde lichamelijke afwijkingen zijn. Bij een BMI van lager dan 15 kg/m^2 wordt gesproken van extreem ondergewicht.

Het ondergewicht wordt bereikt door te vasten of te diëten, soms met gebruik van dieetpillen. De betrokkene is voortdurend in gedachten bezig met voedsel en de daaraan verbonden calorieën. Een andere manier om gewicht te verliezen is door voortdurend actief te zijn. Zo kan deze hyperactiviteit leiden tot urenlange fietstochten of het constant in de weer zijn.

Er bestaat verder een intense angst om in gewicht aan te komen of om 'vet' te worden. In dit verband wordt wel van een 'vetfobie' gesproken. Deze preoccupatie leidt ertoe dat de betrokkene frequent in de spiegel kijkt of de omvang van lichaamsdelen opmeet. Vanuit de vrees van de betrokkene dat ze te zwaar is, wil zij niet dat anderen haar zien en worden er frequent verhullende kledingstukken gedragen, zoals wijd vallende truien. Sociale situaties worden dikwijls uit de weg gegaan waardoor sociale isolatie optreedt. Vaak zijn er specifieke situaties die de angst voor gewichtstoename doen toenemen, zoals het bezoeken van een zwembad of eten met anderen.

De waarneming van het eigen lichaam is verwrongen. Het ondergewicht kan volledig worden geloochend. Sommige betrokkenen ervaren zichzelf als iemand met overgewicht. Anderen beseffen dat ze 'mager' zijn maar zijn ermee gepreoccupeerd dat bepaalde lichaamsdelen te dik zouden zijn. Ook wanneer een betrokkene erkent een ondergewicht te hebben, dan worden de hieraan verbonden gezondheidsrisico's meestal ontkend. De zelfwaardering van de betrokkene wordt sterk bepaald door het actuele lichaamsgewicht en hoe lichaamsdelen worden waargenomen. In gewicht aankomen wordt gelijkgesteld aan gefaald te hebben.

Er worden twee typen anorexia nervosa onderscheiden. Bij het restrictieve (beperkende) type wordt het gewichtsverlies bereikt door het diëten, vasten of door overmatige lichamelijke activiteit. Wanneer er tevens geregeld sprake is van perioden met vreetbuien, zelfopgewekt braken of het gebruik van laxantia, spreekt men van het purgerende type.

Het ondergewicht kan leiden tot allerlei gevolgen op lichamelijk gebied. Er kan een lage bloeddruk, trage polsslag en lage lichaamstemperatuur optreden. Vaak blijft de menstruatie uit. De normale beharing, vooral op armen en gezicht, kan plaatsmaken voor een donsachtige beharing. Het hoofdhaar kan uitvallen. Er kunnen bloedarmoede en een te lage bloedsuikerspiegel ontstaan. Daarnaast is er vaak sprake van obstipatie. Deze gevolgen verdwijnen weer wanneer het gewicht zich normaliseert. Dit is soms niet het geval wanneer zich botontkalking heeft voorgedaan. Dit maakt de betrokkene kwetsbaar voor botbreuken. Ook kan de lengtegroei achterblijven. Bij ernstig ondergewicht wordt de betrokkene ook meer vatbaar voor infecties. Wanneer er sprake is van frequent braken (bij het purgerende type of bij boulimia nervosa), komt de zure maaginhoud in contact met de slokdarm en mondholte. Dit kan resulteren in een ontsteking van de slokdarm en het verdwijnen van het glazuur van de tanden. Ook kan de maag ontstoken raken; soms ontstaat hierdoor een maagbloeding. De combinatie van eetbuien en weer braken kan leiden tot een ontsteking van de speekselklieren. Dit is vaak te zien aan zwellingen vlak naast de oren. Frequent braken en het gebruik van laxantia kunnen een kaliumtekort in het bloed geven. Dit vormt een ernstig gevaar aangezien het kan leiden tot een hartstilstand.

Vaak vertonen betrokkenen depressieve symptomen zoals somberheid en slapeloosheid. Ook kan er sprake zijn van prikkelbaarheid en zich terugtrekken uit sociale contacten. Deze depressieve symptomen kunnen zeer goed een gevolg zijn van de lichamelijke gevolgen van het ondergewicht. Betrokkenen zijn vaak gepreoccupeerd met gedachten over voedsel. De obsessieve gedachten kunnen toenemen wanneer het gewicht verder afneemt. Veel betrokkenen zijn erg geremd in het uiten van hun gevoelens en zijn afwerend in het contact. Zij houden dikwijls rigide vast aan hun opvattingen en staan nauwelijks open voor suggesties van anderen. De betrokkenen willen graag hun omgeving onder controle houden, bijvoorbeeld zodat het hele gezin zich moet voegen in wat de betrokkene wil. Depressieve en angststoornissen komen geregeld naast anorexia nervosa voor. Bij betrokkenen met eetbuien kan impulsief gedrag optreden en bestaat er een toegenomen risico op misbruik van alcohol en drugs.

Het beloop van anorexia nervosa is uiteenlopend. Sommige betrokkenen herstellen volledig na het doormaken van een episode, bij anderen is er sprake van een wisselend beloop over een aantal jaren. Een chronisch beloop komt bij ongeveer 20% van de betrokkenen voor.[1] Anorexia nervosa geeft een verhoogd risico op suïcide (zie hoofdstuk 12, paragraaf 2). Sterfte kan ook worden veroorzaakt door de lichamelijke complicaties van het ondergewicht. Dit maakt anorexia tot een zeer ernstige psychiatrische ziekte: ongeveer 15% van de betrokkenen overlijdt aan deze stoornis waarvan ongeveer een derde door suïcide.[2]

3   Ontstaan

Het ontstaan van anorexia nervosa is multifactorieel (door meerdere factoren) bepaald. Een genetische component speelt een rol. Minderwaardigheidsgevoelens versterken de kwetsbaarheid voor het ontwikkelen van de stoornis. Deze gevoelens kunnen ertoe bijdragen dat de zelfwaardering getracht wordt te verhogen door er 'perfect' uit te zien. Aan het vasten kan de betrokkene het bevredigende gevoel ontlenen controle over zichzelf te hebben en 'dus niet zwak te zijn'. Belastende factoren kunnen de stoornis uitlokken zoals spanningen in het gezin, moeite hebben met de ontwikkeling van meisje naar volwassen vrouw, of het uit huis gaan.

Wanneer eenmaal de stoornis is ontstaan, maken lichamelijke factoren, zoals snel een verzadigd gevoel krijgen (door een langzame maagontlediging) en het verdwijnen van het hongergevoel (door een beïnvloeding van het regelcentrum in de hersenen), dat de stoornis in stand blijft.

4   Behandeling

Doordat de lichamelijke gevolgen van anorexia nervosa de stoornis in stand houden, richt de behandeling zich, met een gedragstherapeutische benadering, allereerst op het herstellen van normaal eetgedrag en het bereiken van een adequaat gewicht. Er dient een geleidelijke gewichtstoename te worden nagestreefd. Wanneer het gewicht te snel stijgt, is er het risico op het *refeeding*-syndroom. Dit syndroom kan vooral optreden bij sondevoeding, maar ook bij normale voeding. Het syndroom bestaat uit een te grote belasting voor het hart en er kan zich een complex aan stofwisselingsproblemen voordoen. Dit syndroom kan zeer ernstige lichamelijke complicaties geven zoals hartritmestoornissen, hartfalen en een delirium. Het kan leiden tot de dood.

Een behandeling wordt bij voorkeur ambulant uitgevoerd. Wanneer er door de lichamelijke verschijnselen levensgevaar ontstaat, is opname in een algemeen ziekenhuis aangewezen. Mogelijk aanwezige depressieve symptomen verbeteren doorgaans met het normaliseren van het gewicht. Een antidepressivum wordt in de regel pas gegeven wanneer er sprake is van een depressieve stoornis bij adequaat gewicht. Ook wordt soms een antipsychoticum gegeven wanneer door de verwrongen lichaamswaarneming of door hyperactiviteit de behandeling vastloopt.

Het negatieve zelfbeeld wordt getracht te beïnvloeden met behulp van cognitieve therapie. Andere thema's hierbij kunnen zijn belemmerende opvattingen over het uiterlijk, het gewicht en eetgedrag. Vooral bij kinderen en adolescenten wordt naast individuele behandeling ook het gezin betrokken bij de behandeling. De ouders kunnen worden voorgelicht over de risico's van de stoornis en hoe zij hun kind kunnen bijstaan in de behandeling. Doordat het kind zijn ondergewicht in de regel ontkent, zijn het vaak de ouders die als eersten hulp zoeken voor hun kind.

5   Forensische aspecten

De ontkenning van de ernst van de lichamelijke situatie en de rigiditeit in het denken, waarbij alternatieven oplossingen niet in overweging worden genomen, kunnen zo sterk zijn dat er bij een betrokkene sprake is van wilsonbekwaamheid ter zake (zie hoofdstuk 12, paragraaf 5). Indien dit bij direct levensgevaar het geval is, kan om ernstig nadeel te voorkomen, en bij vervangende toestemming van de wettelijk vertegenwoordiger(s), in het kader van de WGBO (Wet op de Geneeskundige Behandelingsovereenkomst) een gedwongen somatische behandeling plaatsvinden. Redenen voor direct gevaar zijn onder meer zeer ernstige ondervoeding waardoor spierzwakte optreedt, een groot kaliumtekort in het bloed, en een veel te lage bloedsuikerspiegel.[3]

Een gedwongen behandeling van de psychiatrische en lichamelijke symptomatologie kan, rekening houdend met de juridische criteria hiervoor, aangewezen zijn, zoals bij een dreigende uitputting door hyperactiviteit of bij het doorbreken van de negatieve spiraal wanneer het ernstige ondergewicht de psychiatrische symptomatologie versterkt en dit weer leidt tot een verdere gewichtsafname. Gedwongen behandeling zal doorgaans onder andere bestaan uit sondevoeding.

Een gedwongen opname dient bij voorkeur plaats te vinden in een kliniek die gespecialiseerd is in eetstoornissen. Voor een adequate bejegening en behandeling van betrokkenen zijn professionals nodig die bekend zijn met de kwetsbaarheden van de betrokkenen en de vele manieren waarop betrokkenen proberen gewichtstoename te voorkomen.

Ambulante behandeling kan soms onder een voorwaardelijke machtiging plaatsvinden. Als voorwaarden kan bijvoorbeeld gesteld worden het handhaven van een minimumgewicht en het contact houden met hulpverleners. Bij betrokkenen met anorexia van het purgerende type en bij boulimia nervosa wordt beschreven dat zij op basis van impulsief gedrag kunnen overgaan tot stelen.[4] Dit kan leiden tot winkeldiefstal waarbij onder meer voedsel, laxantia of dieetpillen worden gestolen. Hierbij kan ook een rol spelen dat de betrokkene zich schaamt wanneer zij deze zaken bij de kassa af moet rekenen.

6   Aandachtspunten

- Om te bepalen of er sprake is van ondergewicht, kan bij kinderen en adolescenten niet alleen worden afgegaan op de BMI. Er dient ook rekening te worden gehouden met de sekse en de leeftijd.
- Anorexia is een ernstige psychiatrische stoornis waarbij ongeveer 15% van de betrokkenen overlijdt aan deze stoornis, waarvan ongeveer een derde door suïcide.
- Met het verder afnemen van het gewicht kunnen de obsessieve gedachten over voedsel toenemen.
- Wanneer bij ondervoeding het gewicht te snel stijgt, bestaat er het risico op het *refeeding*-syndroom. Dit syndroom kan leiden tot zeer ernstige lichamelijke complicaties.

Noten

1   Elburg, A. van, Danner, U., & Hoek, W. (2013). Anorexia nervosa. In: I. Franken, P. Muris, & D. Denys (Red.), *Basisboek psychopathologie* (pp. 609-624). Utrecht: De Tijdstroom.

2   Landelijke Stuurgroep Multidisciplinaire Richtlijnontwikkeling in de GGZ. (2008). *Multidisciplinaire richtlijn eetstoornissen*. Utrecht: Trimbos-instituut.

3   Landelijke Stuurgroep Multidisciplinaire Richtlijnontwikkeling in de GGZ. (2008). *Multidisciplinaire richtlijn eetstoornissen*. Utrecht: Trimbos-instituut.

4   Vandereycken,W., & Houdenhove, V. van. (1996). Stealing behavior in eating disorders: Characteristics and associated psychopathologie. *Comprehensive Psychiatry, 37*, 316-321.

9 Verslavingsstoornissen

1 Inleiding

Alcohol en drugs zijn stoffen die een verandering van het bewustzijn veroorzaken. Men spreekt in dit verband van psychoactieve middelen. In het algemene spraakgebruik hanteert men de term verslaving wanneer er een patroon is van herhaald gebruik van een psychoactieve stof die schadelijke gevolgen heeft voor de gebruiker. Deze schadelijke gevolgen kunnen het lichamelijke functioneren betreffen maar kunnen ook psychiatrische stoornissen zijn en op sociaal gebied liggen.

De betekenis van de term verslaving wordt steeds verder uitgebreid. Zo spreekt men nu ook van een seks- en koopverslaving. Deze gedragspatronen worden echter vooral als een drangstoornis gezien (zie hoofdstuk 11, paragraaf 1). De overeenstemming van deze gedragspatronen met het herhaalde gebruik van psychoactieve stoffen is dat beide beogen onlustgevoelens te bestrijden, dat ze een bevrediging van gevoelens geven en dat de betrokkene het gedrag moeilijk kan stoppen.

De drijfveer om een psychoactieve stof te nemen kan uiteenlopend zijn. In sommige culturen gebruikt men deze stoffen om in contact te kunnen komen met het bovenaardse. Anderen streven door het gebruik een dieper inzicht in zichzelf of de wereld na en spreken daarom van geestverruimende middelen. In de Tweede Wereldoorlog gaf men aan gevechtspiloten amfetamine mee om tijdens lange missies wakker te kunnen blijven. Psychoactieve middelen kunnen ook als een vorm van zelfmedicatie worden gebruikt, bijvoorbeeld om angst en spanningen bij een psychose te verminderen. Verder kunnen er bepaalde sociale situaties zijn waarin het gebruik van een psychoactieve stof gebruikelijk is. Een voorbeeld hiervan is de alcohol die geschonken wordt bij recepties. De functie hiervan kan onder meer zijn dat door het gebruik van alcohol er een ontspanning optreedt waardoor sociale contacten sneller tot stand komen.

Sommige psychoactieve stoffen zijn verboden. Dit verbod kan per land verschillen. Een verbod van een middel hangt niet zozeer samen met de mogelijke gezondheidsschade maar vooral met cultuur. Zo is roken de belangrijkste oorzaak van voortijdig overlijden en kan alcoholgebruik ernstige lichamelijke schade opleveren, maar deze middelen zijn in Nederland niet verboden.

De visie op verslaving is in de loop der tijd verschillende malen veranderd.[1] In de negentiende eeuw ziet men verslaving als een morele en wilszwakte. Men tracht door heropvoeding deze zwaktes te overkomen. Nog steeds klinkt dit model door in de gedachte dat als iemand maar genoeg wil, hij of zij de verslaving kan overwinnen, en als dit niet lukt wordt dit beschouwd als een persoonlijke zwakte. In de periode omstreeks 1900-1930 wordt de oorzaak vooral gezocht in de verslavende werking van het middel zelf. De remedie is dat voorkomen moet worden dat het middel gebruikt wordt. Dit leidt in de Verenigde Staten tot de 'drooglegging'.

In de periode omstreeks 1930-1950 wordt, onder invloed van de sterk in opkomst zijnde psychoanalyse, verslaving beschouwd als een symptoom van een onbewust intrapsychisch conflict. De behandeling richt zich daardoor niet zozeer op het verslavingsgedrag, want dit ziet men enkel als een symptoom van het intrapsychische conflict. De behandeling bestaat voornamelijk uit psychotherapie met veel aandacht voor de jeugd van de betrokkene. Dit model klinkt soms nog door bij behandelaars die veel belang hechten aan de persoonlijke ontstaansgeschiedenis van het verslaafd geraakt zijn.

In de periode omstreeks 1940-1960 wordt verslaving als een ziekte opgevat waarbij er fundamentele biologische en psychische verschillen bestaan tussen mensen die wel en die niet verslaafd raken. Hierdoor zijn sommige mensen kwetsbaar om bij het gebruik van middelen deze ziekte te ontwikkelen. De verschijnselen van de verslavingsziekte zijn het onvermogen het gebruik van het psychoactieve middel onder controle te houden en het lichamelijk afhankelijk worden van het middel. Vanaf omstreeks 1970 wordt ook het belang van sociale factoren onderkend. Hierbij speelt een rol dat men merkte dat soldaten die in Vietnam verslaafd waren, eenmaal thuisgekomen stopten met het gebruik. Men komt tot een model voor verslaving waarbij naast biologische en psychische factoren er ook nadrukkelijk aandacht is voor de context waarin het gebruik plaatsvindt.

Sinds de jaren 1990 wordt een groot belang gehecht aan neurobiologische aspecten. Verslaving wordt tegenwoordig beschouwd als een hersenziekte waarbij een aangeboren kwetsbaarheid centraal staat en gebruik leidt tot onomkeerbare veranderingen in het brein. In het zenuwstelsel zijn er bepaalde neuronale structuren die betrokken zijn bij het ervaren van beloning. Bij sommige mensen is er een genetisch bepaalde verminderde gevoeligheid voor het ervaren van plezier en bevrediging. Zij beleven weinig plezier aan gebeurtenissen die bij de meeste mensen duidelijk plezier geven, bijvoorbeeld na het leveren van een bepaalde prestatie. Pas bij een zeer sterke stimulatie van de neuronale beloningscentra, door bijvoorbeeld cocaïne, ervaren deze mensen een bevrediging. De relatieve ongevoeligheid voor het ervaren van bevrediging bij deze groep mensen zou ook verklaren dat zij vaak op zoek gaan naar nieuwe en sterke prikkels (*novelty seeking*) in hun leven. Door deze prikkels kunnen de beloningscentra worden gestimuleerd. Deze mensen houden niet van een gelijkmatig leven maar zoeken steeds uitdagingen waaraan risico's zijn verbonden.

Door het voortdurende gebruik treden er veranderingen in de hersenen op, onder andere in de geheugencentra, waardoor psychische afhankelijkheid van het middel ontstaat. Voor een deel zijn deze veranderingen afhankelijk van de context waarin het middel wordt gebruikt. Wanneer de betrokkene opnieuw in een dergelijke situatie komt, treedt een toename van het verlangen naar het middel op. Tevens ontstaan er bij herhaald gebruik van een middel afwijkingen in de delen van de hersenen (prefrontale cortex) die een belangrijke rol spelen bij het onderdrukken van impulsen wanneer die schadelijk zijn in een situatie. Door deze bij onderzoek gevonden afwijkingen wordt het vermogen tot zelfcontrole ondermijnd. Mogelijk komt de genetische kwetsbaarheid alleen naar voren wanneer er sprake is geweest van negatieve omstandigheden zoals trauma's, affectieve verwaarlozing of (seksuele) mishandeling. Bij veel verslaafden spelen deze negatieve omstandigheden in hun voorgeschiedenis een rol.

Veel gebruikers ontkennen of bagatelliseren hun gebruik. Hierbij speelt een belangrijke rol dat de betrokkene vaak – en niet altijd ten onrechte – bang is sociaal te worden uitgestoten wanneer diens problematische middelengebruik bekend wordt. Dit leidt er geregeld toe dat een betrokkene probeert de verslaving geheim te houden: zo kan bijvoorbeeld een alcoholist de flessen drank gaan verstoppen in de dakgoot. Hulpverleners zijn daarbij vaak niet alert op het onderkennen van verslavingsproblematiek. Zowel huisartsen als somatisch specialisten vragen wanneer er lichamelijke klachten worden vermeld niet altijd systematisch het gebruik van middelen uit. Aangenomen wordt dat het merendeel van de verslavingsproblematiek door hen wordt gemist. Door middel van urinetests is het gebruik van de meeste drugs vast te stellen. Alcoholgebruik kan men tevens in de uitademhalingslucht en in het bloed opsporen. Een positieve test geeft wel aan dat er gebruikt is, maar hiermee is niet een stoornis in het gebruik van het middel vast te stellen. Daarvoor is men aangewezen op de informatie van de betrokkene.

2   Stoornis in het gebruik van een middel

In de DSM-IV werden de begrippen misbruik en afhankelijkheid van een middel onderscheiden. Bij misbruik van een middel gaat het niet om de psychische of lichamelijke gevolgen van alcohol of drugs voor de gebruiker, maar om de vraag of het middelengebruik herhaaldelijk tot schadelijke gevolgen heeft geleid op sociaal en maatschappelijk gebied. Bij afhankelijkheid van een middel staan de gevolgen van het middelengebruik voor de persoon zelf centraal. In de DSM-5 is dit onderscheid vervallen en wordt alleen van een stoornis in het gebruik van een middel gesproken. Aangezien in Nederland het begrip verslaving hiervoor zeer gangbaar is, hebben we ervoor gekozen ook deze term te gebruiken. De psychiatrische stoornissen die een *gevolg* kunnen zijn van een stoornis in het gebruik van een middel, worden in de DSM-5 aangeduid als 'stoornissen door een middel'.

2.1   Kenmerken

Er is een patroon in het gebruik van een middel dat leidt tot een verstoring in het functioneren, waarbij er in een periode van een jaar minstens twee van de volgende symptomen aanwezig zijn.
- Het middel wordt vaak in grotere hoeveelheden gebruikt dan de persoon van plan was.
- Een voortdurende wens of onsuccesvolle pogingen om het gebruik te verminderen.
- Een groot deel van de tijd wordt besteed aan manieren om aan het middel te komen of van de effecten ervan te herstellen.
- Hunkering (*craving*) naar het middel.
- Het herhaalde gebruik heeft geleid tot tekortschieten in verantwoordelijkheden op het werk, op school of thuis.
- Het gebruik wordt voortgezet ondanks terugkerende problemen op sociaal of interpersoonlijk terrein die veroorzaakt zijn door de effecten van het middel.
- Belangrijke sociale of beroepsmatige bezigheden of vrijetijdsbesteding worden verminderd vanwege het gebruik van het middel.
- Herhaaldelijk gebruik van het middel in situaties waarin dit fysiek gevaarlijk is. Bijvoorbeeld autorijden of het bedienen van machines wanneer men onder invloed van het middel is.
- Het gebruik wordt voortgezet ondanks de wetenschap dat er een hardnekkig of terugkerend lichamelijk of psychologisch probleem is dat waarschijnlijk veroorzaakt wordt door het middel.

– Tolerantie voor het middel. Er is tolerantie ontwikkeld wanneer om een gewenste effect van een middel te krijgen er steeds meer van gebruikt moet worden, of dat bij een voortgezet gebruik met een zelfde dosis het effect afneemt. Iemand die rapporteert goed tegen veel drank te kunnen, heeft dus een tolerantie voor dit middel opgebouwd.
– Het onttrekkingssyndroom passend bij het middel, of het gebruik van het middel om onttrekkingsverschijnselen te voorkomen of te bestrijden. Onttrekkingsverschijnselen verschillen per gebruikt middel: elk middel heeft zijn eigen karakteristieke onttrekkingssyndroom.
Craving (hunkering) wordt wel psychische afhankelijkheid genoemd. Naast een psychische kan er ook een lichamelijke afhankelijkheid bestaan. Een lichamelijke afhankelijkheid kan zich uiten in een tolerantie voor een middel en in onttrekkingsverschijnselen wanneer het middel niet meer wordt gebruikt.
De ernst van een stoornis in het gebruik van een middel wordt bepaald door het aantal symptomen dat aanwezig is. Dit moeten er minstens twee zijn om van deze stoornis te kunnen spreken. Bij het aanwezig zijn van zes of meer symptomen is er een ernstige stoornis. De aanwezigheid van tolerantie is niet vereist om een stoornis in het gebruik van een middel te kunnen vaststellen, evenmin als onttrekkingsverschijnselen.

3   Dubbele-diagnoseproblematiek

In Nederland is de organisatie van de verslavingszorg gescheiden van de psychiatrie. Hierdoor is er lange tijd onvoldoende aandacht voor geweest dat veel (in een Amerikaans onderzoek vond men 40-60%)[2] verslaafden ook lijden aan een psychiatrische aandoening en dat er binnen de ggz bij veel patiënten tevens sprake is van verslavingsproblematiek. Men spreekt van dubbele-diagnoseproblematiek wanneer psychiatrische en verslavingsproblematiek samengaan. Vooral bij schizofrenie is dit het geval maar het kan ook voorkomen bij bijvoorbeeld een posttraumatische-stressstoornis en stemmingsstoornissen. De behandelresultaten voor verslaafden met psychiatrische problematiek zijn slechter dan wanneer er geen comorbide psychiatrische problematiek is. Binnen de verslavingszorg worden psychiatrische stoornissen vaak als te ernstig bevonden om daar te behandelen. Binnen de ggz is er vaak onvoldoende expertise om de verslavingsproblematiek te behandelen en wil de betrokkene zich niet naar de verslavingszorg laten verwijzen. Het resultaat is dat deze groep niet of onvoldoende behandeld werd. Om hier iets aan te doen, is men gestart met de Dubbele Diagnose Kliniek. In een dergelijke kliniek wordt de verslavings- en psychiatrische problematiek geïntegreerd behandeld.

4   Motiveren voor behandeling

Door de neiging het gebruik van middelen te ontkennen of te bagatelliseren, komen veel verslaafden vaak pas laat in behandeling. Frequent wordt pas nadat de partner of werkgever een ultimatum heeft gesteld, behandeling gezocht. Ook wanneer de betrokkene zich heeft aangemeld of net gestart is met de behandeling, trekt deze zich geregeld toch weer terug (drop-out). Het motiveren voor een behandeling is dan ook belangrijk. Bij het motiveren spelen veel aspecten een rol. De motivatie kan door de tijd heen variëren. Een betrokkene kan door gesprekken gemotiveerd raken voor een behandeling maar dit is geen statisch gegeven. Vaak kan de motivatie weer afnemen, vooral wanneer de betrokkene zich geconfronteerd ziet met de consequenties van het in behandeling gaan. Het is belangrijk om te onderkennen dat motivatie voor behandeling vaak wisselt en een dynamisch karakter heeft. Het verdwijnen van de motivatie betekent dan ook niet dat de hoop hoeft te worden opgegeven dat een betrokkene in de toekomst toch in behandeling wil gaan.

Motivatie voor een behandeling dient ook niet alleen als een individuele keuze van de betrokkene te worden beschouwd. Contextuele factoren zoals de visie van de familie (steunt deze de betrokkene?) of het behandelklimaat in een kliniek spelen ook een rol. Een betrokkene kan gemotiveerd zijn voor een behandeling maar als het aanbod niet aansluit bij de behoefte van de betrokkene, bijvoorbeeld een groepsbehandeling aanbieden aan iemand die niet in een groep kan functioneren, is het logisch dat de motivatie wegvalt. Motivatie voor een behandeling is dan ook zowel de verantwoordelijkheid van de betrokkene als van de hulpverleners.

Vanuit de gedachte dat een verslaafde geneigd is zijn gebruik te bagatelliseren, werd vroeger vooral een confronterende stijl gehanteerd bij het proberen de betrokkene te motiveren. Gewezen werd op de negatieve gevolgen van het gebruik, de risico's die hieraan verbonden zijn en de daaruit volgende noodzaak in behandeling te gaan. Deze benadering forceert een keuze bij de betrokkene. Deze kan zich door de confrontatie geïntimideerd voelen en zich terugtrekken, of wanneer er toch de beslissing wordt genomen tot behandeling, wordt deze keuze vaak als opgedrongen beleefd waardoor de kans op drop-out hoog is. Tegenwoordig hanteert men de methode van de motiverende gespreksvoering.[3] Deze gespreksvoering bestaat uit:

- het vermijden van directe confrontaties met het gedrag van de betrokkene;
- het tonen van begrip voor de beleving van de betrokkene;
- het laten groeien bij de betrokkene van het besef dat zijn actuele gedrag afwijkt van zijn waarden en doelen;
- het versterken van het zelfvertrouwen van de betrokkene dat hij de problemen zelf kan aanpakken.

Men past de principes van de motiverende gespreksvoering vaak ook toe bij betrokkenen met psychiatrische problematiek (zonder verslaving) om hen te motiveren voor een behandeling.

5   Behandelprincipes

Bij de behandeling van verslaafden onderscheidt men een acute crisissituatie waarbij sprake is van een ernstige (lichamelijke) ontregeling zoals bij een overdosis of een onttrekkingsdelier, en de behandeling van de verslaving zelf. Bij de behandeling van de verslaving zelf streefde men lange tijd naar totale abstinentie. In de praktijk blijkt dit vaak niet haalbaar en tegenwoordig ligt het accent meer op een vermindering van het gebruik. De psychologische interventies zijn in principe bij alle verslavingen hetzelfde. Bij de behandeling van alcohol- en opioïdenafhankelijkheid kunnen geneesmiddelen worden ingezet.

De behandeling vindt meestal ambulant plaats. Tegenwoordig zijn er ook behandelingen waarbij het contact met de behandelaar verloopt via internet. Dit komt tegemoet aan de behoefte om anoniem te kunnen blijven vanwege de angst voor sociale uitstoting. Voor een opname in een verslavingskliniek wordt gekozen wanneer er sprake is van een lichamelijke afhankelijkheid en de betrokkene onttrekkingsverschijnselen krijgt wanneer hij het gebruik stopt. Vaak begint een opname met een detoxificatie ('detox') gedurende enkele dagen. In deze periode wordt met behulp met medicatie en gesprekken de betrokkene door de fase van onttrekkingsverschijnselen geholpen. Een opname kan ook geïndiceerd zijn wanneer een verslaafde in zijn eigen omgeving niet in staat is om het gebruik onder controle te krijgen. Een voorbeeld is een verslaafde uit de drugsscene die grotendeels op straat leeft en voortdurend geconfronteerd wordt met mensen die drugs gebruiken en deze aan anderen proberen te verkopen.

Het uitgangspunt bij de behandeling van verslavingsproblematiek is een cognitief-gedragstherapeutische benadering. Dit begint met het bijhouden wanneer een middel wordt gebruikt. Aan de hand van deze registratie wordt in beeld gebracht in welke situaties het gebruik meestal plaatsvindt en welke gevoelens en gedachten de gebruiker in deze situaties heeft. Hierbij komen vragen aan bod zoals: wat de betrokkene denkt of hoe hij zich voelt vlak voor het gebruik. Ook worden de gevolgen van het gebruik in kaart gebracht waarbij men zowel de voordelen van het gebruik bespreekt (bijvoorbeeld: vermindering van angst in bepaalde situaties) als de negatieve gevolgen (zoals: het zich schuldig voelen over het gebruik, of verlies van partner en werk). Hierdoor kan de verslaafde zicht krijgen op de factoren die zijn middelengebruik in stand houden, bijvoorbeeld: het zich schuldig voelen over het verlies van het werk wordt bestreden door opnieuw te drinken. De betrokkene wordt geleerd risicosituaties voor het gaan gebruiken te vermijden.

Er worden ook vaardigheidstrainingen aangeboden waarin de betrokkene leert om te gaan met craving, bijvoorbeeld door ontspannende activiteiten te ondernemen. Ook wordt getracht de betrokkene te leren om op een adequate manier om te gaan met negatieve gevoelens zoals angst of stress in plaats van deze te bestrijden door middelengebruik. Daarnaast wordt geprobeerd het spanningsniveau te verminderen zoals door te leren hoe men kan omgaan met conflicten. Een andere vaardigheid die men vaak aanleert is het leren 'nee' te zeggen tegen anderen. In het bijzonder geldt dit voor de situatie dat aan een betrokkene alcohol of drugs wordt aangeboden. Veel verslaafden *pushen* andere gebruikers tot het nemen van het middel dat zij zelf gebruiken. Dit kan financiële redenen hebben maar het kan ook voortkomen uit het gepreoccupeerd zijn met het middelengebruik. Ook kan schuldgevoel over het zelf gebruiken van een middel een rol spelen waarbij getracht wordt dit gebruik te rationaliseren met de gedachte dat 'iedereen het gebruikt'. Ook kan het pushen van drugs voortkomen uit een behoefte om met anderen ervaringen te kunnen delen over de effecten van drugs.

Doordat verslaving binnen een relatie veel spanning kan geven, die weer tot een toename van het gebruik kan leiden, wordt er meestal relatie- of gezinstherapie aangeboden. In een terugvalpreventieplan wordt beschreven welke risicosituaties een betrokkene dient te vermijden en hoe hulp van anderen kan worden ingeroepen als de betrokkene weer dreigt te gaan gebruiken. Ook staat hierin beschreven hoe men handelt wanneer er toch een terugval in het gebruik is opgetreden. Het is van belang om te bespreken dat een dergelijke incidentele terugval niet betekent dat de gehele behandeling is mislukt.

Er zijn vele verschillende verslavingsprogramma's die soms ook worden gegeven door ex-verslaafden. Meestal maken (enkele van) de in het voorafgaande beschreven interventies deel uit van het programma. Een aspect dat vaak wordt toegevoegd is het bieden van steun door de partner of door lotgenoten. De *Community Reinforcement Approach* (CRA) richt zich naast gedragstherapeutische interventies op het verbeteren van het sociale en maatschappelijke functioneren door partnerrelatiebegeleiding, invulling van vrije tijd en het zoeken van (vrijwillers)werk. Hierdoor krijgt de betrokkene een bevredigende levensinvulling die in de plaats komt van de 'beloning' door alcohol of drugs.

De Anonieme Alcoholisten (AA) organiseren zelfhulpgroepen met lotgenoten. Naast de groepsondersteuning kunnen individuele leden ook elkaar helpen om te gaan met risicosituaties. Vanuit de AA-benadering is het twaalfstappen-Minnesota-model ontwikkeld. Hierbij wordt ervan uitgegaan dat het element van 'verbondenheid' bepalend is voor het herstel en werkt men zowel met zelfhulpgroepen als met professionals. Het programma wordt ook toegepast bij drugsverslavingen. Stappen uit het programma zijn onder meer: het erkennen verslaafd te zijn, toegeven hulp nodig te hebben, de balans opmaken van je leven, je uitspreken tegenover een vertrouwenspersoon en aan een lotgenoot doorgeven wat je hebt geleerd.

6   Alcohol

6.1   Effecten

De effecten van alcohol zijn grotendeels dosisafhankelijk. Door alcohol nemen de innerlijke remmingen af. Dit leidt ertoe dat de betrokkene spraakzamer wordt en sneller sociale contacten aangaat. Het beoordelingsvermogen neemt af en er treedt zelfoverschatting op. Dit kan ertoe leiden dat het gevoel voor wat passend is in een situatie verdwijnt en men de ander 'de waarheid' gaat zeggen. De volgende dag heeft men daar dan weer vaak spijt van. De zelfbeheersing neemt af; hierdoor kan het sneller tot agressie komen maar ook tot seksueel contact. Overigens kan er impotentie optreden, en wanneer er wel een erectie is, komt men moeilijker tot een orgasme. Er treedt emotionele labiliteit op; dit blijkt doordat de betrokkene snel ontroerd of vaker nog sentimenteel wordt.

Het kortetermijngeheugen werkt minder goed. Recente gebeurtenissen worden niet goed opgeslagen. Dit kan men soms merken doordat een betrokkene onder invloed steeds weer hetzelfde verhaal aan dezelfde persoon vertelt. Tijdens fors alcoholgebruik ontstaan woordvindingsstoornissen: de betrokkene kan niet meer op een woord komen. Er zijn coördinatiestoornissen (onder andere dronkenmansloop) en de spraak is lallend (dubbele tong).

Bij een oplopende hoeveelheid alcoholgebruik ontstaat een (licht) gedaald bewustzijn. Men spreekt dan van een alcoholroes. In een dergelijke toestand kunnen veranderingen in stemming en gedrag optreden. Een betrokkene kan agressief, seksueel ontremd of opdringerig gedrag vertonen, of is querulerend. Bij een verdere daling van het bewustzijn ontstaat slaperigheid en bij een zeer hoge dosis kan er bewusteloosheid optreden en uiteindelijk kan men overlijden. Onder het gebruik van alcohol wordt het effect van veel drugs (en ook psychofarmaca) versterkt. Een kleine dosis heroïne kan bijvoorbeeld bij iemand die alcohol gebruikt, leiden tot bewusteloosheid. Jongeren zijn gevoeliger voor het effect van alcohol op het zenuwstelsel en kunnen sneller comateus worden. Zo kan *binge*-drinken (het Engelse woord *binge* betekent braspartij) (hierbij wordt tijdens een enkele gelegenheid zes glazen of meer gedronken) bij jongeren relatief snel tot een coma leiden. Men spreekt in dit verband ook van comazuipen. Bij eenzelfde alcoholhoeveelheid en lichaamsgewicht worden vrouwen sneller dronken dan mannen. Dit hangt ermee samen dat alcohol zich in het lichaam verdeelt over het lichaamsvocht. Mannen hebben een hoger percentage aan lichaamsvocht dan vrouwen. Bij mannen wordt de alcohol door het hogere percentage lichaamsvocht meer verdund dan bij vrouwen. Een andere factor is dat alcohol in de maag voor een deel reeds wordt afgebroken en dit deel komt dan niet in het bloed terecht. Mannen breken een groter deel van de alcohol reeds in de maag af dan vrouwen.

6.2   Onttrekkingsverschijnselen

Wanneer er lichamelijke afhankelijkheid is ontstaan en de betrokkene stopt met het gebruik van alcohol, treden er onttrekkingsverschijnselen op. Hierbij is er een versnelde hartslag, de betrokkene gaat overmatig transpireren, heeft spierkrampen en last van trillende vingers (tremors). Daarnaast kunnen er prikkelbaarheid en slapeloosheid optreden. De betrokkene kan erg angstig worden. De onttrekkingsverschijnselen verdwijnen snel wanneer er weer alcohol wordt gebruikt. Zo heeft een alcoholverslaafde soms enkele borrels nodig voordat hij weer (op zijn werk) kan functioneren. Ook kunnen de onttrekkingsverschijnselen worden bestreden door een benzodiazepine te nemen. Hierdoor zijn alcoholisten geregeld tevens verslaafd aan deze middelen.

Zeer ernstige verschijnselen die kunnen optreden bij het stoppen van alcoholinname zijn een epileptisch onttrekkingsinsult en een delirium tremens (zie hoofdstuk 3, paragraaf 2).

6.3   Psychiatrische stoornissen

Black-out

Bij een sterke intoxicatie kan een black-out optreden. Hierbij weet de betrokkene achteraf niet meer wat zich heeft afgespeeld en wat hij gedaan heeft toen hij geïntoxiceerd was.

Pathologische roes

Bij een pathologische roes ontwikkelt de betrokkene na een kleine hoeveelheid alcohol vrijwel acuut een bewustzijnsdaling en een heftige opwindingstoestand. De betrokkene wordt zeer agressief waarbij hij spullen kan vernielen en ook zijn eigen vrienden kan gaan slaan. Het kan ook komen tot exhibitionisme of brandstichting. Achteraf bestaat er meestal een volledige amnesie voor wat hij heeft gedaan.

Alcoholhallucinose

Deze stoornis ontstaat pas na vele jaren extreem veel alcoholgebruik en komt weinig voor. Terwijl de betrokkene een helder bewustzijn heeft, zijn er akoestische hallucinaties. De betrokkene hoort stemmen met vaak een inhoud van beschuldigingen en bedreigingen. Hierdoor is de betrokkene meestal zeer angstig en dit kan leiden tot een suïcidepoging of plotselinge agressie in een poging zich te verdedigen.

Ontrouwwaan

Bij langdurig excessief alcoholgebruik kan zich een achterdochtige houding jegens de partner ontwikkelen. Deze achterdocht kan overgaan in de niet corrigeerbare overtuiging dat de partner ontrouw is. Deze waan kan vervolgens tot heftige conflicten met de partner leiden. Overigens kan een ontrouwwaan ook los van een stoornis in het gebruik van alcohol voorkomen.

Wernicke-Korsakov-syndroom

Dit syndroom wordt beschreven in hoofdstuk 3, paragraaf 4.

6.4   Lichamelijke gevolgen

Langdurig gebruik van alcohol kan tot ernstige lichamelijke schade leiden. Alcoholgebruik is in dit opzicht veel gevaarlijker dan de meeste drugs. Veel alcoholverslaafden hebben last van een ontstoken maagslijmvlies. Dit leidt tot ochtendbraken maar kan ook resulteren in een maagbloeding. Een betrokkene kan hierdoor in shock raken en een directe ziekenhuisopname is hierbij aangewezen. Alcoholgebruik kan ook leiden tot aantasting van de lever. Uiteindelijk kan er een verbindweefseling optreden van dit orgaan; men noemt dit levercirrose. Een ander gevolg van langdurig alcoholgebruik kan zijn een acute ontsteking van de alvleesklier (pancreatitis). Hierbij bestaat heftige pijn in de bovenbuik.

Bij veel alcoholisten zijn de zenuwen in de benen aangedaan. Dit kan leiden tot dove gevoelens in de voeten en in een later stadium tot verlamming waarbij de voeten niet meer kunnen worden geheven (klapvoet).

Foetaal alcoholsyndroom (FAS)

Wanneer de moeder tijdens de zwangerschap alcohol gebruikt, kan de ontwikkeling van de foetus verstoord raken. Op deze manier kan het foetaal alcoholsyndroom (FAS) bij het kind ontstaan. De hoeveelheid alcohol die een vrouw moet gebruiken om het syndroom bij haar kind te krijgen is niet bekend, maar de kans neemt toe met de hoeveelheid.

Het syndroom kenmerkt zich door gezichtsafwijkingen (klein hoofd, platte neus, een smalle oogspleet) en stoornissen van het centrale zenuwstelsel. Dit uit zich in een verstandelijke beperking, hyperactiviteit en slecht sociaal functioneren. Door deze symptomen kunnen er leer- en gedragsproblemen ontstaan. Soms zijn bij een kind niet al deze symptomen aanwezig, men spreekt dan van een niet-volledig foetaal alcoholsyndroom.

FAS is niet heel zeldzaam. Uit Europees onderzoek komt naar voren dat ongeveer een op de 1.500 kinderen die geboren worden, aan dit syndroom lijdt; het voorkomen in Nederland is niet bekend.[4] Kinderen met een niet-volledig syndroom komen tweemaal vaker voor. Kinderen met een FAS hebben langdurige begeleiding nodig. Als volwassene hebben zij een verhoogde kans op een stoornis in het gebruik van een middel.

6.5   Behandeling

Een stoornis in het gebruik van alcohol komt veel voor. In Nederland is dit bij ongeveer 450.000 mensen het geval; omstreeks 35.000 mensen zijn in behandeling van de verslavingszorg vanwege een primair alcoholprobleem; een kwart hiervan is ouder dan 55 jaar.[5]

De psychologische behandeling is beschreven in paragraaf 5, behandelprincipes. Hier zal worden ingegaan op medicijnen die specifiek kunnen worden gebruikt bij de behandeling van alcoholstoornissen. Bij een 'detox' worden de onttrekkingsverschijnselen bestreden met benzodiazepinen. Bijna elke alcoholist heeft een tekort aan vitamines B. Dit kan niet alleen door een slechte voeding ontstaan maar ook doordat de opname van voedingsstoffen in het maag-darmkanaal door het alcoholgebruik verstoord is. Standaard worden daarom vitamines B toegediend.

Wanneer er geen ontgifting (meer) nodig is, kunnen er medicijnen worden ingezet om een terugval in het gebruik te voorkomen. Een middel dat hierbij gebruikt wordt is disulfiram (Refusal®, Antabus®). Dit middel remt de afbraak van een bepaalde stof (acetaldehyde). Wanneer een betrokkene disulfiram neemt en daarbij een kleine hoeveelheid alcohol drinkt, ontstaat een heftige lichamelijke reactie in de vorm van een rood hoofd, misselijkheid, braken, diarree en hartkloppingen. Deze lichamelijke reactie leidt ertoe dat de betrokkene geen alcohol meer zal willen gebruiken. Om het effect van disulfiram te leren kennen, wordt soms een proefdronk gegeven. Disulfiram is niet een wondermiddel tegen alcoholgebruik. Sommige alcoholisten drinken door het negatieve lichamelijke effect heen of nemen het middel niet regelmatig in. Onderzoek laat zien dat het middel alleen effectief is wanneer er door een huisgenoot of behandelaar controle is op de regelmatige inname. Er zijn ook medicijnen die de craving doen afnemen (naltrexon en acamprosaat).

7   Stimulantia

Met de term stimulantia wordt een groep stoffen aangeduid die alle een vergelijkbare stimulerende werking hebben. Een daarvan is cocaïne (apart behandeld in paragraaf 8). De chemische naam voor de overige stimulantia is wekaminen. De 'straatnaam' ervoor is speed. De bekendste drug uit deze groep is amfetamine. Een andere stof is methamfetamine die ook wel pervetine wordt genoemd. Sommige stoffen uit de groep van de wekaminen worden ook in de reguliere geneeskunde gebruikt. Methylfenidaat en dexamfetamine worden voorgeschreven bij de behandeling van de aandachtsdeficiëntie-/hyperactiviteitsstoornis (ADHD). Door de stimulering van het systeem dat psychische functies 'remt', worden mensen met ADHD juist rustiger van deze middelen. Wanneer een betrokkene vertelt dat hij van 'speed' niet druk maar juist rustig wordt en zich beter kan concentreren, is dit een reden om verder onderzoek te doen naar een mogelijke aanwezige ADHD. Wekaminepreparaten zitten vanwege de eetlustremmende werking ook in sommige (niet in Nederland toegelaten) vermageringstabletten.

7.1   Effecten

De effecten van wekaminen hangen af van de dosis en de wijze van toediening. Ze kunnen zowel direct in de bloedbaan worden gespoten, als gesnoven of per tablet worden gebruikt. Bij een lage dosis verdwijnt de vermoeidheid en voelt men zich energiek en ervaart een helderheid in het denken. Vanwege het verhogen van het energieniveau worden wekaminen frequent als doping in de sport gebruikt. De stemming is opgewekt en eventueel aanwezige depressieve gevoelens verdwijnen. Het zelfvertrouwen neemt toe en de zelfkritiek vermindert. Psychische afhankelijkheid kan bij regelmatig gebruik vrij snel optreden.

Wanneer een hogere dosis wordt genomen, slaat de stemming om. De gebruiker wordt rusteloos, angstig en achterdochtig, is prikkelbaar en geregeld agressief tegen andere mensen. Wekaminen verhogen de lichaamstemperatuur. Bij een warme omgeving met daarbij een grote inspanning (bijvoorbeeld dansen of sporten) kunnen er onder meer hartritmestoornissen optreden met de kans om te overlijden. Zo overleed de wielrenner Simpson in 1967 tijdens een etappe van de Tour de France op een zeer warme dag na gebruik van amfetamine.

Bij langdurig gebruik treden rusteloosheid, slapeloosheid, zweten, hoofdpijn, braken en diarree op. Door het gebruik kan er een voortdurend tandenknarsen optreden dat, gevoegd bij een afname van de hoeveelheid speeksel, ertoe kan leiden dat de tanden gaan uitvallen. Amfetamine wordt vaak gebruikt naast alcohol om het gevoel van dronkenschap te verminderen. Deze combinatie verhoogd het risico op ernstige lichamelijke schade.

7.2   Onttrekkingsverschijnselen

Wekaminen geven weinig onttrekkingsverschijnselen. De eerste dagen na het staken van het gebruik kan er sprake zijn van prikkelbaarheid en somberheid. Soms, vooral bij gebruikers die langdurig onder invloed zijn geweest, kan het hierbij tot suïcide(pogingen) komen. Daarnaast slaapt de gebruiker vaak dagen achtereen en is er een toegenomen eetlust.

7.3   Psychiatrische stoornissen

Een gebruiker kan wantrouwend en vijandig worden tegenover zijn omgeving. Er kan zich, vooral bij langdurig gebruik, een paranoïde psychose ontwikkelen. Zo kan de overtuiging bestaan achtervolgd te worden of dat er een complot tegen de betrokkene wordt gesmeed. De overtuiging bedreigd te worden kan leiden tot heftige angst en een agressieve ontlading.

Er kunnen zich bij langdurig gebruik van een hoge dosis wekaminen frequent hallucinaties voordoen. Vaak ziet men kleine voorwerpen zoals glassplinters of beestjes op de huid die men vervolgens door pulken probeert te verwijderen waardoor na verloop van tijd de huid vele (ontstoken) wondjes en littekens vertoont. Door de lichamelijke overactiviteit en slapeloosheid put de gebruiker zich lichamelijk volledig uit en neemt de weerstand af. Wondjes infecteren daardoor makkelijk en genezen moeizaam. Een psychose door wekaminengebruik kan ook nog enige weken aanhouden nadat de intoxicatie is verdwenen.

8 Cocaïne

Cocaïne wordt gewonnen uit cocabladeren van een struik die groeit in het Andesgebergte. In deze streek is het altijd volstrekt normaal geweest voor de lokale bevolking om op cocabladeren te kauwen. Dit wordt ook nu nog steeds gedaan om de vermoeidheid tegen te gaan. Door het kauwen op de bladeren komt de cocaïne heel langzaam in het lichaam. In de negentiende eeuw werd in Europa cocaïne gebruikt voor medische toepassingen. Men ontdekte dat cocaïne een lokaal verdovend effect heeft. Een cocaïnegebruiker kent dit effect: wanneer een beetje cocaïne op de tong of lippen komt, worden deze gevoelloos. Sigmund Freud nam zelf cocaïne en was positief over het opwekkende effect ervan. Hij keerde zich van dit middel af nadat een vriend van cocaïne ernstige bijwerkingen kreeg.

Cocaïne wordt op verschillende manieren gebruikt. Het kan worden gesnoven. Het werkt dan na enkele minuten en de werking houdt ongeveer een halfuur aan. Bij injecteren treedt de werking direct op en duurt ongeveer tien minuten. Bij het *basen* wordt de cocaïne gemengd met ammoniak of zuiveringszout en vervolgens verhit. Er ontstaat zo 'gekookte coke' die gedroogd wordt en daarna, met een pijpje, gerookt kan worden. De gedroogde 'gekookte cocaïne' wordt *crack* genoemd (vanwege het krakende geluid dat het zuiveringszout maakt bij het verwarmen). Tegenwoordig is crack als 'bolletjes' direct bij de dealers te koop. Deze vorm van cocaïne wordt heel snel in het lichaam opgenomen en geeft een snelle *flash* (roes). Na deze flash treden depressieve gevoelens op die weer bestreden worden met het opnieuw roken van de basepijp. Basecocaïne kan ook gebruikt worden door het te verwarmen op aluminiumfolie en dan de damp te inhaleren. Dit wordt chinezen genoemd. Het effect hiervan is minder sterk dan bij crack roken met een pijpje. Crack wordt als een van meest verslavende stoffen beschouwd.

8.1   Effecten

De effecten van cocaïne zijn als die van de wekaminen. Cocaïne geeft een sterke verhoging van de stemming: men voelt zich opgewekt en vrolijk (euforie). Het verhoogt het zelfvertrouwen en brengt het gevoel van macht over de situatie te hebben. Het geeft veel energie waardoor men kan blijven werken of 'stappen' in het uitgaansleven. Men spreekt in dit verband wel van de cocaïne als 'de witte motor'. Bij sommige gebruikers geeft het een sterke seksuele opwinding met een afname van de remmingen; tegelijkertijd wordt het moeilijker een orgasme te bereiken.

Cocaïne kan tot sterke stemmingswisselingen leiden. Het ene moment is er een gevoel van macht en zelfvertrouwen, het volgende moment kan er somberheid zijn en schuldgevoelens. Dit kan weer worden afgewisseld met een sterke prikkelbaarheid en snel agressief worden. Dit laatste speelt vooral wanneer er crack wordt gebruikt. Cocaïne kan leiden tot een kille onverschilligheid waarin men tot daden kan komen waartoe men zonder dit gebruik nooit zou komen.

Cocaïne wordt veel gebruikt om bij alcoholgebruik niet dronken te worden. Cocaïne en alcohol worden als een zeer 'goede' combinatie ervaren. Doordat cocaïne chemisch verwant is aan wekaminen, worden betrokkenen met ADHD hier vaak juist rustig van.

Cocaïne geeft een vaatvernauwing. Bij het snuiven kan hierdoor een chronische ontsteking in de neus ontstaan met verstopping en niezen. Uiteindelijk kan het weefsel van het neustussenschot afsterven met een gat als gevolg. Bij het roken van crack kunnen ernstige longproblemen ontstaan. Bij een overdosis kunnen zich insulten (toevallen) voordoen en door een sterke verhoging van de bloeddruk een hartinfarct of hersenbloeding. Dergelijke verschijnselen kunnen ook optreden bij 'bolletjesslikkers' waarbij de verpakking scheurt waardoor er een overdosis ontstaat.

8.2   Onttrekkingsverschijnselen

Onttrekkingsverschijnselen kunnen afwezig of licht zijn, maar in veel gevallen treedt er een zogeheten *crash* op, met een sombere en angstige stemming, sterke vermoeidheid en slapeloosheid. De duur van een crash is meestal enkele dagen.

Alhoewel het niet geheel duidelijk is, lijkt er zich voor cocaïne geen tolerantie te ontwikkelen. Dat er geen tot weinig lichamelijke afhankelijkheid optreedt bij cocaïnegebruik wil, zoals in paragraaf 2.[1] reeds is genoemd, niet zeggen dat het niet verslavend is. Vooral het gebruik van crack leidt tot psychische afhankelijkheid.

8.3   Psychiatrische stoornissen

De psychiatrische stoornissen bij cocaïne zijn vrijwel identiek aan die bij wekaminengebruik.

9   Opioïden (morfine, heroïne en methadon)

Uit de papaverplant wordt opium gewonnen en daaruit worden morfine, heroïne
of codeïne bereid. Opioïden hebben een dempende werking op het zenuwstelsel. Door deze verdovende werking worden sommige opioïden in de
geneeskunde gebruikt voor pijnbestrijding. Er zijn voor medische pijnbestrijding ook synthetisch opioïden gemaakt zoals oxycodon. Door het medische gebruik van opioïden kunnen artsen en verpleegkundigen, doordat zij
relatief makkelijk toegang hebben tot deze middelen, soms hieraan verslaafd
raken. De verschillende opioïden verschillen van elkaar in effecten en werkingsduur. Zo bereikt het opioïde codeïne nauwelijks de hersenen en wordt
dit middel toegepast om de hoestprikkel te onderdrukken.

In de jaren zeventig van de vorige eeuw is heroïne in Nederland geïntroduceerd. Heroïne heeft dezelfde werking als morfine maar er is een veel
kleinere dosis nodig voor hetzelfde effect. Heroïne kan per tablet worden
gebruikt, worden gerookt of in een ader gespoten. Doordat de werking per
tablet minder sterk is en een deel van de heroïne bij roken verloren gaat,
ging men om zo efficiënt mogelijk om te gaan met de dure heroïne, die per
injectie gebruiken. De meeste gezondheidsschade wordt veroorzaakt door
het injecteren van heroïne. Door het gebruik van vuile naalden kan een ontsteking aan lever, bloedvaten of hartkleppen ontstaan. Daarnaast kan men
seropositief raken voor hiv. Door de snelle toediening per injectie neemt de
kans op een ernstige overdosis sterk toe.

Vroeger hadden heroïnegebruikers die spoten een zekere status binnen de
verslaafdenwereld. Dit is geheel veranderd en nu worden ze meer als stum-
pers gezien. De populatie heroïneverslaafden vergrijst en hun aantal neemt
af doordat er weinig nog nieuwe gevallen bijkomen en velen door de lichamelijke gevolgen van het gebruik vroeg overlijden. Veel heroïneverslaafden
gebruiken vaak tevens cocaïne.

9.1   Effecten

Morfine en heroïne geven bij gebruik een intens gevoel van genot en welbeha-gen. Onaangename gevoelens zoals pijn, angst of verdriet verdwijnen. Het verdoven van gevoelens heeft als gevolg dat er een totale emotionele onge-voeligheid bestaat. In een dergelijke toestand kan een gebruiker vreselijke dingen doen zonder daarbij enig gevoel te hebben. Bij injectie in een ader treedt er een roes (flash) op die ongeveer tien minuten duurt waarna het gevoel van welbehagen zo wel vier uur aanhoudt.

Voor het eufore effect ontstaat tolerantie zodat een steeds hogere dosis nodig is. Er treedt bij gebruik snel lichamelijke afhankelijkheid op met ont-trekkingsverschijnselen. Om deze verschijnselen tegen te gaan, zal de ver-slaafde steeds weer op zoek gaan naar een nieuwe dosis. Het bestaan van de verslaafde komt volledig in het teken te staan hoe aan de drug en het geld daarvoor te komen. Gecombineerd met de beschreven emotionele ongevoe-ligheid worden alle menselijke contacten uiteindelijk bepaald door hoe deze bruikbaar kunnen worden gemaakt om aan drugs te komen. Er wordt in dit verband wel gesproken over het *junkiesyndroom*. Dit is geen psychiatrisch syndroom maar een aantal gedragskenmerken die men aantreft bij verslaaf-den waarbij het middel zeer schaars is.[6] Het gaat hierbij om een patroon van systematisch liegen, stelen, manipuleren en een gebrek aan het nemen van verantwoordelijkheid. Bij dit alles is er een volledige onverschilligheid voor de gevolgen voor anderen. Voor familieleden is het bijvoorbeeld niet te begrijpen dat de gebruiker in staat blijkt tot diefstal van zijn eigen zieke moeder, of het dwingen van zijn vriendin tot prostitutie. En als deze vrien-din meer geld kan krijgen als ze het zonder condoom doet, dan moet ze dat ook doen.

Opioïden leiden tot vernauwde pupillen. De peristaltiek van de darmen neemt af waardoor er obstipatie ontstaat. De remming van het centrale zenuwstelsel leidt bij een overdosis tot een zeer langzame ademhaling (de gebruiker wordt blauw), bewusteloosheid en uiteindelijk tot de dood.

Een overdosis kan optreden nadat een gebruiker gedurende een aantal maanden (gedwongen) abstinent is geweest bijvoorbeeld doordat hij in detentie zat. Gedurende deze periode is de tolerantie voor het opiaatgebruik verdwenen. Wanneer dan de 'oude' dosis voor het eerst sinds lange tijd weer wordt gebruikt, kan een ernstige overdosis ontstaan.

Patiënten met schizofrenie gebruiken soms opioïden als zelfmedicatie. De wanen en hallucinaties verdwijnen niet, maar hebben, door de emotioneel afvlakkende en angstdempende werking van het opiaat, minder invloed op de betrokkene.

9.2   Onttrekkingsverschijnselen

De hoeveelheid tijd tot het begin van onttrekkingsverschijnselen hangt af van het tempo waarin het gebruikte middel wordt afgebroken. Bij heroïne en morfine is dat binnen een aantal uren na het laatste gebruik. Bij methadon ontstaan de verschijnselen pas na een tot twee dagen.

De verschijnselen bestaan uit prikkelbaarheid, misselijkheid, braken, voortdurend geeuwen, een loopneus, kippenvel en spierpijn. Bij heroïne en morfine zijn de verschijnselen het sterkst aanwezig rond de derde dag en ze houden in totaal ruim een week aan. Bij methadon zijn er gedurende ongeveer twee weken onttrekkingsverschijnselen.

9.3   Psychiatrische stoornissen

Het gebruik van opioïden gaat meestal niet gepaard met psychiatrische stoornissen. Oudere mensen die in het kader van pijnbestrijding een opiaat krijgen, kunnen hierdoor soms een delirium krijgen (zie hoofdstuk 3, paragraaf 2).

9.4   Behandeling

Om onttrekkingsverschijnselen van de kortwerkende opioïden morfine en heroïne te verminderen, wordt de betrokkene vaak overgezet op methadon. Dit is een lang werkend opiaat. Vervolgens wordt de methadon in drie weken afgebouwd. Soms lukt het niet de methadon af te bouwen en wordt een onderhoudsdosis gegeven waardoor de betrokkene niet meer de straat op hoeft om heroïne te scoren. Bij sommige gebruikers blijft ondanks de methadon de afhankelijkheid van heroïne bestaan en op beperkte schaal wordt aan deze groep heroïne op medische indicatie voorgeschreven.

Andere middelen die bij de behandeling van opiaatafhankelijkheid worden gebruikt zijn buprenorfine (werkt gedeeltelijk als opiaat) en naltrexon (blokkeert de werking van opioïden in het centrale zenuwstelsel).

10   Cannabis (hasj en marihuana)

Uit de cannabisplant (in het Nederlands hennepplant) wordt afhankelijk van het gedeelte van de plant marihuana (uit de bloemtoppen) of hasj (uit de hars) gemaakt. De effecten van deze stoffen zijn identiek en berusten op de stof tetrahydrocannabinol (THC). Marihuana wordt ook wel wiet genoemd (van het Engelse woord *weed*: onkruid). Hasj heet ook wel 'stuf'. Marihuana of hasj wordt meestal samen met tabak gerookt (*blowen*), een sigaret hiervan heet een 'stickie'. Wanneer men een grote kegelvormige sigaret draait om aan elkaar door te geven, gebruikt men de term 'joint'. Hasj kan ook in een pijpje worden gerookt of worden verwerkt in eetwaren: *space cake*. Uit in Nederland gekweekte hennepplanten geproduceerde cannabisproducten wordt Nederwiet genoemd. Het THC-gehalte van de Nederwiet is in de loop der jaren steeds meer toegenomen. Cannabis kan op medische indicatie worden voorgeschreven, onder meer tegen chronische zenuwpijn en spier- krampen bij multiple sclerose.

10.1 Effecten

Het gebruik van cannabis leidt tot een ontspannen gevoel waarbij men 'relaxed' wordt. Dagelijkse beslommeringen raken op de achtergrond. Er treedt ver- der een spierontspanning op; de ledematen worden loom. Zintuiglijke erva- ringen veranderen: bijvoorbeeld de muziek klinkt dieper, kleuren ziet men beter en men verliest het gevoel voor tijd. Men voelt zich in gezelschap meer op zijn gemak. Soms kan de gebruiker een 'lachkick' krijgen: hij begint te lachen zonder dat er iets is gebeurd. Cannabis werkt bij de gebruiker rem- mend op agressie. Lawaai en geschreeuw worden niet gewaardeerd, zodat het vaak rustig is waar mensen blowen.

Bij hogere dosis kunnen er geheugenproblemen ontstaan: men vergeet wat men wou zeggen en het kortetermijngeheugen raakt gestoord. Ook het gestructureerde denken kan dan afnemen en de gebruiker komt niet verder dan het uiten van losse zinnen. Bij een hoge dosis wordt men stil en kan men in slaap vallen. Hallucinaties kunnen optreden maar dit is weinig frequent.

Bij langdurig en intensief gebruik van cannabis kan er initiatiefverlies optre- den. De gebruiker komt nergens meer toe. Men spreekt in dit verband ook wel van het amotivationeel syndroom.

Bij het cannabisgebruik zijn de ogen vaak rood doorlopen. Het roken van cannabis is veel schadelijker voor de luchtwegen dan gewone sigaretten met een tot twintig maal grotere kans op longkanker.

10.2 Onttrekkingsverschijnselen

Cannabisgebruik leidt nauwelijks tot lichamelijke afhankelijkheid, maar kan wel psychische afhankelijkheid geven. Ook bij langdurig cannabisgebruik zijn er weinig onttrekkingsverschijnselen. Soms treedt er een malaisegevoel en hoofdpijn op.

10.3 Psychiatrische stoornissen

De kans op het ontwikkelen van een psychose neemt toe naarmate er meer cannabis gebruikt wordt. Dit risico is nog meer vergroot bij gebruikers waarbij ook een genetische kwetsbaarheid aanwezig is voor schizofrenie.

Cannabis kan ook leiden tot paniekaanvallen of depersonalisatie. Bij dit laatste ervaart de betrokkene zich als vervreemd van zichzelf. Deze kwellende toestand kan ook geruime tijd blijven bestaan nadat men geen cannabis meer gebruikt.

11   Xtc (ecstacy)

De werkzame stof in xtc is MDMA; dit is een afkorting van de chemische naam 3,4-methyleendioxymethamfetamine. Deze stof is verwant aan amfetamine. MDMA is een synthetische drug en komt dus in de natuur niet voor. Men spreekt ook wel van een designerdrug. Doordat MDMA een verboden middel is, worden er door producenten stoffen gesynthetiseerd die een MDMA gelijkend effect hebben maar qua chemische structuur hiervan afwijken. Mede hierdoor is het vaak niet duidelijk welke stof een als xtc verkochte pil bevat. Ook is de dosering vaak onhelder en soms bevatten de 'xtc'-pillen giftige stoffen. Uiteraard kan een onjuiste informatie aangaande dosering tot een overdosis leiden. Dit is reden dat gebruikers sterk wordt aangeraden hun pillen voor gebruik te laten testen. Xtc wordt thans veel in het uitgangsleven gebruikt.

11.1 Effecten

Xtc geeft een sterk gevoel van verbondenheid en het gevoel een ander goed te kunnen aanvoelen. Er is een behoefte om anderen aan te raken. Xtc wordt daarom ook wel lovedrug genoemd. Daarnaast geeft het veel energie waardoor de gebruiker bijvoorbeeld lang kan blijven dansen. Het reactievermogen en het beoordelingsvermogen zijn verminderd.

Lichamelijk kan er een sterke stijging van de lichaamstemperatuur optreden die gevaarlijk kan zijn. Deze stijging kan zowel samenhangen met veel bewegen (dansen) in slecht geventileerde ruimtes als ook met een ontregeling van de hersenen. De spierspanning wordt verhoogd en hierdoor kan de gebruiker stijve kaken krijgen en gaan tandenknarsen met stuk gebeten wangen en lippen als gevolg. Vooral bij geregeld gebruik treedt er beschadiging van de zenuwcellen op met geheugenstoornissen als gevolg. Er treedt tolerantie op voor het eufore effect van xtc maar niet voor het energie verhogende effect.

11.2 Onttrekkingsverschijnselen

Wanneer zich een psychische afhankelijkheid heeft ontwikkeld wordt er een gevoel van leegte en somberheid ervaren bij onttrekking. Dit leidt er toe dat de betrokkene weer xtc gaat nemen om zich 'normaal' te voelen.

11.3 Psychiatrische stoornissen

Bij langdurig gebruik kan zich een depressieve stoornis ontwikkelen. Deze kan ook na het staken van het xtc-gebruik nog maanden blijven bestaan.

12   Gamma-hydroxybutaanzuur (GHB)

GHB (gamma-hydroxybutaanzuur) is een drug die in populariteit toeneemt. De gebruikers maken het zelf door een professioneel schoonmaakmiddel te mengen met een gootsteenontstopper (natronloog). Dit kost vrijwel niets en levert liters GHB op. GHB wordt meestal uit kleine flesjes gedronken. Er wordt gevreesd voor een verdere toename van GHB-gebruik vanwege de lage kosten. GHB is sterk verslavend en er treedt lichamelijke afhankelijkheid op.

12.1 Effecten

De effecten treden ongeveer 15-30 minuten na inname op en houden drie tot vier uur aan. GHB geeft een ontspannen gevoel waarbij alle zorgen verdwijnen. Daarnaast is GHB seksueel stimulerend. De remmingen nemen af waardoor men gemakkelijk risicovol gedrag onderneemt.

De concentratie van zelf geproduceerde GHB kan per keer sterk variëren. Het verschil tussen een benodigde dosis voor de gewenste effecten en een overdosis is zeer klein. Hierdoor kan men snel 'out gaan'. Hierbij is er een daling van het bewustzijn waarbij tevens het risico bestaat om te stikken in het eigen braaksel. Achteraf kan men zich niet goed herinneren wat er is gebeurd. Een overdosis kan ook leiden tot volledige bewusteloosheid en, vooral in combinatie met alcoholgebruik, tot een ademstilstand.

12.2 Onttrekkingsverschijnselen

De onttrekkingsverschijnselen beginnen een tot zes uur na het stoppen van GHB en zijn zeer heftig. Er treedt een sterke agitatie op met verwardheid en hallucinaties. Verder is er een ernstige ontregeling van de lichamelijke functies zoals hoge bloeddruk en een snelle hartslag. Door de korte tijd waarbinnen onttrekkingsverschijnselen beginnen, kan wanneer een verslaafde geen toegang heeft tot GHB binnen korte tijd een zeer ernstig psychiatrisch beeld ontstaan. Dit kan een ernstig probleem zijn wanneer een GHB-verslaafde in preventieve hechtenis wordt genomen en bijgevolg geen toegang tot GHB heeft. Onttrekkingsverschijnselen kunnen het beste worden behandeld door de betrokkene in te stellen op medicinaal bereide GHB en vervolgens dit langzaam af te bouwen.

13   Forensische aspecten

Alcoholgebruik leidt tot een afname van de innerlijke remmingen en van het beoordelingsvermogen, en tot zelfoverschatting. Hierdoor neemt men grotere risico's in het verkeer dan zonder alcoholgebruik. Daarnaast neemt het reactievermogen af. Door deze effecten neemt de kans op verkeersongelukken sterk toe. Bij een op de vijf van de verkeersdoden speelt alcohol een rol.[7] Ook het gebruik van amfetamine en cocaïne gaat gepaard met ontremming en zelfoverschatting. Geschat wordt dat alcoholgebruik bij 40-50% van de geweldsdelicten een rol speelt.[8] Bij ongeveer 40% van de plegers van huiselijk geweld is er een relatie tussen alcoholgebruik en het delictgedrag, en ongeveer 20% heeft een drugsprobleem.[9] Cocaïne en amfetamine kunnen leiden tot een toename van agressief gedrag.[10] Hooligans in groepsverband gebruiken vaak een combinatie van alcohol en cocaïne waardoor zij nauwelijks nog angst kennen of pijn voelen, en het gedrag gewelddadiger en onberekenbaar wordt.[11] Alcohol vermindert het angstniveau. Hierdoor kan de drempel om tot een delict over te gaan worden verlaagd. Soms drinkt men zich moed in alvorens een gepland delict uit te voeren.

De relatie tussen alcohol- en drugsgebruik en geweld is complex. De ontremmende werking van alcohol en van veel drugs maakt de kans op impulsief gedrag, waaronder agressie, duidelijk groter. Psychoactieve middelen kunnen ook, los van de ontremmende werking, leiden tot een verhoogd niveau van agressie of tot paranoïdie die vervolgens kan leiden tot geweld. Een voorbeeld van dit laatste is de alcoholist die op basis van een ontrouwwaan zijn partner vermoordt. Het is van belang te beseffen dat bij gebruikers van psychoactieve middelen reeds hieraan voorafgaand psychiatrische stoornissen aanwezig kunnen zijn. Deze stoornissen, bijvoorbeeld een antisociale-persoonlijkheidsstoornis, kunnen op zich reeds de kans op geweld verhogen. Daarnaast spelen bij geweld bij middelengebruik soms groepsprocessen ook een rol, vooral in het uitgaansleven.

Vooral bij drugsverslaving speelt verwervingscriminaliteit vanwege de relatief hoge kosten van de middelen vaak een rol. Het gaat hierbij om delicten zoals autokraken, winkeldiefstal en straatroof, die worden gepleegd om in de drugsbehoefte te voorzien. Van de zeer actieve veelplegers is ongeveer twee derde verslaafd.[12] Veel van deze verslaafden hebben tevens geen vaste woonsituatie. Naast de verwervingscriminaliteit kan drugsgebruik ook gepaard gaan met overlast voor de omgeving door geluidsoverlast, vernielingen en vervuiling.

Bij gedetineerden komt verslaving aan alcohol en/of drugs veel voor. Problematisch alcoholgebruik komt voor bij ongeveer 30% van de gedetineerden en zo een 38% heeft een drugsprobleem.[13] Het gaat hierbij om bijna de helft van de gedetineerden. Het volledig drugsvrij houden van een penitentiaire instelling of van een forensisch psychiatrische kliniek is in de praktijk onmogelijk gebleken. Vooral kan er door drugsgebruik door betrokkenen met een psychiatrische stoornis risico's ontstaan voor de omgeving. Veel drugs, vooral amfetamine en cocaïne, kunnen bij betrokkenen met een psychotische kwetsbaarheid snel een manifeste psychose luxeren. Naast onhandelbaar gedrag kan dit gepaard gaan met agressie.

GHB wordt vanwege het verhogen van de seksuele behoefte en een vermindering van de remmingen frequent in het uitgaansleven gebruikt. Doordat GHB vloeibaar is kan het gemakkelijk ongemerkt in een drankje van iemand worden gedaan. Deze persoon wordt vervolgens gewilliger om seks te hebben of wordt verkracht. Het slachtoffer kan zich achteraf weinig meer herinneren. GHB smaakt zout maar dit kan in een zoet drankje mogelijk worden gemaskeerd.

Wanneer een ernstig verslaafde vrouw zwanger wordt, kan er gevaar bestaan voor de ongeboren vrucht. Het kan hierbij gaan om excessief alcoholgebruik met het risico op een foetaal alcoholsyndroom, of drugs zoals cocaïne waarbij door sterke stijging van de bloeddruk de zwangerschap direct bedreigd wordt. Het is mogelijk vanaf 24 weken zwangerschap een ondertoezichtstelling uit te spreken. Een gezinsvoogd kan dan de zwangere begeleiden en in het oog houden. Afhankelijk van de situatie, zoals of de zwangere haar verslavingsgedrag nog enigszins onder controle kan houden en hoe groot de risico's van het gebruik zijn voor de foetus, kan een zwangere gedwongen worden opgenomen en kan na de geboorte het kind eventueel uit huis worden geplaatst. Ook wanneer een kind door verslaafde ouder(s) wordt verwaarloosd, kan een ondertoezichtstelling plaatsvinden.

Het onder invloed van een zelf veroorzaakte intoxicatie door alcohol of drugs begaan van een delict levert geen strafuitsluitingsgrond op. In principe zal het delict de betrokkene worden toegerekend omdat ervan wordt uitgegaan dat het gaan gebruiken van een psychoactieve stof een vrije en bewuste keuze is. Hierbij wordt ervan uitgegaan dat de effecten en risico's van alcohol- en drugsgebruik algemeen bekend zijn. Wanneer er sprake is van een (ernstige) stoornis in het gebruik van een middel komt de vraag naar voren in hoeverre er sprake is van een vrije keuze. In principe kan gesteld worden dat ook bij een dergelijke stoornis voorafgaand aan het ontwikkelen van de verslaving een vrij keuzemoment is geweest waarop de betrokkene de psychoactieve stof is gaan gebruiken. Wanneer er bij een stoornis in het gebruik van een middel tevens sprake is van een bijkomende stoornis, bijvoorbeeld schizofrenie, is het aannemen van een vrije keuze bij het gaan gebruiken in het verleden betwistbaar. Zo kan het gaan gebruiken van een middel voortkomen uit het trachten angsten en spanningen die voortvloeien uit de stoornis schizofrenie te bestrijden.

14   Aandachtspunten

- Er kan sprake zijn van een stoornis in het gebruik van een middel zonder dat er een lichamelijke afhankelijkheid of tolerantie voor dit middel aanwezig is.
- Veel verslaafden lijden tevens aan een andere psychiatrische stoornis.
- Het hanteren van een confronterende stijl bij het proberen een verslaafde te motiveren voor behandeling, werkt meestal niet.
- Wanneer een betrokkene van het gebruik van 'speed' of cocaïne rustig wordt, is het aangewezen om te onderzoeken of er sprake is van een aandachtsdeficiëntie-/hyperactiviteitsstoornis (ADHD).
- Opioïden kunnen door mensen met schizofrenie gebruikt worden als zelfmedicatie om de aan de psychose verbonden angst- en spanningsgevoelens mee te bestrijden.
- Artsen en verpleegkundigen lopen een verhoogde kans op een opioïdenverslaving doordat zij gemakkelijker toegang tot deze middelen kunnen hebben.

Noten

1   Koeter, M.W.J., & Brink, W. van den. (2012). Middelengebruik en crimineel gedrag. In: E. Blaauw, & H. Roozen, (Red.), *Handboek forensische verslavingszorg*. Houten: Bohn Stafleu van Loghum.

2   Regier, D.A., Farmer, M.E., Rae, D.S., Locke, B.Z. Keith, S.J., Judd, L.L., e.a. (1990). Comorbidity of mental disorders with alcohol and other drug abuse. Results from the Epidemiologic Catchmet Area (ECA) Study. *JAMA, 264*, 2511-2518.

3   Miller, W.R., & Rollnick, S. (2002). *Motivational interviewing preparing people for change* (2nd ed.). New York: The Guilford Press.

4   Stuurman, K.E., & Cobben, J.M. (2008). Foetaal alcoholsyndroom. *Praktische Pediatrie, 1*, 41-44.

5   WODC. (2011). *Nationale Drug Monitor*. Utrecht: Trimbos-instituut.

6   Epen, J.H. van. (2002). *Drugsverslaving en alcoholisme: Kennis en achtergronden voor hulpverleners*. Houten: Bohn Stafleu van Loghum.

7   Stichting Wetenschappelijk Onderzoek Verkeersveiligheid. (2011). *SWOV-factsheet Rijden onder invloed van alcohol*. Leidschendam: Stichting Wetenschappelijk Onderzoek Verkeersveiligheid.

8   Hasselt, N. van, Bunningen, N. van, & Bovens, R. (2011). Alcohol en agressie: Een complexe relatie. *Justitiële verkenningen, 4*,11 [Themanummer Het uitgaansleven].

9   Knaap, L.M. van, El Idrissi, F., & Bogaerts, S. (2010). *Dader van huiselijk geweld*. Den Haag: WODC.

10   Bieleman, B., Maarsingh, M., & Meijer, G. (1998). *Aangeschoten wild: Onderzoek naar jongeren, alcohol, drugs en agressie tijdens het uitgaan*. Groningen/Rotterdam: Stichting Intraval.

11   Muller, E.R., Rosenthal, U., Zannoni, M., Ferwerda, H. & Schaap, S.D. (2009). *Strandrellen in Hoek van Holland. Dancefestival Veronica Sunset Grooves, 22 augustus 2009*. COT: Beke.

12   Tollenaar, N., Meijer, R.F., Huijbrechts, G.L.A.M., Blom, M., & El Harbachi, S. (2007). *Monitor Veelplegers. Jeugdige en zeer actieve veelplegers in kaart gebracht*. Den Haag: WODC.

13   Oliemeulen, L., Vuijk, P., Rovers, B., & Eijnden, R. van den. (2007). *Problematisch alcoholgebruikers, drugsgebruikers en gokkers in het gevangeniswezen*. Den Haag: WODC.

10 Parafiele stoornissen

1 Inleiding

Maatschappelijke normen spelen een belangrijke rol bij de vraag of seksueel gedrag afwijkend is. Zo werd in het oude Griekenland seksuele contacten tussen volwassen mannen en jonge jongens als normaal beschouwd, en was homoseksualiteit tot 1974 als psychiatrische stoornis opgenomen in de DSM. Mensen vertonen een grote mate van variatie aan seksuele gedragingen. Het was Krafft-Ebing die in 1886 als eerste een systematische beschrijving gaf van deze variaties in zijn werk *Psychopathia sexualis*. Hij gebruikte hierin voor het eerst seksuologische begrippen die nog steeds gebruikt worden, zoals sadisme en masochisme die hij respectievelijk ontleende aan de boeken van Markies de Sade en van Leopold von Sacher-Masoch. Seksueel afwijkende gedragspatronen werden perversies genoemd. In 1980 werd binnen de DSM-III de term parafilie geïntroduceerd; een samenvoeging vanuit het Grieks van *para* dat 'naast' en van *philia* dat 'liefhebben' betekent.

Bij een parafilie is er sprake van terugkerende, intense seksueel opwindende fantasieën, seksuele drang of gedragingen die betrekking hebben tot (a) niet-menselijke objecten; (b) het lijden of vernederen van zichzelf of de partner; of (c) kinderen of andere niet-instemmende personen. Tevens dient dit afwijkende seksuele patroon minstens zes maanden aanwezig te zijn. Soms lijden mensen onder hun parafilie, maar dit hoeft niet het geval te zijn. Ook betekent het hebben van bepaalde seksuele fantasieën niet dat dit in gedrag hoeft te worden omgezet. Zo zijn er veel meer mannen die pedofiele fantasieën hebben dan mannen die deze fantasieën in de praktijk brengen. Er is alleen sprake van een *parafiele stoornis* wanneer de parafilie negatieve gevolgen heeft in de vorm van lijden of beperkingen in het functioneren van de betrokkene of schade voor anderen.

Er bestaat een voortdurende discussie of de criteria voor parafilieën wel adequaat zijn. Hierbij gaat het vooral om de vraag waar de grens ligt tussen een ongewone seksuele variatie en een psychiatrische seksuele stoornis. Tevens is er de kritiek dat sommige criteria vaag zijn omschreven, zoals de onduidelijkheid over wat onder 'terugkerende' of onder 'intense' fantasieën en gedragingen dient te worden verstaan.

Parafilieën ontstaan in de regel voor het 18e jaar. Het betreft vooral mannen. Veel betrokkenen kunnen naast de parafilie een relatief normale seksuele relatie hebben met hun partner. De partner weet soms geheel niets van de parafilie van de betrokkene. Het komt voor dat een betrokkene meerdere parafilieën naast elkaar heeft. Het is onduidelijk of een parafilie de kans verhoogt op het aanwezig zijn van een andere psychiatrische stoornis.

Hoe vaak parafiele stoornissen voorkomen is niet bekend. Hierbij speelt een rol dat betrokkenen hier niet over spreken omdat ze er niet onder lijden, vanuit schaamte of vanwege de angst voor strafrechtelijke gevolgen. Een manier om buiten de zelfrapportage door een betrokkene te onderzoeken of er sprake is van seksuele opwinding bij bepaalde prikkels (vooral afbeeldingen) is de penis- en vaginaplethysmografie. Hierbij wordt aan de betrokkene diverse (seksuele) afbeeldingen getoond en onderzocht bij welk type stimulus er een toename is van de doorbloeding van de penis of vagina. De mate van doorbloeding is een maat voor het seksueel opgewonden raken. Deze methode is overigens niet altijd betrouwbaar. Een andere methode bestaat uit het meten hoelang een betrokkene naar verschillende typen afbeeldingen blijft kijken. Bij afbeeldingen die voor een betrokkene aantrekkelijk zijn, zal langer worden gekeken dan wanneer deze geen aantrekkelijke stimulus inhouden.

Het is bij een parafilie, zeker als deze voor het eerst op latere leeftijd tot uiting komt, van belang om een lichamelijke oorzaak uit te sluiten. Sommige lichamelijke ziekten kunnen leiden tot een vermindering van het beheersen van seksueel gedrag. Voorbeelden hiervan zijn een dementie (zoals een frontotemporale dementie), een hersentumor of hersentrauma. Ook kan er sprake zijn van door medicijnen veroorzaakt afwijkend seksueel gedrag. Een voorbeeld hiervan zijn medicijnen (dopamineagonisten) die worden gebruikt bij de behandeling van de ziekte van Parkinson waarbij er een zeer sterke toename van seksueel gedrag kan voorkomen.

Kenmerkend voor parafilieën is een stoornis in de keuze van het object van het seksuele verlangen. Er zijn seksuele gedragspatronen waarbij er geen sprake is van een deviante objectkeuze maar de controle is verloren over het eigen seksuele verlangen en gedrag. Er bestaat dan een overmatige seksuele preoccupatie en een daarmee samenhangende hoge frequentie aan seksueel gedrag dat de betrokkene niet kan stoppen ondanks dat dit gedrag als negatief wordt ervaren. Men spreekt in dit verband van hyperseksualiteit. Voorbeelden van dit gedrag zijn drangmatig masturberen, extreem veel tijd op internet doorbrengen met pornografie kijken en het voortdurend seksueel contact met anderen 'moeten' zoeken. Dit gedrag wordt ook wel aangeduid met de term 'seksverslaving', maar het is correcter om te spreken van een drangmatig gedragspatroon. Als er geen lichamelijke oorzaak wordt gevonden dan kan men dit verlies aan seksuele zelfcontrole meestal niet goed verklaren. Vaak ziet men dat het hyperseksuele gedrag een functie heeft bij het bestrijden van negatieve emoties. Het kan hierbij onder meer gaan om het tegengaan van angstgevoelens of somberheid. Soms hangen deze gevoelens samen met een onvermogen om intimiteit met een ander te ervaren.

2   Typen parafiele stoornissen

Er wordt een onderscheid gemaakt in hands-off-stoornissen waarbij geen lichamelijk contact is tussen de betrokkene en een ander persoon, en hands-on-stoornissen waarbij er wel sprake is van fysiek contact.

2.1   Hands-off-parafiele stoornissen

Exhibitionismestoornis
Exhibitionisme is het tonen van de geslachtsorganen aan nietsvermoedende vreemde personen. Het treedt vrijwel alleen op bij mannen, die hun geslachtsdelen vooral laten zien aan vrouwen of kinderen. Vaak wordt er tijdens het exhibitioneren gemasturbeerd. De betrokkene fantaseert vooral over een grote indruk die het zien van zijn genitaliën zal maken op de toeschouwer. Het exhibitioneren kan op allerlei plaatsen gebeuren; op straat, in een park maar ook vanachter het raam van de eigen woning. Exhibitionisten zijn geregeld verlegen en timide personen. Het gaat bij exhibitionisme om het opgewonden raken van het gezien worden en in de regel niet om een poging om seksueel contact te krijgen. Geconfronteerd worden met een exhibitionist kan leiden tot een sterke angst voor seksueel geweld. Een exhibitionist wordt in het dagelijks taalgebruik een 'potloodventer' genoemd. Exhibitionisme dient te worden onderscheiden van masturbatie op plekken waar een grote kans op ontdekking bestaat zoals bijvoorbeeld in auto's. Bij dit laatste staat het, al dan niet drangmatig, masturberen centraal en niet de wens om gezien te worden.

Voyeurismestoornis
Bij de voyeurismestoornis bestaat er een sterke seksuele drang en het opgewonden raken van het kijken naar een persoon die zich onbespied waant en die naakt is, zich uitkleedt of seksueel actief is. Vaak wordt er tijdens het begluren gemasturbeerd of wordt dit achteraf gedaan aan de hand van opgedane beelden. Voyeurisme dient te worden onderscheiden van het toevallig een naakt persoon kunnen bespieden en daarvan opgewonden raken. Bij voyeurisme dient het te gaan om een frequent patroon gedurende langere termijn van het drangmatig begluren van nietsvermoedende personen. Voyeurisme

komt vaak alleen aan het licht wanneer de betrokkene lijdt onder het verlies aan controle over het eigen gedrag.

Fetisjismestoornis

Bij een fetisjismestoornis zijn er een sterke seksuele drang en fantasieën over niet-levende objecten zoals een kledingstuk (bijvoorbeeld ondergoed of schoenen) of een bepaald type materiaal (zoals latex of leer). De seksuele bevrediging is sterk op het contact met het object gericht. Dit kan zijn door het aan te raken tijdens masturbatie of doordat de partner dit draagt. Soms wordt aan een kledingstuk een bepaalde symbolische betekenis toegekend, bijvoorbeeld van macht bij een schoenenfetisj, in andere gevallen blijft de keuze voor een fetisj geheel onduidelijk. Soms worden een inbraak gepleegd om aan een fetisj te komen, bijvoorbeeld vrouwelijk ondergoed.

Om te kunnen spreken van een fetisjismestoornis dient de betrokkene aan zijn gedrag te lijden of dient dit gepaard te gaan met sociaal of beroepsmatig disfunctioneren. Er zijn mensen die er geheel mee tevreden zijn dat een fetisj een belangrijke rol speelt bij hun seksuele bevrediging en deze groep lijdt dan ook niet aan een stoornis.

Transvestiestoornis

Hierbij wordt er seksueel gemotiveerd kleding gedragen van de andere sekse. Het gaat bijna altijd om mannen waarbij het zich verkleden gepaard gaat met de fantasie een vrouw te zijn en waarbij het tot masturbatie komt. De vrouwelijke kleding wordt niet primair als fetisj gebruikt maar dient als teken van het 'vrouw zijn'. Het verkleden kan variëren van het dragen van vrouwenondergoed onder verder mannelijke kleding, tot het zich volledig als vrouw kleden en opmaken en in het openbaar verschijnen. Wanneer de betrokken man zich qua identiteit ook man voelt (dit betreft de genderidentiteit), is er geen aandrang tot een verdere feminisering buiten het verkleden om. Het merendeel van de betrokkenen is getrouwd en heeft kinderen. Wanneer de genderidentiteit als man niet zo duidelijk is, neemt het seksueel opgewonden raken door het zich verkleden als vrouw een minder grote plaats in en wordt er meer een permanente feminisering gezocht zoals door het verwijderen van het mannelijke beharingspatroon. Transvestie is alleen een stoornis wanneer de betrokkene eronder lijdt of dat het gepaard gaat met sociaal of beroepsmatig disfunctioneren. Het overgrote deel van de partners is bekend met het feit dat hun man zich verkleedt. De meerderheid ontdekt dit gedragspatroon pas nadat zij getrouwd zijn. Een deel van de partners accepteert volledig het gedrag van hun man.

2.2   Hands-on-parafiele stoornissen

Frotteurismestoornis

Een frotteurismestoornis bestaat uit de drang om zonder toestemming een persoon aan te raken of tegen een persoon aan te wrijven, en de seksuele opwinding die dit veroorzaakt. Dit kan plaatsvinden op plaatsen met veel mensen
waarbij het aanraken minder opvalt en men gemakkelijk kan ontsnappen,
zoals in een drukke metro of in een mensenmassa. De betrokkene, doorgaans een man, kan zijn geslachtsdelen tegen de ander aandrukken of haar
billen, kruis of borsten betasten. Meestal wordt het slachtoffer van achter
benaderd, is er geen oogcontact en wordt er niets gezegd. In de regel leidt
het gedrag niet tot fysiek letsel. Een andere uitingsvorm bestaat uit het met
een brommer of fiets van achter een vrouwelijk slachtoffer benaderen en
haar dan aan te raken.

Pedofiliestoornis

Hierbij bestaat er een voortdurende seksuele belangstelling voor kinderen in de
prepuberteit, zich uitend in fantasieën, een seksuele drang of handelingen.
De belangstelling kan zich uiten in het kijken naar naakte kinderen of in
orale, vaginale en anale seks. De belangstelling kan ook tot uiting komen
in het zoeken en kijken naar kinderporno. Bij de pedofiliestoornis handelt
de betrokkene naar zijn seksuele belangstelling, lijdt hij hieronder of veroorzaakt dit intermenselijke problemen. De betrokkene is minstens 16 jaar
oud en minstens 5 jaar ouder dan het kind. In de DSM-classificatie wordt
genoemd dat in het algemeen er sprake is van kinderen die 13 jaar zijn of
jonger. Dit is een arbitraire leeftijdsgrens. Meer bepalend is of het kind nog
in de prepuberteit is. Dit betekent dat er nog geen secundaire geslachtskenmerken tot ontwikkeling zijn gekomen zoals schaam- en okselhaar en er
weinig borstvorming is.

Een pedofiliestoornis komt vooral bij mannen voor maar er zijn gevallen
beschreven van vrouwelijke pedofielen. Sommige mannen zijn gericht op
kinderen in de vroege puberteit waarbij er sprake is van beginnende secundaire geslachtskenmerken. Deze groep valt nu buiten de DSM-classificatie
pedofilie. Deze gerichtheid wordt hebefilie of efebofilie genoemd. Er zijn ook
pedofielen die seksueel gericht zijn op baby's of zeer jonge kinderen. Sommige mannen voelen zich alleen aangetrokken tot kinderen: er wordt dan
gesproken van pedofilie van het exclusieve type. Anderen hebben behalve
voor kinderen ook belangstelling voor volwassen seksuele partners.

De groep die voldoet aan de DSM-criteria voor de pedofiliestoornis is heterogeen. Zo kan een man die geen seksuele relatie kan hebben met zijn vrouw

zich tot de kinderen in het gezin gaan richten voor seksuele bevrediging. Deze incestplegers kunnen wanneer er wel een seksuele relatie met de partner is, afzien van een seksuele gerichtheid op kinderen. Anderen die seksueel contact hebben met kinderen doen dit vanuit een antisociale instelling en opportunisme. Zij hebben seks met kinderen omdat de gelegenheid zich voordoet en seks door het overwicht op kinderen relatief gemakkelijk te realiseren is. Soms worden pedofiele behoeften alleen gepraktiseerd wanneer er sprake is van een periode met een hoog stressniveau. Sommige pedofielen streven een affectieve relatie na met kinderen, willen 'kind met de kinderen zijn', zijn geïnteresseerd in hun belevingswereld en hebben het beeld dat een dergelijke relatie vrijwillig door het kind wordt aangegaan en als gelijkwaardig wordt beleefd. Het manipulatieve karakter van de relatie wordt door deze pedofielen niet onderkend. Deze groep wordt wel als 'kernpedofiel' beschouwd. Om de groep kernpedofielen af te grenzen van incestplegers, zijn er voorstellen gedaan om alleen van pedofilie te spreken wanneer er sprake is van meerdere slachtoffers.

Er zijn, mede door het grote maatschappelijke taboe, geen betrouwbare cijfers over het voorkomen van pedofilie. Van de mannen zou 3% wel eens fantaseren over seks met een kind.[1] Er is uiteraard een verschil tussen weleens fantaseren over seks met een kind en het criterium in de DSM dat er sprake dient te zijn van een voortdurend en intens patroon van seksuele belangstelling voor kinderen. Daarbij betekent het voortdurend fantaseren over seks met kinderen niet dat hier ook toe wordt overgegaan. Veel mannen met pedofilie fantaseren wel over seksuele contacten met kinderen maar praktiseren dit niet. Het is dus niet zo dat elke pedofiel kinderen misbruikt. Een man die overgaat tot daadwerkelijk seksueel contact met kinderen wordt ook wel pedoseksueel genoemd.

Een goede sociale inbedding, het hebben van werk en in het algemeen het vermijden van situaties die met veel stress gepaard kunnen gaan, helpen bij het onder controle houden van de eigen seksuele impulsen. In dit verband kan de sociale uitsluiting na het bekend worden van pedoseksuele activiteiten juist leiden tot het ondermijnen van het vermogen de eigen seksuele behoeften onder controle te houden. Met het oog op het feit dat sociale isolatie bij pedofielen de kans op een delictrecidive juist verhoogt, wordt er sinds enige tijd in Nederland gewerkt met de uit Canada komende COSA-methode. COSA staat voor Circles of Support and Accountability. Hierbij vormt een netwerk van vrijwilligers en professionals een sociaal netwerk om de pedofiel heen. Hierdoor kan de pedofiel praten met anderen over de problemen die hij ondervindt om zijn leven vorm te geven, maar de vrijwilligers zijn ook getraind om vroege signalen te herkennen dat de betrokkene de controle over zichzelf dreigt te verliezen.

Pedofielen proberen een situatie te creëren waarin zij in contact komen met een kind en een band kunnen opbouwen met als uiteindelijke doel het verkrijgen van seksueel contact. In het proces van het contact leggen naar het seksuele contact zijn diverse fases te onderscheiden.[2] Dit proces wordt ook wel met de Engelse term *grooming* aangeduid.

Als eerste stap wordt een slachtoffer uitgezocht. Vaak gebeurt dit op plaatsen waar veel kinderen komen, zoals een school of sportclub. De pedofiel tracht door belangstelling te tonen een vertrouwensband met het kind op te bouwen. Vaak heeft de pedofiel een goed gevoel voor welk kind in het bijzonder gevoelig is voor het krijgen van aandacht bijvoorbeeld doordat het kind thuis in een moeilijke situatie zit. Soms verloopt het contact leggen via de ouders en wordt de pedofiel een 'huisvriend'. Het kind krijgt speciale aandacht en cadeaus waardoor de relatie bijzonder wordt gemaakt voor het kind.

In een volgende fase probeert de pedofiel het kind van zijn omgeving te isoleren door het contact met anderen zo veel mogelijk tegen te gaan. Heel geleidelijk probeert de pedofiel de drempel voor seksueel contact bij het kind te verlagen door het introduceren van seksuele onderwerpen in de gesprekken en het kind te gaan aanraken. Wanneer het kind weerstand biedt aan de toenaderingspogingen, reageert de pedofiel met het stoppen van het aandacht geven of met het uiten van verwijten dat het kind niet dankbaar is. In de regel wordt er geen direct fysiek geweld toegepast maar is er alleen sprake van manipulatie.

Het kind heeft het gevoel zich niet meer aan de wensen van de pedofiel te kunnen onttrekken en nadat het tot seksueel contact is gekomen wordt het steeds moeilijker om dit te stoppen. Er wordt geheimhouding van de relatie afgedwongen door te dreigen met de gevolgen als het seksuele contact bekend zou worden. De dreigementen kunnen variëren van dat de ouders het kind zullen straffen tot aan dat de pedofiel zich zal suïcideren. Door dit proces van grooming lukt het vaak om het kind jarenlang te blijven misbruiken zonder dat dit aan het licht treedt. Soms stopt het misbruik pas wanneer het kind in de puberteit komt en secundaire geslachtskenmerken krijgt waardoor de pedofiel zijn belangstelling verliest.

Seksueel-masochismestoornis

Bij de seksueel-masochismestoornis wordt seksuele bevrediging ontleend aan het vernederd, geslagen, vastgebonden of op een andere manier gepijnigd worden. Er kan sprake zijn van een rollenspel met een partner waarbij men de slaaf of bediende is en wordt vernederd. Verder kan er geslagen worden met een zweep of stok. Het vastbinden kan op vele manieren worden gedaan waaronder met handboeien of het vastsnoeren in een dwangbuis. Er kunnen ook gevaarlijke activiteiten worden gepraktiseerd zoals het toebrengen van brandwonden, het snijden met scheermessen of het inbrengen van naalden. Het zichzelf vastbinden of insnoeren van de genitaliën komt geregeld voor. Een zeer gevaarlijke vorm van seksueel-masochisme is hypoxyfilie. Hierbij raakt de betrokkene seksueel opgewonden door een zelfopgewekt tekort aan zuurstof bijvoorbeeld door een strop om de hals of een plastic zak over het hoofd. Zuurstofgebrek kan ook worden veroorzaakt door het inhaleren van gassen of chemicaliën, compressie van de borst of zichzelf lang onder water houden. Meestal wordt er gefantaseerd over verstikt te worden door een seksuele partner waarbij het verlies van controle een belangrijke betekenis heeft. Tijdens het zuurstoftekort wordt er gemasturbeerd, maar wanneer de betrokkene niet stopt voordat deze het bewustzijn verliest, kan de betrokkene overlijden door verstikking. Het zich verstikken gebeurt meestal alleen maar er zijn ook gevallen beschreven waarbij het door een partner gebeurde.

Seksueel-sadismestoornis

Bij de seksueel-sadismestoornis bestaan er intense seksuele fantasieën en mogelijk ook gedragingen om een ander lichamelijk en psychisch lijden toe te brengen. Het gaat er hierbij om de ander pijn te laten lijden of te vernederen. Dit symboliseert de behoefte aan macht en totale controle over het slachtoffer. De ander wordt als het ware tot eigendom van de sadist gemaakt. Soms wordt een seksuele partner gezocht die instemt met het ondergaan van de sadistische handelingen. Dat kan een persoon zijn met een seksueel masochistische behoefte, men spreekt dan van sadomasochisme. Het komt geregeld voor dat binnen een sadomasochistische interactie de partners van rol wisselen. In deze situatie gaat het vooral om een milde vorm van seksueel sadisme waarbij het om het toebrengen van relatief lichte pijn gaat of er vernederende situaties worden nagespeeld. Soms wordt een prostitué(e) gezocht die bereid is zich de vernederingen te laten welgevallen. Wanneer de partner ermee instemt, er geen schade van ondervindt en degene met de sadistische behoefte niet lijdt onder zijn fantasieën of gedragingen, is er geen sprake van een parafiele stoornis.

2.3   Overige parafiele stoornissen

In de groep overige parafiele stoornissen vallen vormen van parafilie die minder frequent voorkomen en waarover minder bekend is. Het betreft hier niet een limitatieve opsomming: er zijn afhankelijk van het type seksuele object tientallen verschillende parafilieën beschreven.

(Telefoon)scatologiestoornis

Scatologie betekent van oorsprong een overtrokken belangstelling voor menselijke uitwerpselen. Later is men er obsceen taalgebruik onder gaan verstaan.
Bij telefoonscatologie is er een seksuele behoefte om anderen terwijl zij daar
geen toestemming voor hebben gegeven, ongevraagd per telefoon te confronteren met obsceen taalgebruik of seksuele fantasieën terwijl men zelf
onbekend blijft. Betaalde telefoonseks valt buiten deze omschrijving. De
beller wordt seksueel opgewonden van het gesprek en masturbeert meestal
tijdens of na het gesprek. Wanneer er sprake is van incidentele telefoonge-
sprekken met obsceen taalgebruik en waarbij de beller niet seksueel opgewonden raakt, is er geen sprake van deze parafilie.

De vorm waarin telefoonscatologie plaatsvindt, kan variëren. Het kan gaan
om seksuele hijggeluiden, het opscheppen over de eigen geslachtsorganen
en het vertellen over masturbatiefantasieën. Een andere vorm is het de ander
ertoe te brengen om intieme informatie over zichzelf te vertellen. Hierbij
kan een mannelijke beller zich voordoen als vrouw of als een enquêteur
in het kader van wetenschappelijk onderzoek. Tegenwoordig wordt steeds
vaker gebruikgemaakt van internet in plaats van de telefoon.

Zoöfiliestoornis

Bij een zoöfiliestoornis bestaan er seksuele fantasieën of handelingen met dieren.
Soms gebruikt men de term bestialiteit. Het kan gaan om het penetreren of
masturbatie van zowel het dier als van zichzelf. Vaak gaat het om honden,
paarden, geiten, koeien of poezen. Veel betrokkenen hebben een door hen
als oprecht gevoelde liefdesrelatie met het dier.

Seksueel contact met een dier kan ook incidenteel zijn in het kader van
experimenteren, bijvoorbeeld door jongens op een boerderij, of als substi-
tuut voor een niet beschikbare menselijke seksuele partner, zoals bij sociale
isolatie. In deze gevallen is er geen sprake van een parafiele stoornis aangezien er geen sprake is van een voortdurende en intense seksuele gerichtheid
op dieren. Sinds 2010 is het plegen van ontuchtige handelingen met dieren
en pornografie met dieren verboden.

Necrofiliestoornis

Bij de necrofiliestoornis is er een voortdurende seksuele opgewondenheid
wanneer men fantaseert over, of in aanwezigheid is van een menselijk lijk.
Een deel van de betrokkenen beschikt uit hoofde van hun beroep over menselijke overschotten. Anderen kunnen soms overgaan tot het doden van een
persoon om er seksueel contact mee te kunnen hebben.

Sommige mensen hebben een emotionele behoefte om in de directe aanwezigheid van een overledene te zijn zonder dat hierbij sprake is van een
seksuele drijfveer. Hierbij kan soms onterecht de verdenking op necrofilie
ontstaan.

Coprofilie- en urofiliestoornis

Bij coprofilie wordt respectievelijk ontlasting en urine gebruikt bij het bereiken
van seksuele bevrediging. Het kan hierbij gaan om het defeceren of urineren
op een ander of dit bij zichzelf te laten doen, dan wel deze excrementen in
te slikken.

Klysmafiliestoornis

Bij de klysmafiliestoornis wordt seksuele bevrediging gevonden in het rectaal
geven of ontvangen van een vloeistof.

2.4   Ontstaan

Het is niet duidelijk waardoor een parafilie ontstaat. Een genetische component is
niet aangetoond. Wel zijn er aanwijzingen dat er bij parafilie sprake is van
afwijkingen van sommige delen van de hersenen die betrokken zijn bij de
regulatie van de seksualiteit. Deze disregulatie kan de inhoud van seksuele
behoeften betreffen of het vermogen om seksuele impulsen te beheersen.
Er zijn ook psychologische verklaringsmodellen voor parafilie. Een van de
theorieën gaat ervan uit dat in de leeftijd tussen het 5e en 10e jaar, wanneer
kinderen seksuele spelletjes met elkaar doen, zich een basisschema vormt
voor hoe iemand later met seks omgaat.[3] Wanneer dit schema eenmaal is
gevormd ligt dat voor de rest van het leven vast. Indien bij kinderen het
normale experimenteren met seksuele spelletjes wordt verstoord, kunnen
er afwijkende elementen in dit basisschema worden opgenomen. Een dergelijke verstoring van het normale seksuele spel kan worden veroorzaakt
doordat een kind te vroeg in contact komt met seks. Bijvoorbeeld doordat
thuis seksblaadjes rondslingeren of er gezamenlijk seksfilms wordt gekeken.
Het kan ook juist gaan om een streng verbod tijdens de opvoeding op het
thema seksualiteit. Een verstoring van het basisschema kan evenzeer door
seksueel misbruik worden veroorzaakt. In de puberteit wordt onder invloed
van de hormonale ontwikkeling het basisschema geseksualiseerd en ontstaan sterke seksuele fantasieën. Door het steeds masturberen aan de hand
van de parafiele fantasieën wordt dit seksuele patroon verder ingeslepen en
wordt het een persoonlijkheidseigenschap.

2.5   Behandeling

Wanneer een betrokkene lijdt onder zijn seksuele verlangens maar deze geen schade inhouden voor een ander, bijvoorbeeld bij fetisjisme, kan een behandeling zich richten op het accepteren van de parafiele stoornis. Als er echter wel mogelijk schade bestaat voor anderen of de betrokkene zelf dan zal het onder controle houden van de seksuele impulsen het doel zijn.

Bij de behandeling van een parafiele stoornis zal meestal een vorm van cognitieve gedragstherapie worden toegepast. Als eerste stap hierbij is het belang om goed in beeld te hebben hoe de keten van het seksuele verlangen naar het uiteindelijke gedrag verloopt. In dit kader wordt onder meer gesproken over de inhoud van de masturbatiefantasieën, hoe vaak het seksuele gedrag voorkomt en of er een relatie is met specifieke situaties, of met emoties zoals spanningen en agressieve gevoelens. Aan de orde komt of de betrokkene zijn seksuele gedrag als onderdeel van de eigen persoon beschouwt of als een gedrag dat niet bij hem hoort. Ook komt ter sprake of de betrokkene in staat is tot adequaat sociaal contact met anderen, en over een sociaal netwerk beschikt. Tevens zal aandacht worden besteed aan de reactie van een mogelijk aanwezige partner, of van de omgeving, op het parafiele gedrag en wat dit voor de betrokkene betekent.

De cognitieve gedragstherapie richt zich op het beheersen van de (ongepaste) seksuele opwinding en het omgaan met stressvolle situaties. Ook is er aandacht voor het aanleren van sociale vaardigheden, vooral op het punt van het aangaan van (normale) intieme relaties. Daarnaast zal getracht worden de impliciete opvattingen te bewerken die het parafiele gedrag kunnen ondersteunen. In het bijzonder gaat het hierbij om het vaak aanwezig zijn van een vertekend beeld van het effect van het vertoonde seksuele gedrag op de ander.[4]

Veel betrokkenen met grensoverschrijdend seksueel gedrag ontkennen of bagatelliseren dit gedrag en nemen hier geen verantwoordelijkheid voor. Men spreekt in dit verband van cognitieve vervormingen. Deze vervormingen hebben de functie het eigen gedrag te rechtvaardigen. Het doel kan zijn om strafrechtelijke consequenties te voorkomen, maar ook om de discrepantie tussen het beeld dat men van zichzelf heeft en het vertoonde gedrag te verminderen en om zo te proberen schaamte- en schuldgevoelens en angst voor afwijzing te voorkomen. Door cognitieve vervormingen kan de betrokkene tevens het voor zichzelf aanvaardbaar maken om door te gaan met zijn grensoverschrijdend gedrag. Voor een deel kunnen cognitieve vervormingen bewust door een betrokkene worden gehanteerd, maar voor een belangrijk deel kan dit evenzeer een uiting zijn van de impliciete opvattin-

gen over zichzelf en de slachtoffers. Hierdoor kan een betrokkene ook overtuigd zijn van het 'eigen gelijk'. Een voorbeeld hiervan is een betrokkene die
is verwaarloosd en zelf als kind seksueel is misbruikt en hierdoor de opvatting heeft ontwikkeld dat kinderen dezelfde seksuele verlangens hebben als
volwassenen. Wanneer deze betrokkene later zelf een kind misbruikt, kan
dit worden gerechtvaardigd met de cognitieve vervorming 'dat het kind zelf
om de seks vroeg'. Een ander voorbeeld is de betrokkene die wel zijn grens-
overschrijdende gedrag erkent maar de planning die er aan voorafgaat ontkent. Hierdoor kan het gedrag als een impulsieve daad worden voorgesteld,
zowel voor zichzelf als voor de buitenwereld.

Doordat cognitieve vervormingen de innerlijke remmingen verminderen, is
het van belang te proberen deze te bewerken. Dit gebeurt vaak in groepsverband met plegers van seksuele delicten aangezien groepsleden scherp de
cognitieve vervormingen van elkaar kunnen onderkennen en elkaar daarmee confronteren. Ook wordt in de behandeling vaak aandacht gegeven
aan het ontwikkelen van empathie voor de gevolgen van het gedrag voor
het slachtoffer. De gedachte hierbij is dat met het vergroten van de slacht-
offerempathie de remming toeneemt om tot seksueel grensoverschrijdend
gedrag te komen. Het is echter de vraag of dit effect optreedt. Een rol hierbij speelt dat veel betrokkenen op zich wel over empathische vermogens
beschikken maar dat deze worden uitgeschakeld in situaties met een potentieel slachtoffer.[5]

Sommige therapeuten pleiten voor het toestaan van virtuele kinderporno
waardoor de pedofiel zijn seksuele verlangens zodanig kan bevredigen dat
de kans op het daadwerkelijk zoeken van seksueel contact met een kind hierdoor afneemt. De seksuele activiteit hangt voor een deel samen met de concentratie van testosteron; dit hormoon behoort tot de groep androgenen.
Lage concentraties testosteron gaan in de regel gepaard met minder snel
seksueel opgewonden raken en een afname van de seksuele drang. Door
antiandrogene medicatie te geven kan de concentratie testosteron worden
verlaagd. Men spreekt in dit verband wel van 'chemische castratie'. Hierdoor kan de betrokkene zijn seksuele impulsen gemakkelijker onder controle houden. De inhoud van de seksuele verlangens verandert echter niet.
Overigens is het effect van antiandrogenen op het seksuele gedrag niet altijd
duidelijk merkbaar. Het gebruik van antiandrogenen gaat gepaard met forse
bijwerkingen zoals vermoeidheid, depressiviteit, haaruitval, borstvorming
en ontkalking van de botten. Aan het vele jaren blijven gebruiken van deze
medicatie kleven dan ook grote bezwaren. De bijwerkingen maken dat een
betrokkene meestal alleen onder toezicht de medicatie blijft innemen.

Een ander groep geneesmiddelen die bij parafiele stoornissen wordt gebruikt zijn antidepressiva die via de neurotransmitter serotonine werken, de zogeheten SSRI's. Deze middelen kunnen de mate van seksuele drang en impulsiviteit verminderen. SSRI'shebben relatief weinig bijwerkingen.

3   Forensische aspecten

Het aantal zedendelicten dat wordt gepleegd is veel groter dan het aantal aangiftes hiervan. De reden hiervoor is dat de aangiftebereidheid bij een zedendelict laag ligt vooral wanneer het om incest gaat of om een bekende dader.[6] Er is slechts bij een minderheid van het aantal zedendelinquenten sprake van een parafiele stoornis.[7] Plegers van zedendelicten vormen een zeer heterogene groep waarbij naast psychiatrische ook sociale en culturele factoren een belangrijke rol spelen. Bij een groot deel van de plegers van een zedendelict is er niet sprake van een psychiatrische stoornis maar van een antisociale instelling waarbij de belangen van anderen gemakkelijk worden genegeerd. Naast een antisociale instelling is er bij zedenplegers geregeld sprake van problemen met de impulsregulatie.

Er bestaat een algemeen idee dat zedendelinquenten vaak recidiveren. Dit is echter niet het geval. Van de zedendelinquenten wordt, bezien over een periode van 10 jaar, een minderheid van ongeveer 20% opnieuw aangeklaagd voor een zedendelict.[8] Om in de totale groep van zedendelinquenten diegenen op te sporen die een hoge kans vertonen op een nieuw zedendelict, zijn er recidiverisicotaxatie-instrumenten ontwikkeld. De belangrijkste risicofactoren zijn een seksueel deviante belangstelling (een voorkeur voor kinderen of afgedwongen seks) en een hoge mate van psychopathie. Wanneer deze twee risicofactoren samen voorkomen, bestaat er een zeer hoog recidiverisico voor een zedendelict.[9] Andere belangrijke risicofactoren zijn hyperseksualiteit en problemen met intieme relaties.[10] Daarnaast zijn er vele andere risicofactoren, waarvan sommige vastliggen, zoals het aantal veroordelingen voor een zedendelict, en andere factoren die te beïnvloeden zijn door behandeling bijvoorbeeld het onvermogen om een stabiele relatie aan te gaan of het aanwezig zijn van vrouwvijandigheid.

De gevolgen van seksueel misbruik voor kinderen lopen sterk uiteen.[11] Een deel van de kinderen vertoont geen klachten. Het is mogelijk dat een deel van deze kinderen later in het leven alsnog klachten krijgt. Wanneer kinderen na seksueel misbruik wel klachten ontwikkelen, is dat niet in de vorm van een specifiek syndroom. Het kan gaan om nachtmerries, regressief gedrag (bijvoorbeeld weer onzindelijk worden), agressief gedrag, angsten, en depressieve verschijnselen. Bij peuters kan het gedrag sterk geseksualiseerd worden. Bij oudere kinderen komen vooral concentratie- en leerproblemen voor. Bij adolescenten kunnen er zich gedragsproblemen ontwikkelen zoals het zichzelf beschadigen, suïcidepogingen en alcohol- en/of drugsmisbruik. Daarnaast kan er een posttraumatische-stressstoornis optreden. Door het seksueel misbruik kan er een negatief zelfbeeld ontstaan en een gebrek aan vertrouwen in anderen waardoor er problemen zijn met het aangaan van intieme relaties. Soms worden de symptomen onderdeel van de persoonlijkheid. In het bijzonder kan seksueel misbruik een belangrijke factor zijn bij het ontwikkelen van een borderline-persoonlijkheidsstoornis.

Het negatieve effect van seksueel misbruik neemt toe wanneer er tevens penetratie is geweest, het gepaard ging met fysiek geweld of er een hechte relatie met de dader bestaat.[12] Wanneer die hechte relatie met de dader bestaat, legt het kind de oorzaak van het misbruik vaak bij zichzelf. Een goede opvang door de ouder(s) kan de ontwikkeling en het beloop van de klachten positief beïnvloeden. Uiteraard is de eerste prioriteit bij seksueel misbruik dat dit gestopt wordt. Wanneer het misbruik plaatsvindt binnen het gezin of door een bekende, kan het kind soms, ondanks dat het misbruik bekend is geworden, gemanipuleerd worden tot continuering van het seksueel contact.

De symptomen van een posttraumatische-stressstoornis (PTSS) door seksueel misbruik kunnen zich na een jarenlange symptoomvrije periode manifesteren. Een betrokkene kan zich, vaak door een gebeurtenis die een associatie heeft met het eerdere trauma, dit weer herinneren (zie hoofdstuk 6, paragraaf 1). Ook zonder een PTSS komt het voor dat een betrokkene na jaren weer herinneringen aan seksueel misbruik heeft. Er is een discussie gaande of deze 'hervonden herinneringen' betrekking hebben op misbruik dat daadwerkelijk heeft plaatsgevonden of dat deze, mede door suggestieve benadering tijdens een behandeling, een fictief misbruik betreffen.

Het lijkt dat dit soort herinneringen zowel geconstrueerd als werkelijk gebeurd kunnen zijn.[13] Onder zedendelinquenten zijn relatief vaker betrokkenen die zelf in hun jeugd misbruikt zijn. Tegelijkertijd geldt dat niet alle zedendelinquenten zelf misbruikt zijn en dat van degenen die misbruikt zijn maar een klein deel een zedendelict pleegt.[14] Bij de zedendelinquenten die zelf misbruikt zijn, spelen meer ontwikkelingsfactoren een rol. Bij deze groep is er naast het misbruik in de jeugd meestal ook sprake geweest van negatieve omstandigheden zoals affectieve verwaarlozing en lichamelijke mishandeling.

De exhibitionismestoornis heeft van de zedendelicten het hoogste reci-
divepercentage; een klein deel van de exhibitionisten recidiveert met een
hands-on-delict, vooral aanranding.[15] De voyeurismestoornis gaat geregeld gepaard met andere parafiele stoornissen, in het bijzonder de exhibi-
tionisme- en frotteurismestoornis. Er kan zich een ontwikkeling voordoen
waarbij wordt overgegaan tot insluipingen, aanranding of verkrachting. Het
is van belang om de inhoud van de seksuele fantasieën te onderzoeken om
zicht te krijgen op een mogelijke ontwikkeling naar seksueel gewelddadig
gedrag.

De pedofiliestoornis kan voorkomen met andere parafiele stoornissen,
vooral de exhibitionisme- en voyeurismestoornis.[16] Een gevaarlijke combinatie is de pedofiliestoornis met de seksueel-sadismestoornis. In deze groep
is er het grootste risico dat het kind ook fysiek letsel wordt toegebracht.[17] Bij
het pleidooi voor het toestaan van virtuele kinderporno bij pedofilie is er het
probleem dat er mogelijk geen onderscheid meer kan worden gemaakt tussen virtueel en werkelijk vervaardigde kinderporno. Virtuele kinderporno is
momenteel wettelijk niet toegestaan.

Van hypoxyfilie zijn er gevallen bekend waarbij de partner van moord werd
beschuldigd en deze aanvoerde dat er een sadomasochistisch samenspel was
met het slachtoffer waarbij het slachtoffer op diens verzoek werd gestrangu-
leerd waarna er onbedoeld de dood was ingetreden.[18]

Er zijn seksueel sadisten die in het bijzonder iemand opzoeken die geen
toestemming geeft tot het ondergaan van de verlangde handelingen. Het
kan dan onder meer gaan om het afknippen van de haren van vrouwen of
het slaan van jongens. Ook kan het komen tot een sadistische verkrachting
waarbij de seksuele bevrediging gepaard gaat met dat de ander pijn wordt
toegebracht en wordt vernederd. Een ander sadistisch gedrag is het met een
mes steken van het slachtoffer, meestal een vrouw, in de billen, de borsten
of het kruis en dan wegrennen. De meest extreme vorm van de seksueel-
sadismestoornis is de lustmoord waarbij het seksueel genot wordt ontleend
aan iemand doden. Vrijwel altijd zijn deze moorden zorgvuldig gepland.[19]
Het slachtoffer wordt ontvoerd en vastgebonden waarna allerlei seksuele
activiteiten worden uitgevoerd. Geregeld bewaren de daders souvenirs en
foto's van hun slachtoffers, of worden er filmopnamen gemaakt.

4   Aandachtspunten

– De groep mensen die voldoet aan de criteria van de DSM voor de pedofiliestoornis is zeer heterogeen.
– Er zijn veel pedofielen die nooit kinderen misbruiken.
– Er komen geregeld meerdere parafiele stoornissen tegelijkertijd voor bij een betrokkene. Wanneer parafiele stoornis wordt vastgesteld, dient men dan ook te onderzoeken of er ook nog een andere parafiele stoornis aanwezig is.
– Bij vooral de exhibitionisme- en voyeurismestoornis kan zich een uitbreiding van het gedragspatroon ontwikkelen in de richting van insluiping en aanranding.
– Slechts een minderheid van de zedendelinquenten recidiveert met een zedendelict.
– De hoogste kans op een delictrecidive betreft het samen voorkomen van een deviante seksuele belangstelling en een hoge mate van psychopathie.
– Antiandrogene medicatie ter verlaging van de testosteronconcentratie kent ernstige bijwerkingen.

Noten

1   Bakker, F., & Vanwesenbeeck, I. (Red.). (2006). *Sekuele gezondheid in Nederland 2006*. Delft: Eburon.

2   Labrijn, S. (2008). Parafilie en seksueel delict. In: B.A. Blansjaar, M.M. Beukers, & W.F. van Kordelaar (Red.), *Stoornis en delict: Handboek psychiatrische en psychologische rapportage in strafzaken* (pp. 173-195). Utrecht: De Tijdstroom.

3   Gijs, L. (2013). Parafilieën. In: Franken, I. Muris, P., & Denys., D. (Red.), *Basisboek psychopathologie* (pp. 575-592). Utrecht: De Tijdstroom.

4   Beek, D. van, & Mulder, J. (2002). De rol van cognitieve vervormingen in het plegen van pedoseksuele delicten en hun plaats in de behandeling. *Tijdschrift voor Seksuologie, 26*, 79-86.

5   Beek, D. van, & Mulder, J. (2002). De rol van cognitieve vervormingen in het plegen van pedoseksuele delicten en hun plaats in de behandeling. *Tijdschrift voor Seksuologie, 26*, 79-86.

6   Expertisecentrum Forensische Psychiatrie. (2013). *Seksueel grensoverschrijdend gedrag. Landelijk zorgprogramma voor plegers van seksuele delicten in de forensische psychiatrie*. Utrecht: Expertisecentrum Forensische Psychiatrie.

7   Frenken, J. (2002). Strafbare seksualiteit en seksueel deviant gedrag: definities en prevalenties. *Tijdschrift voor Sekuologie, 26*, 4-8.

8   Smid, W., Beek, D. van, & Doncker, D. de. (2009). Plegers van seksueel geweld. In: L. Gijs, W. Gianotten, I. Vanwesenbeeck, & P. Weijenborg (Red.), *Seksuologie*. Houten: Bohn Stafleu van Loghum.

9   Smid, W., Beek, D. van, & Doncker, D. de. (2009). Plegers van seksueel geweld. In: L. Gijs, W. Gianotten, I. Vanwesenbeeck, & P. Weijenborg (Red.), *Seksuologie*. Houten: Bohn Stafleu van Loghum.

        Hildebrand, M., & Ruiter, C. de. (2005). Over criminele behoeften en het belang van gestructureerde risicotaxatie. In: C. de Ruiter, & M. Hildebrand (Red.), *Behandelingsstrategieën bij forensisch-psychiatrische patiënten* (pp. 3-22). Houten: Bohn Stafleu van Loghum.

10   Expertisecentrum Forensische Psychiatrie. (2013). *Seksueel grensoverschrijdend gedrag. Landelijk zorgprogramma voor plegers van seksuele delicten in de forensische psychiatrie.* Utrecht: Expertisecentrum Forensische Psychiatrie.

11   Berlo, W. van, & Mooren, T. (2009). Seksueel geweld: gevolgen en behandeling. In: L. Gijs,W. Gianotten, I. Vanwesenbeeck, & P. Weijenborg (Red.), *Seksuologie* (pp. 419-435). Houten: Bohn Stafleu van Loghum.

12   Berlo, W. van, & Mooren, T. (2009). Seksueel geweld: gevolgen en behandeling. In: L. Gijs,W. Gianotten, I. Vanwesenbeeck, & P. Weijenborg (Red.), *Seksuologie* (pp. 419-435). Houten: Bohn Stafleu van Loghum.

13   Berlo, W. van, & Mooren, T. (2009). Seksueel geweld: gevolgen en behandeling. In: L. Gijs,W. Gianotten, I. Vanwesenbeeck, & P. Weijenborg (Red.), *Seksuologie* (pp.419-435). Houten: Bohn Stafleu van Loghum.

14   Smid, W., Beek, D. van, & Doncker, D. de. (2009). Plegers van seksueel geweld. In: L. Gijs, W. Gianotten, I. Vanwesenbeeck, & P. Weijenborg (Red.), *Seksuologie*. Houten: Bohn Stafleu van Loghum.

15   Horn, J. van, Mulder, J., & Scholing, A. (2006). Recidive bij subgroepen van zedendelinquenten in de ambulante forensische psychiatrie. *Tijdschrift voor Seksuologie, 30*, 187-194.

16   Seto, M.C. (2008). Pedophilia: Psychopathology and theory. In: D.R. Laws, & W.T. O'Donohue (Eds.), *Sexual deviance: Theory, assessment, and treatment.* New York: The Guilford Press.

17   Seto, M.C. (2008). Pedophilia: Psychopathology and theory. In: D.R. Laws, & W.T. O'Donohue (Eds.), *Sexual deviance: Theory, assessment, and treatment.* New York: The Guilford Press.

18   Hucker, S.J. (2008). Sexual masochism: Psychopathology and theory. In: D.R. Laws, & W.T. O'Donohue (Eds.), *Sexual deviance: Theory, assessment, and treatmentt* (pp. 250-263). New York: The Guilford Press.

19   Yates, P.M., Hucker, S.J., & Kingston, D.A. (2008). Sexual sadism: Psychpathology and theory. In: D.R. Laws, & W.T. O'Donohue (Eds.), *Sexual deviance: Theory, assessment, and treatment* (pp. 213-230). New York: The Guilford Press.

11 Gedragsstoornissen

1 Inleiding

Iedereen heeft de opgave een balans te vinden tussen de bevrediging van eigen behoeften en de eisen die vanuit de omgeving worden gesteld. Zo dient een persoon in staat te zijn om seksuele behoeften en agressieve impulsen te reguleren. Wanneer deze regulatie tekortschiet en er een directe bevrediging wordt nagestreefd zonder rekening te houden met de eisen vanuit de maatschappij, is de betrokkene onaangepast en ontstaan er problemen. Behalve grensoverschrijdend gedrag kan iemand zijn maatschappelijke positie of gezondheid schaden door zich te laten leiden door een directe lustbevrediging zonder rekening te houden met de aan het gedrag (op de langere termijn) verbonden risico's.

Om impulsen te kunnen reguleren dienen deze te kunnen worden afgeremd of onderdrukt. Men spreekt in dit verband van het vermogen tot inhibitie van impulsen. Bij de regulatie van de eigen behoeften en impulsen spelen meerdere factoren een rol. Voor het inhiberen van impulsen dienen de voorkwabben van de hersenen (prefrontale cortex) volgroeid te zijn. De prefrontale cortex is het deel van de hersenen dat het laatst in de ontwikkeling van de hersenen tot rijping komt. De rijping van de prefrontale cortex is pas omstreeks het 25e jaar voltooid.[1] Op deze laatste leeftijd is ook het vermogen tot planning en het overzien van consequenties van het gedrag eerst goed tot ontwikkeling gekomen. Deze late rijping van de prefrontale cortex maakt begrijpelijk waarom jongvolwassenen nog sterk onbezonnen gedrag kunnen vertonen.

Wanneer later in het leven de prefrontale cortex door een lichamelijke aandoening wordt aangetast, bijvoorbeeld door dementie of een hersenbloeding, kan hierdoor het inhibitievermogen afnemen. In een dergelijke situatie kan een voorheen adequaat functionerende betrokkene bijvoorbeeld seksueel grensoverschrijdend gedrag of woedeaanvallen gaan vertonen. Ook kan het inhibitievermogen worden aangetast door het gebruik van alcohol en sommige drugs.

Bij de regulatie van behoeften speelt ook het geweten een rol. Het geweten is een psychische functie gericht op het afstemmen van de bevrediging van eigen behoeften en verlangens op in de sociale ontwikkeling verkregen normatieve opvattingen. Een voorbeeld van zo'n opvatting is dat men niet fraudeert ook al is zeker dat dit niet ontdekt wordt. Tevens speelt het geweten een rol bij het rekening houden met de behoeften en emoties van anderen. Zo kan een betrokkene bepaalde eigen verlangens onderdrukken vanuit de notie dat anders de ander pijn zal worden gedaan. Hiervoor is wel vereist dat de betrokkene in staat is zich in de ander emotioneel te verplaatsen. Men spreekt in dit verband van **het vermogen tot empathie**. De kwaliteit van de opvoedingssituatie speelt een belangrijke rol bij de ontwikkeling van de gewetensfunctie en het empathische vermogen. Wanneer het kind op een stabiele wijze wordt opgevoed met aandacht en liefde, zal het kind deze positieve relatievorming kunnen verinnerlijken en dit vormt de basis van waaruit de gewetensvorming zich kan ontwikkelen. Wanneer er sprake is van emotionele verwaarlozing dan ontbeert het kind deze basis en is de kans groter dat het geweten en het vermogen tot empathie onvoldoende tot ontwikkeling komen. Een patroon van directe behoeftebevrediging zonder rekening te houden met maatschappelijke normen en belangen van anderen kan dan het gevolg zijn.

Een ander aspect dat een rol kan spelen bij het vermogen tot impulsregulatie is de context. Wanneer een betrokkene verkeert in een situatie waarin weinig structuur aanwezig is, zal dit in het algemeen gesproken een negatief effect hebben op het inhibitievermogen. De verklaring hiervoor is dat een externe structurering, zoals een duidelijke dagindeling met activiteiten of werk, met zich meebrengt dat de betrokkene zich moet richten op te verrichten taken. Door deze taakgerichtheid wordt de prefrontale cortex meer geactiveerd. Deze activering van de prefrontale cortex heeft een positief effect op het vermogen impulsen te inhiberen.

1.1   Drangmatig en impulsief gedrag

Er wordt een onderscheid gemaakt tussen **drangmatig gedrag** en **impulsief gedrag**, maar deze gedragspatronen kunnen elkaar ook deels overlappen. Bij een **dranghandeling is er een voortdurend** verlangen om tot een bepaald gedrag te komen. Wanneer de neiging om het gedrag uit te voeren toeneemt, leidt dit tot een gevoel van spanning. Het doen van de handeling geeft lust, ontspanning of opluchting. Een voorbeeld van drangmatig gedrag zijn de parafiele stoornissen.

Bij **impulsief gedrag vindt er strikt genomen tussen de aandrang tot de handeling en de uitvoering ervan geen innerlijke afweging plaats**. In het dagelijks spraakgebruik wordt gedrag waarbij er slechts in geringe mate (zeer kortdurend) een innerlijke afweging wordt gemaakt ook als impulsief gedrag beschouwd. Impulsief gedrag treedt vooral op wanneer er sprake is van een oplopende spanning of een angstige stemming. **Bij een lage frustratietolerantie neemt de kans op impulsief gedrag toe.**

Het onderscheid tussen drangmatig en impulsief gedrag wordt bepaald door de vraag of er sprake is geweest van een innerlijke afweging. Bij drangmatig gedrag is in zekere mate enige beheersing mogelijk. Maar de combinatie van deze twee gedragspatronen kan ook optreden. Zo kan er bij pedoseksualiteit vanuit het drangmatige gedragspatroon planmatig contact worden gezocht met een kind. Daarnaast kan er ook impulsief gedrag optreden waarbij zonder een proces van toenadering van het kind er direct tot seksueel contact wordt overgegaan.

Zowel drangmatig als impulsief gedrag wordt beleefd als behorend tot de eigen identiteit. Dit verschilt van dwangmatig gedrag dat tegen de wil in van de betrokkene wordt uitgevoerd. De betrokkene ervaart dwangmatig gedrag als wezensvreemd aan zichzelf. Daarbij zijn aan dwangmatig gedrag geen lustgevoelens verbonden. De betrokkene ervaart juist dat zonder het uitvoeren van het dwangmatige handelen er angst optreedt.

Drangmatig en impulsief gedrag kunnen bij meerdere psychiatrische stoornissen als symptoom aanwezig zijn. Zo komt impulsief gedrag onder meer voor bij de antisociale- en borderline-persoonlijkheidsstoornis, bij een manische episode en bij een aandachtsdeficiëntie-/hyperactiviteitsstoornis (ADHD). In dit hoofdstuk worden stoornissen behandeld waarbij de zelfcontrole tekortschiet en waarbij de rechten van anderen worden geschonden of waarbij de betrokkene in conflict komt met maatschappelijke normen of autoriteitsfiguren.

2 Periodiek explosieve stoornis (PES)

Kenmerkend voor de periodiek explosieve stoornis (PES) is het optreden van woedeaanvallen. Er is veel discussie of een zich herhalend patroon van woedeaanvallen als een eigenstandige stoornis dient te worden beschouwd of dat dit gedrag een symptoom is van een andere stoornis. Zo komen woedeaanvallen vooral voor bij de antisociale- en borderline-persoonlijkheidsstoornis. De huidige stand van de discussie is dat een patroon van woedeaanvallen als zelfstandige stoornis voorkomt en dat het ook naast een andere stoornis kan optreden. In het bijzonder gaat het dan om ADHD en de autismespectrumstoornis. Wanneer er sprake is van een stoornis in het gebruik van een middel en er tevens sprake is van woedeaanvallen, kan er alleen van PES worden gesproken wanneer de woedeaanvallen ook voorkomen zonder dat een betrokkene onder invloed is. Hoe vaak PES in Nederland voorkomt is niet bekend.

2.1   Kenmerken

Bij de periodiek explosieve stoornis reageert de betrokkene met verbale of fysieke agressie in reactie op een geringe mate van frustratie of stress. De aanloop naar de agressie kan zeer kort zijn. Er zijn nauwelijks tekenen die aan het agressieve gedrag voorafgaan. Zowel voor de betrokkene als voor de buitenwereld treedt de agressie vrijwel onverwachts op. De agressie is dan ook niet gericht op het bereiken van een bepaald doel, bijvoorbeeld het verkrijgen van geld of status. Een woedeaanval duurt meestal niet langer dan dertig minuten. De mate van de agressie staat in geen verhouding tot de opgedane frustratie in een situatie. Nogal eens vertelt de betrokkene achteraf dat hij spijt heeft van wat hij heeft gedaan. De stoornis kan leiden tot ernstige negatieve sociale gevolgen: het verlies van vrienden of een partner, ontslag op het werk, en/of financiële problemen doordat aangerichte schade vergoed moet worden. Fysieke agressie kan uiteraard ook strafrechtelijke gevolgen hebben.

Er kan pas van deze stoornis worden gesproken wanneer er een patroon is van zich herhalende woedeaanvallen en deze aanvallen in een minimale frequentie voorkomen. Men maakt hierbij een onderscheid tussen verbale en fysieke agressie. Bij verbale agressie dient dit minstens tweemaal per week op te treden gedurende een periode van drie maanden. Bij fysieke agressie gaat het om minstens driemaal in een jaar en het beschadigen van eigendommen of het aanvallen van andere mensen.

2.2   Ontstaan

Betrokkenen waarbij in de voorgeschiedenis sprake is geweest van lichamelijke of emotionele mishandeling, hebben een grotere kans om een periodiek explosieve stoornis (PES) te ontwikkelen. Het is waarschijnlijk dat bij het impulsieve agressieve gedrag een tekort aan serotonine in vooral de prefrontale cortex een belangrijke rol speelt. Familieleden van een betrokkene met PES hebben een grotere kans op het vertonen van impulsieve agressie en een genetische factor speelt hierbij een significante rol.

2.3   Behandeling

Impulsregulatiestoornissen waaronder PES worden behandeld met cognitieve gedragstherapie. Belangrijke onderdelen hierbij zijn het onderkennen van de omstandigheden waarin het impulsieve gedrag vaak optreedt (risicosituaties) en het leren registreren bij zichzelf van tekenen van een oplopende spanning zodat de betrokkene meer tijd krijgt om in te grijpen en op tijd weg van de situatie te gaan (time-out). Verder kunnen interpersoonlijke vaardigheden worden aangeleerd zoals hoe te handelen in een conflictsituatie. Ook kan aandacht worden gegeven aan hoe om te gaan met vermeende krenkingen. Hierbij kan een betrokkene leren 'boven een situatie te staan' en dat weggaan uit een situatie een teken van kracht is in plaats van zwakte. Ook wordt besproken dat door factoren als vermoeidheid, en alcohol- en drugsgebruik de neiging tot impulsief gedrag sterk kan toenemen. Medicamenteuze behandeling van PES kan bestaan uit het voorschrijven van serotonineheropnameremmers; ook worden wel antipsychotica in een lage dosering gegeven.

2.4 Beloop

De stoornis begint meestal in de adolescentie. Wanneer er een patroon van impulsief agressief gedrag voor het eerst na het 40e levensjaar optreedt, dient men zeer attent te zijn op het aanwezig zijn van een lichamelijke stoornis of een psychiatrische stoornis zoals een depressie of een psychose. PES blijft in de regel jarenlang bestaan en wordt beschouwd als een chronische stoornis. Rond het 50e jaar zouden de frequentie en intensiteit van de woedeaanvallen afnemen.[2]

3 Kleptomanie

Diefstal komt vaak voor. Jaarlijks worden zo een 1,7 miljoen winkeldiefstallen gepleegd.[3] Slechts bij een klein deel hiervan wordt aangifte gedaan. Ruim 30.000 verdachten worden aangehouden. Het motief voor diefstal is vrijwel altijd winstbejag of om het ontvreemde zelf te kunnen gebruiken. Soms wordt gestolen vanuit kwaadheid en omdat iemand wraak wil nemen. In de adolescentie kan de drijfveer soms groepsdruk van leeftijdsgenoten zijn. Bij een klein deel van de winkeldieven is er sprake van een drang om te stelen. Dit wordt kleptomanie genoemd. Het gaat vrijwel altijd om winkeldiefstal maar het hoeft zich niet hiertoe te beperken.

3.1 Kenmerken

Bij kleptomanie is er een drang om artikelen te stelen en is de betrokkene bij herhaling niet in staat om deze impuls te weerstaan. De artikelen zijn niet nodig voor persoonlijk gebruik en worden niet gestolen vanwege hun geldelijke waarde. Direct voorafgaand aan de diefstal ervaart de betrokkene een toenemende spanning. Gedurende het stelen is er een gevoel van opluchting, voldoening of plezier. De betrokkene benoemt dit vaak als dat het stelen een kick geeft. De voorwerpen worden gestolen ondanks dat de betrokkene meestal voldoende geld heeft om ze te kopen. Vaak worden de voorwerpen weggegeven of opgeslagen zonder er iets mee te doen. Soms wordt het gestolen goed heimelijk teruggebracht.

De drang om te stelen kan geruime tijd aanwezig zijn, maar het stelen zelf gebeurt in een impuls. De diefstal vindt dan ook overwegend ongepland plaats. De diefstal wordt alleen gepleegd zonder hulp van anderen. Wanneer de betrokkene zich bewust is dat er een grote kans is om te worden betrapt, kan de diefstal worden uitgesteld. Vaak schaamt de betrokkene zich voor het stelen. Bij een deel van de betrokkene met kleptomanie is er in de loop der jaren een neiging om situaties op te zoeken waarbij de kans om betrapt te worden toeneemt.[4] Doordat de spanning tijdens het stelen dan groter wordt, neemt de ervaren kick na een diefstal namelijk toe.

3.2   Ontstaan

Het is niet bekend hoe kleptomanie ontstaat. Er is weinig onderzoek gedaan naar kleptomanie. Dit hangt samen met de veronderstelling dat de stoornis weinig zou voorkomen. Kleptomanie komt driemaal vaker voor bij vrouwen dan bij mannen[5] in tegenstelling tot de 'gewone' winkeldiefstal: ongeveer 60% hierbij is man.[6] Alleen in de leeftijdsgroep van 12-17 jaar komt winkeldiefstal meer bij vrouwen voor.

Er zijn psychologische theorieën die kleptomanie beschouwen als een manier om onlustgevoelens te bestrijden. De direct na de diefstal optredende gevoelens van voldoening worden gezocht om negatieve emoties te verdoven. Een negatieve emotie kan hierbij een depressieve stemming zijn, maar ook een daling van het zelfgevoel. Een daling van het zelfgevoel kan er bijvoorbeeld zijn wanneer een betrokkene zich gekrenkt voelt door de opstelling van een ander, of het gevoel heeft gefaald te hebben wat betreft aan zichzelf opgelegde eisen. Soms speelt verwaarlozing in de jeugd een rol en is het stelen van voorwerpen een surrogaat voor het krijgen van aandacht. Ook kunnen gevoelens van verveling en eenzaamheid de drempel verlagen om toe te geven aan de impuls om te stelen.

3.3   Bijkomende stoornissen

Naast kleptomanie is er geregeld sprake van het voorkomen van een andere psychiatrische stoornis. Het gaat hierbij vooral om **stemmings- of angststoornissen**. Zo kan een **depressieve stemming de drang tot stelen versterken**. Na
een diefstal kunnen schaamte- en schuldgevoelens de depressieve stemming
weer verder verdiepen. Kleptomanie kan samen voorkomen met een drang
tot kopen ('koopziekte'). **De koopziekte kan** hierbij mogelijk beschouwd
worden als een manier om de impuls tot stelen om te buigen naar gedrag
dat minder de maatschappelijke positie beschadigt. Herhalende diefstal kan
ook optreden bij een **(hypo)manische ontremming**. In een dergelijke situatie is er geen sprake van kleptomanie.

3.4   Behandeling

Psychologische behandeling bestaat uit **cognitieve gedragstherapie** met onder
meer het leren bij **zichzelf onderkennen welke gevoelens voorafgaan aan
de drang om te stelen en hoe deze gevoelens te hanteren**. De betrokkene
leert om afleiding te zoeken wanneer deze gevoelens opkomen en om risicosituaties te vermijden. Wanneer de betrokkene in de behandeling meer
zelfcontrole heeft ontwikkeld, worden er juist steeds moeilijkere situaties
opgezocht om te oefenen met het niet toegeven aan de impuls om te stelen.
Er is **geen specifieke medicamenteuze behandeling** bekend voor kleptomanie. Er kan **naltrexon worden gegeven**. Dit blokkeert de werking van opiaatreceptoren in de hersenen. Dit middel wordt ook bij alcohol- en drugsverslaving gegeven **tegen de** *craving* (hunkering naar een middel). Bij kleptomanie
vermindert dit middel het gevoel van voldoening en van de kick na het stelen. Hierdoor neemt **de psychologische 'beloning' van het toegeven aan de**
impuls tot stelen af en wordt het stelen minder bekrachtigd. Ook kunnen
er **serotonineheropnameremmers** worden gegeven. Hiermee wordt beoogd
het vermogen te versterken om de impuls tot stelen te onderdrukken. De
heropnameremmers zijn een eerste keuze wanneer bij kleptomanie tevens
depressieve symptomen aanwezig zijn.

3.5   Beloop

Over het algemeen begint kleptomanie op jongvolwassen leeftijd maar het kan ook veel later beginnen, zelfs na het 50e jaar. Kleptomanie lijkt zonder behandeling vele, soms tientallen jaren te blijven bestaan. Het beloop kan fluctueren met (langdurige) episoden waarin niet of weinig wordt gestolen en periodes waarin diefstal dagelijks of meerdere keren per dag plaatsvindt.

4   Pyromanie

Bij brand is frequent sprake van brandstichting. Zo is bij ongeveer een kwart van de branden in hoogbouwflats en in 80% van autobranden brandstichting de oorzaak.[7] Er kunnen velerlei reden aan brandstichting ten grondslag liggen. Het kan onder meer gaan om verzekeringsfraude, het verbergen van een misdrijf of een politieke ideologie. Het kan ook voortkomen vanuit kwaadheid of wraak bijvoorbeeld jegens een vroegere partner of werkgever.[8] Ook kan brand worden gesticht om de situatie te verbeteren waarin de betrokkene zich bevindt. Zo kan bijvoorbeeld worden afgedwongen dat een andere verblijfplaats beschikbaar wordt gesteld. In ongeveer 10% van de aanhoudingen vanwege brandstichting zou sprake zijn van een dader met een psychiatrische stoornis.[9] Het gaat hierbij vooral om een antisociale- of borderline-persoonlijkheidsstoornis.[10] Dit zijn persoonlijkheidsstoornissen waarvan een van de kenmerken impulsief gedrag is. Daarnaast gaat het om psychotische stoornissen, vooral schizofrenie, waarbij onder invloed van hallucinaties of wanen brand wordt gesticht. Een voorbeeld is de betrokkene die de visuele hallucinatie heeft dat haar kamer krioelt van de insecten en brand sticht om deze te verdrijven. Een andere stoornis waarbij brandstichting kan voorkomen is de (ernstige) depressieve stoornis. Het brandstichten kan hierbij voortkomen vanuit de wens zich te suïciden. Ook een (hypo)manische ontremming kan gepaard gaan met brandstichten.

Vaak is er naast de genoemde stoornissen tevens sprake van middelenmisbruik, vooral van alcohol, en is de betrokkene onder invloed bij het brandstichten. Bij de betrokkene is er geregeld ook sprake van een verstandelijke beperking dan wel een lager dan gemiddelde intelligentie. Brandstichters worden nogal eens gekenmerkt door een gering zelfvertrouwen en moeite om zich te uiten, vooral wat betreft gevoelens van kwaadheid.[11] Ook is er geregeld sprake van beperkte sociale vaardigheden.[12]

Er is reeds vanaf de negentiende eeuw een discussie gaande of brandstichting ook kan voorkomen als eigenstandige psychiatrische stoornis. Deze stoornis wordt aangeduid met de term pyromanie. Een van de redenen waarom deze discussie tot op heden doorgaat is dat pyromanie zeer weinig voorkomt en er daardoor relatief weinig wetenschappelijke gegevens over zijn.

4.1 Kenmerken

Er kan alleen van pyromanie worden gesproken indien aan alle volgende criteria wordt voldaan.

- Het dient te gaan om meerdere episoden waarbij er opzettelijk en doelgericht brand is gesticht.
- Voorafgaand aan het daadwerkelijk brandstichten ervaart de betrokkene een spanning of een opgewonden stemming.
- Er bestaat een fascinatie of nieuwsgierigheid naar vuur en de situatie hieromheen. Dit kan zich onder meer uiten in het gadeslaan van branden en het toekijken hoe de brandweer de brand blust. Het kan hierbij gaan om branden die de betrokkene zelf heeft gesticht. Ook kunnen er valse brandmeldingen worden gedaan zodat de brandweer uitrukt. De betrokkene kan zich aangetrokken voelen tot brandweerkazernes en het blusmaterieel. Soms kan de betrokkene zelf brandweerman zijn.
- Er wordt bevrediging of opluchting beleefd tijdens het brandstichten, het kijken naar de brand of het deelnemen aan acties die daarna volgen.

4.2 Behandeling

Er bestaat geen algemeen geaccepteerde psychologische behandeling voor pyromanie. Net zoals bij brandstichters zal ook bij pyromanie aandacht worden gegeven aan mogelijk aanwezige persoonlijkheidsproblematiek zoals een onvermogen om agressie te uiten of tekorten aan sociale vaardigheden. Tevens wordt de betrokkene geleerd op een andere manier om te gaan met stress dan door brandstichting. Door voorlichting over de risico's van vuur wordt getracht de betrokkene bewust te maken van de gevolgen van het brandstichten. Sommige behandelaren nemen de betrokkene hiervoor mee naar een brandwondenkliniek.[13]

Er is geen specifieke medicamenteuze behandeling voor pyromanie. Soms wordt, net zoals bij kleptomanie, naltrexon gegeven waardoor de opiaatreceptoren worden geblokkeerd. Ook worden serotonineheropnameremmers gegeven vanuit de gedachte dat er sprake is van een verlaagde serotonerge activiteit in de frontale hersendelen waardoor de inhibitie van de drang tot brandstichten tekortschiet.

4.3   Beloop

Het langetermijnbeloop van pyromanie is niet bekend. Vaak wisselen zich periodes met een hoge frequentie van brandstichten af met een periode met een lage frequentie of geen brandstichtingen.

5   Gokstoornis

De gokstoornis heeft overeenkomsten met een verslaving in de zin dat ook hierbij **hetzelfde beloningscentrum in de hersenen wordt geactiveerd als bij drugsgebruik**. Bij gokken kan er zich ook tolerantie ontwikkelen: er is steeds meer geld nodig om de gezochte opwinding met gokken te bereiken. Dit is de reden dat in de DSM-5 deze stoornis wordt gerangschikt bij de groep van middelengerelateerde stoornissen. Aangezien er bij de gokstoornis echter geen sprake is van het gebruik van een middel, is ervoor gekozen deze in dit hoofdstuk te beschrijven.

Bij gokken gaat het om de spanning en de kick van het winnen. Bij het gokken gaat het vooral om spelvormen waarbij er op korte termijn gewonnen kan worden. Voorbeelden hiervan zijn fruitautomaten en casinospelen. De mogelijkheid om op korte termijn te kunnen winnen verhoogt de spanning van het spel en verlaagt de drempel om weer in te zetten. Deze dynamiek speelt minder bij spellen waarbij er langere duur is tussen inzet en uitkomst zoals een loterij.

5.1   Kenmerken

Er bestaat aanhoudend gokgedrag dat leidt tot lijden of problemen met het functioneren van de betrokkene. De betrokkene is meestal **gepreoccupeerd met gokken** zoals het plannen van de volgende gok of nadenken over manieren om weer aan geld te komen om te kunnen gokken. Wanneer er geld is verloren, wordt getracht de volgende dag het verspeelde bedrag weer terug te winnen. Hierbij kunnen extra grote bedragen worden ingezet vanuit de gedachte om zo weer quitte te kunnen spelen. **De betrokkene liegt vaak om de omvang van zijn gokgedrag te verhullen.** Het gokken treedt doorgaans **versterkt naar voren wanneer er sprake is van negatieve gevoelens zoals gespannenheid of somberheid.** Bij een poging om het gokken te verminderen raakt de betrokkene meestal rusteloos of prikkelbaar. Er kunnen zich lichamelijke klachten voordoen zoals slapeloosheid, tremors en overmatig transpireren. Het lukt niet goed om het gokken in de hand te houden of te stoppen. De betrokkene gaat er nogal eens van uit dat anderen voor geld zullen zorgen om een door het gokken veroorzaakte hopeloze financiële situatie te verlichten. Soms neemt een betrokkene zijn toevlucht tot delict-gedrag zoals fraude of diefstal om maar aan geld te komen om te gokken. Uiteindelijk kan de betrokkene zijn relatie of werk door het gokken kwijt-raken.

Een betrokkene vertoont nogal eens cognitieve vervormingen in de zin van dat hij denkt een **vorm van controle te hebben** op de uitkomst van een kans-spel of er is sprake van een op niets gebaseerd vertrouwen dat hij gaat win-nen. Tijdens het gokken verliest geld voor het gevoel van de betrokkene zijn waarde en kunnen gemakkelijk grote bedragen worden ingezet, daarna dringt de realiteit van de omvang van het verlies pas tot de betrokkene door.

5.2 Behandeling

Bij de behandeling worden **cognitief-gedragstherapeutische principes toegepast**. De betrokkene begint met te registreren wanneer hij gaat gokken om zo zich bewust te worden van gevoelens of situaties die een toename geven van het gaan gokken. Risicosituaties als het bezoeken van plaatsen met een gokhal of veel geld bij zich hebben worden vervolgens getracht te vermij-den. Daarnaast wordt getracht **de zelfcontrole te vergroten door het zoeken** van afleiding op momenten waarop men de drang heeft om te gaan gokken. **Manieren om het gokken te beperken zijn het vooraf met zichzelf af te spre-ken hoeveel tijd en geld men hieraan besteedt en bij verlies geen pogingen te doen om dit weer terug te winnen.** De cognitieve vervormingen, zoals het idee de kansen van het spel te kunnen beïnvloeden, worden besproken hoewel het effect hiervan vooral bij zware gokkers beperkt is. Er zijn ook **zelfhulpgroepen** voor betrokkenen met een gokstoornis. Er kunnen ook **medicijnen** worden ingezet bij de behandeling; het gaat hierbij vooral om **opiaatantagonisten**.

5.3 Beloop

Een gokstoornis ontwikkelt zich **meestal in een aantal jaren**. **Mannen beginnen doorgaans op een jongere leeftijd dan vrouwen**, maar bij de laatste groep verloopt de ontwikkeling naar een gokstoornis doorgaans sneller.

6   Antisociaal-gedragsstoornis

De antisociaal-gedragsstoornis (ook wel normoverschrijdend-gedragsstoornis genoemd) begint in de kinderleeftijd of in de adolescentie. In de DSM-classificatie wordt de term *conduct disorder* gehanteerd. Bij deze stoornis worden de rechten van anderen geschonden door agressie, vernielingen, leugenachtigheid, diefstal of ernstige schendingen van regels. Veel jongeren kunnen in hun ontwikkeling, al dan niet beïnvloed door de peergroep waarvan ze deel uitmaken, storend gedrag vertonen. Meestal blijft dit gedrag in omvang beperkt en treedt het slechts tijdelijk op. Bij de normoverschrijdend-gedragsstoornis is er echter sprake van een aanhoudend en zich herhalend antisociaal gedragspatroon. De antisociale gedragingen vinden meestal zowel thuis als ook op school en in de maatschappij plaats. De betrokkene laat zich nauwelijks tot niet in zijn gedrag bijsturen. Er is meestal een nors humeur en bij aanspreken is de betrokkene lichtgeraakt. Er is een geringe frustratietolerantie en zelfcontrole. Indien getracht wordt het gedrag te begrenzen, stelt de betrokkene zich vaak onverzoenlijk en rancuneus op. De betrokkene is nauwelijks gevoelig voor straf en het gedrag wordt hierdoor vrijwel niet beïnvloed. De betrokkene kan snel aangebrand en haatdragend zijn, wat vooral zichtbaar wordt in situaties waarin gevraagd wordt zich aan regels te conformeren en verantwoordelijkheden op zich te nemen zoals op school, op een stageplaats of in een arbeidssituatie. De betrokkene interpreteert de bedoelingen van anderen vaak als vijandig en bedreigend terwijl dit in werkelijkheid niet het geval is. Er bestaat vaak een behoefte aan spanning (*thrill seeking*) en er is frequent sprake van roekeloos gedrag. De school wordt als saai ervaren, huiswerk wordt niet gemaakt en de schoolprestaties zijn meestal dan ook slecht. Geregeld is er ook sprake van spijbelen.

De antisociaal-gedragsstoornis komt vaker bij de mannelijke dan bij de vrouwelijke sekse voor. Bij jongens wordt het gedrag vooral gekenmerkt door het beginnen met vechtpartijen, stelen en vandalisme. Bij meisjes is er vaker sprake van liegen, weglopen en prostitutie. Het antisociale gedrag kan onder meer leiden tot het niet afmaken van een opleiding, het vaak wisselen van werk, seksueel overdraagbare aandoeningen, ongepland zwanger worden en tot door gevechten opgelopen letsel. Naar schatting heeft ongeveer 2% van de jeugdigen een antisociaal-gedragsstoornis.[14]

Soms wordt er onvoldoende onderscheid gemaakt tussen een gedragsprobleem en een antisociaal-gedragsstoornis. Een antisociaal-gedragsstoornis wordt gekenmerkt door een langdurig patroon van antisociale gedragingen en is een ernstige stoornis die pas vastgesteld kan worden wanneer aan de desbetreffende DSM-criteria wordt voldaan. Een gedragsprobleem is een algemene term voor ongewenst gedrag en dit kan zich op uiteenlopende gebieden voordoen, bijvoorbeeld onderpresteren door faalangst, of opstandig gedrag tegen de ouders.

6.1   Kenmerken

Om te kunnen spreken van een antisociaal-gedragsstoornis dient er gedurende het laatste jaar sprake te zijn geweest van ten minste **drie van de vijftien** **DSM-criteria voor antisociale gedragingen.** Deze vijftien criteria worden onderverdeeld in vier clusters: agressie tegen mensen en dieren, vernieling van eigendom, leugenachtigheid of diefstal en ernstige schending van regels.

Agressie tegen mensen en dieren

Onder het cluster agressie tegen mensen en dieren vallen de DSM-criteria: (1) vaak pesten (waaronder via internet), **bedreigen of intimideren van anderen;** (2) **het geregeld beginnen met vechtpartijen;** (3) het gebruik van een 'wapen' waarmee ernstig lichamelijk letsel kan worden toegebracht, bijvoorbeeld een gebroken fles, een ketting, een mes of een vuurwapen; het mishandeld hebben van (4) mensen of (5) dieren; (6) het in direct contact bestelen van een slachtoffer zoals een tasjesroof, door afpersing of gewapende overval; en: (7) het een ander dwingen tot seksueel contact.

Vernieling van eigendom

Onder het cluster vernieling van eigendom vallen de DSM-criteria: (8) opzettelijk brandstichten teneinde ernstige schade te veroorzaken; en: (9) het op een andere wijze dan brandstichting opzettelijk vernielen van andermans eigendommen.

Leugenachtigheid of diefstal

Onder het cluster leugenachtigheid of diefstal vallen de DSM-criteria: (10) inbreken in iemands huis, een gebouw of auto; (11) liegen om goederen of gunsten van anderen te krijgen of om verplichtingen uit de weg te gaan; en: (12) zonder direct contact met het slachtoffer stelen van voorwerpen met waarde, zoals bij winkeldiefstal of valsheid in geschrifte.

Ernstige schendingen van regels

Onder het cluster ernstige schending van regels vallen de DSM-criteria: (13) voor het 13e jaar ondanks het verbod van de ouders vaak 's nachts van huis wegblijven; (14) minsten tweemaal van huis weglopen en 's nachts wegblijven, of eenmaal voor langere tijd wegblijven; en: (15) vaak spijbelen, beginnend voor het 13e jaar.

Beoordeling

Bij de beoordeling of er aan een of meer criteria wordt voldaan, dient er ook informatie bij anderen, zoals ouders en docenten, ingewonnen te worden. Wanneer aan minstens een criterium wordt voldaan voor het 10e jaar, wordt er gesproken van een antisociaal-gedragsstoornis ontstaan in de kinderleeftijd. Er is sprake van een gedragsstoornis in de adolescentie wanneer er geen enkel symptoom aanwezig is voor het 10e jaar. De ernst van een gedragsstoornis varieert afhankelijk van het aantal aanwezige symptomen van licht tot matig of ernstig.

6.2   Bijkomende stoornissen

Vooral bij de gedragsstoornis ontstaan in de kinderleeftijd is er in zo een 40-60% tevens sprake van ADHD.[15] Middelenmisbruik komt bij deze groep vaker voor.

6.3   Ontstaan

Bij het ontstaan, vooral in de kinderleeftijd, van een antisociaal-gedragsstoornis speelt een genetische aanleg een belangrijke rol. Deze genetische aanleg kan zich versterkt gaan uiten wanneer er tevens sprake is van bepaalde omgevingsfactoren. Het kan gaan om een negatieve beïnvloeding tijdens de zwangerschap zoals door roken, alcoholgebruik of een sterk verhoogd stressniveau. Een ongunstige uitkomst ontstaat wanneer een kind met een genetische aanleg voor een gedragsstoornis gedurende de vroege jeugd wordt verwaarloosd, seksueel misbruikt of fysiek mishandeld.[16] Deze combinatie leidt tot een sterk verhoogde mate van agressief gedrag. Andere risicofactoren zijn opgroeien in een instabiele en gewelddadige gezinssituatie, en het omgaan met criminele leeftijdsgenoten.[17]

6.4   Behandeling

De behandeling hangt mede af van de leeftijd van de betrokkene en de ernst van de antisociaal-gedragsstoornis. Wanneer er sprake is van een bijkomende stoornis zoals ADHD of verslaving, dient deze te worden behandeld. Besproken wordt dat door het gedrag van de betrokkene en de afwijzende reactie hierop door de ouders en omgeving, er een zich versterkend negatief interactiepatroon kan ontwikkelen. Het voortdurend door het vertoonde antisociale gedrag opwekken van een negatieve reactie vanuit de omgeving kan bij de betrokkene leiden tot het op voorhand negatief interpreteren van het

gedrag van anderen.[18] Met het wegvallen van de ondersteuning door anderen gaat de betrokkene zich nog verder afzetten. De betrokkene heeft mede
door dit negatieve interactiepatroon niet geleerd hoe conflicten adequaat
kunnen worden opgelost.

Meestal wordt een combinatie ingezet van een gedragstherapeutische
oudertraining, gericht op opvoedingsvaardigheden, en training van de
betrokkene in het verbeteren van de sociale vaardigheden en de agressie-
regulatie. Een struikelblok bij de behandeling van een betrokkene kan zijn
dat hij zelf weinig probleembesef heeft en de oorzaak van de problemen bij
anderen legt. Ook kan er een multisysteemtherapie worden ingezet. Hierbij
kunnen naast de ouders ook anderen zoals docenten, leden van de peergroep en buurtgenoten bij de behandeling worden betrokken. Er bestaat
geen medicatie specifiek gericht op de antisociaal-gedragsstoornis.

Afhankelijk van de ernst van de gedragsstoornis en de leeftijd van de
betrokkene zal de behandeling ambulant of dagklinisch verlopen. Wanneer
de agressie gevaar voor anderen inhoudt of de belasting voor de ouders te
zwaar wordt, kan de betrokkene worden opgenomen.

6.5   Beloop

Het beloop van een antisociaal-gedragsstoornis varieert en hangt onder meer af
van het tijdstip van ontstaan en de ernst van de stoornis. Bij het ontstaan
in de adolescentie en een lichte tot matige ernst van de gedragsstoornis
komt het in de volwassenheid vaak tot een adequate sociale en maatschappelijke inpassing. Wel kan er zich later een psychiatrische stoornis ontwikkelen zoals een depressieve stoornis of een verslaving. De in de kindertijd
ontstane antisociaal-gedragsstoornis heeft een ongunstiger beloop. Bij deze
vorm kan er reeds in de peuter- of kleuterleeftijd sprake zijn van frequente
driftbuien en oppositioneel gedrag. Een gunstige factor voor het beloop is
wanneer het kind in staat is tot het aangaan van relaties. Bij het toenemen
van de leeftijd kunnen de antisociale gedragingen ernstiger worden door
een toename van de fysieke kracht en de seksuele rijping. Wanneer de antisociale gedragingen tot in de volwassenheid voortduren, wordt in de regel
voldaan aan de criteria voor een antisociale-persoonlijkheidsstoornis.

7 Oppositionele-opstandige stoornis

De eerste symptomen van de oppositionele-opstandige stoornis beginnen doorgaans op kleuterleeftijd. Er is een patroon van een boze, prikkelbare stemming, voortdurende onenigheid met autoriteitsfiguren of andere volwassenen, het weigeren zich aan regels te houden, het zich opzettelijk anderen ergeren en wraakzuchtig gedrag. De betrokkene ziet zijn gedrag als een gerechtvaardigde reactie op de in zijn ogen onredelijke gestelde eisen of op de omstandigheden. Het is belangrijk om na te gaan of het vertoonde gedrag vaker voorkomt dan bij anderen op die leeftijd. De ernst van de stoornis wordt afgemeten aan de vraag of het gedrag in meer settings (zoals thuis, op school, in werksituaties, in de peergroep) voorkomt. Men spreekt van een ernstige stoornis wanneer sommige symptomen zich in drie of meer settings voordoen.

Het onderscheid met de antisociaal-gedragsstoornis is dat bij de oppositionele-opstandige stoornis het vertoonde gedrag minder ernstig van aard is en er geen sprake is van agressie jegens mensen of dieren, en er geen vernieling van eigendommen, diefstal of oplichting plaatsvindt. De oppositioneelopstandige stoornis kan voorafgaan aan de ontwikkeling van een, vooral in de kinderleeftijd ontstane, antisociaal-gedragsstoornis. Aangezien men bij het vaststellen van de stoornis afhankelijk is van het verslag van de ouders of anderen, dient aandacht te worden gegeven aan welke normen door deze partijen worden aangehouden.

8 Forensische aspecten

Bij huiselijk geweld kan er soms sprake zijn van een periodiek explosieve stoornis (PES). Geringe echtelijke spanningen of in de buitenwereld opgedane frustraties kunnen dan resulteren in mishandeling van de partner of de kinderen. Ook bij uitgangsgeweld kan er sprake zijn van een periodiek explosieve stoornis, waarbij het alcohol- en/of drugsgebruik de impulsregulatie nog verder ondermijnt. Zo kan op een per ongeluk aanstoten in een café gereageerd worden met extreme agressie zoals de ander bewusteloos slaan of een gebroken bierglas in het gezicht duwen. Het slachtoffer heeft daarbij nauwelijks een idee wat de aanleiding tot het geweld kan zijn geweest. Ook in het verkeer zijn er voor een betrokkene met PES genoeg aanleidingen om tot agressief gedrag over te gaan, bijvoorbeeld het van de weg rijden van een medeautomobilist als reactie op het feit dat deze geen voorrang heeft gegeven.

Het komt geregeld voor dat een betrokkene die is aangehouden wegens diefstal aangeeft te lijden aan kleptomanie. Wanneer goederen te gelde zijn gemaakt of voor eigen nut worden gebruikt, pleit dit tegen kleptomanie. Hetzelfde geldt wanneer er sprake is van planning of de diefstal samen met anderen wordt uitgevoerd. De criteria voor kleptomanie vereisen tevens dat de betrokkene na een diefstal opluchting, voldoening of plezier ervaart. Herhaalde veroordelingen zonder behandeling zijn onvoldoende om een kleptomaan te bewegen te stoppen met het plegen van diefstallen.

Bij slechts een klein deel van de brandstichters met een psychiatrische stoornis is er sprake van pyromanie. Belangrijke criteria die wijzen op het mogelijk aanwezig zijn van pyromanie zijn een fascinatie voor vuur of brandweeractiviteiten, en het ontlenen aan lust of opluchting aan het brandstichten. Het brandstichten bij pyromanie kan een impulsief karakter hebben; dit is vooral het geval wanneer er tevens sprake is van middelengebruik, maar er kan ook sprake zijn van een uitgebreide voorbereiding. Een betrokkene kan opmerkelijk onverschillig zijn voor de gevolgen van de brandstichting: zowel in materieel opzicht als wat betreft het in gevaar brengen van mensenlevens. Soms wordt er bevrediging ontleend aan de tot stand gekomen vernietiging. De recidivekans wordt mede bepaald door de mogelijk aanwezige persoonlijkheidsproblematiek en andere psychiatrische stoornissen. Het is belangrijk om te trachten het aandeel van elk onderliggende factor in kaart te brengen en een inschatting te maken in welke mate deze door behandeling kan worden beïnvloed.

Betrokkenen met een antisociaal-gedragsstoornis kunnen door een veelheid aan (ernstige) delicten in contact komen met politie en justitie. Door roekeloos gedrag is er een grotere kans op verkeersongelukken. De zelfcontrole kan verder ondermijnd worden door alcohol- en drugsgebruik. Wanneer er tevens sprake is van een verstandelijke beperking, wordt het kunnen overzien van de consequenties van het eigen gedrag verder bemoeilijkt.

Instrumentele agressie gericht op eigen voordeel komt vooral voor wanneer een in de kindertijd ontstane antisociaal-gedragsstoornis samengaat met het ontbreken van schuldgevoelens en er een gevoelloosheid bestaat voor wat anderen wordt aangedaan. Sommige betrokkenen hebben een proces van emotionele verharding doorgemaakt waardoor zij steeds ongevoeliger worden voor wat zij anderen aandoen. Bij confrontatie met het delictgedrag worden de gevolgen voor de ander meestal gebagatelliseerd en beschouwt de betrokkene zichzelf als het slachtoffer van de omstandigheden. De ontwikkeling van een betrokkene kan verder worden bedreigd door het verkeren in een criminele peergroep. Het is van belang om te onderzoeken in hoeverre de betrokkene in zijn gedrag beïnvloed wordt door de druk van anderen.

Door de uitval op school of werk wordt de ontwikkeling van de betrokkene verder bedreigd. De betrokkene komt hierdoor nauwelijks meer in contact met een normstellende omgeving. Ook kunnen de ouders de greep op hun kind geheel kwijtraken. Een probleem kan soms zijn dat de ouders zelf de ernst van het gedrag van hun kind bagatelliseren. Soms speelt hierbij een rol dat de ouders de opvoeding niet meer aankunnen en bang zijn uit de ouderlijke macht te worden gezet. Ook kan het zijn dat binnen het gezin sommige vormen van antisociaal gedrag niet als normafwijkend wordt gezien.

9   Aandachtspunten

- Voor een adequate gewetensontwikkeling is het vereist dat de betrokkene in staat is zich in een ander te verplaatsen (vermogen tot empathie).
- Bij impulsief gedrag dat voor het eerst op latere leeftijd voorkomt, dient men attent te zijn op de mogelijkheid dat dit wordt veroorzaakt door een lichamelijke aandoening.
- Het te gelde maken van gestolen goederen pleit tegen het aanwezig zijn van kleptomanie.
- Wanneer er bij brandstichting bij de dader een psychiatrische stoornis aanwezig is, is slechts in een zeer klein deel hierbij sprake van pyromanie.
- De antisociaal-gedragsstoornis is een ernstige stoornis die zonder behandeling in het latere leven kan leiden tot psychiatrische stoornissen en vooral bij een in de kindertijd ontstane stoornis zich kan ontwikkelen tot een antisociale-persoonlijkheidsstoornis.
- Vooral bij de antisociaal-gedragsstoornis ontstaan in de kinderleeftijd is er in ongeveer 40% tevens sprake van een aandachtsdeficiëntie-/hyperactiviteitsstoornis (ADHD).

Noten

1   Doreleijers, T.A.H., & Fokkens, J.W. (2010). Minderjarigen en jongvolwassenen: pleidooi voor meer *evidence based*-strafrecht. In: T.A.H. Doreleijers, J.M. ten Voorde, M. Moerings (Red.), *Strafrecht en forensische psychiatrie voor 16- tot 23-jarigen* (pp. 87-124). Den Haag: Boom Juridische uitgevers.

2   Hovens, H. (2013). Periodieke explosieve stoornis. In: Franken, I. Muris, P., Denys., D. (Red.), *Basisboek psychopathologie* (pp. 671-682). Utrecht: De Tijdstroom.

3   Wetenschappelijk onderzoek- en Documentatiecentrum Ministerie van Veiligheid en Justitie. (2011). *Nationale Drug Monitor*. Amsterdam: TNS NIPO.

4   Grant, J.E., Odlaug, B.L., Davis, A.A., & Won Kim, S. (2009). Legal consequences of klepto-
         mania. *The Psychiatric quarterly, 80,* 251-259.

5   Scholing, A. (2013). Kleptomanie. In: I. Franken, P. Muris, & D. Denys (Red.), *Basisboek psy-
         chopathologie* (pp. 683-693). Utrecht: De Tijdstroom.

6   Detailhandel Nederland. (2012). *ABC Winkelcriminaliteit.* Leidschendam: Detailhandel
         Nederland.

7   Centraal Bureau voor de Statistiek. (2012). *Brandweerstatistiek 2011.* Den Haag: Centraal
         Bureau voor Statistiek.

8   Koenraadt, F. (2009). De wrede wrok van de wraak: Een drijfveer in de forensische psycholo-
         gie. In: J. Harte, T. Verhagen, & M. Zomer (Red.), '*Most probably the best professor of forensic
         psychiatry' Liber amicorum prof.dr. Dick Raes.* Nijmegen: Wolf Legal Publishers.

9   Barker, A.F. (1994). *Arson: A review of the psychiatric literature.* Oxford: Oxford University
         Press.

10   Tyler, N., & Gannon, T.A. (2012). Explanation of firesetting in mentally disordered offenders:
         A review of the literature. *Psychiatry, 75,* 150-166.

11   Koenraadt, F. Dalhuisen, L., & Nijman, H. (2013). Pyromanie. In: I. Franken, P. Muris, & D.
         Denys (Red.), *Basisboek psychopathologie* (pp. 695-708). Utrecht: De Tijdstroom.

12   Koenraadt, F. Dalhuisen, L., & Nijman, H. (2013). Pyromanie. In: I. Franken, P. Muris, & D.
         Denys (Red.), *Basisboek psychopathologie* (pp. 695-708). Utrecht: De Tijdstroom.

13   Black, D.W. & Andreasen, N.C. (2011). *Introductory texbook of psychiatry, Fith edition.*
         Washington: American Psychiatric Publishing, Inc.

14   Lahey, B.B. Miller, T.L., Gordon, R.A., & Riley, A.W. (1999). Developmental epidemiology of
         the disruptive behavior disorders. In: H.C. Quay, & A.E. Hogan (Eds.), *Handbook of disrup-
         tive behavior disorders* (pp. 23-48). New York: Kluwer Academic.

15   Lahey, B.B. Miller, T.L., Gordon, R.A., & Riley, A.W. (1999). Developmental epidemiology of
         the disruptive behavior disorders. In: H.C. Quay, & A.E. Hogan (Eds.), *Handbook of disrup-
         tive behavior disorders* (pp. 23-48). New York: Kluwer Academic.

16   Caspi, A., McClay, J., Moffitt, T.E., Mill, J., Martin, J., Craig, I.W., Taylor, A., & Poulton, R.
         (2002). Role of genotype in the cycle of violence in maltreated children. *Science, 297,* 851-
         854.

17   Boden, J.M., Fergusson, D.M., & Horwoord, L.J. (2010). Risk factors for conduct disorder
         and oppositional/defiant disorder: evidence from a New Zealand birth cohort. *Journal of the
         American Academy of Child & Adolescent Psychiatry, 49,* 1125-1133.

18   Matthys, W. (2013). Gedragsstoornissen. In: I. Franken, P. Muris, & D. Denys (Red.), *Basis-
         boek psychopathologie* (pp. 93-109). Utrecht: De Tijdstroom.

12 Suïcidaal gedrag

1 Inleiding

Onder suïcidaal gedrag verstaat men zowel de gedachten als handelingen die gericht zijn op zichzelf doden. Suïcidaal gedrag kan omvatten gedachten aan suïcide, en zich voornemen en concrete plannen maken om een suïcidepoging te doen, maar ook het daadwerkelijk doen van een suïcidepoging. In Nederland vonden in 2012 ongeveer 1750 mensen de dood door suïcide.[1] Er is een groot verschil in het voorkomen van suïcide tussen mannen en vrouwen. Mannen plegen meer dan tweemaal zo vaak suïcide dan vrouwen. De meest voorkomende methode bij suïcide is het zich verhangen. Suïcidepogingen komen vele malen vaker voor dan een suïcide. In Nederland vinden jaarlijks zo een 90.000 suïcidepogingen plaats.[2] Suïcidepogingen worden ongeveer even vaak door mannen als door vrouwen ondernomen.

Suïcidaal gedrag wordt vaak gekenmerkt door ambivalentie: enerzijds is er de intentie om dood te willen, tegelijkertijd is er de wens om te leven. Het motief voor suïcidaal gedrag hoeft zeker niet te zijn dat de betrokkene wil sterven. Het kan ook zijn dat suïcide als een manier wordt gezien om 'rust' te krijgen. Ook kan suïcidaal gedrag de functie hebben om anderen iets duidelijk te maken. Dit kan een schreeuw om hulp zijn, of bijvoorbeeld dat de betrokkene probeert de partner ervan te weerhouden hem of haar te verlaten. Ook kan suïcidaal gedrag een manier zijn van wraak nemen door te laten zien wat een ander de betrokkene heeft aangedaan.

Het komt voor dat een betrokkene na een uitgebreid proces van beoordeling van de eigen levenssituatie weloverwogen suïcide pleegt. Men spreekt in dit verband van een balanssuïcide. Meestal komt echter een betrokkene tot een suïcide(poging) vanuit een emotionele ontregeling met gevoelens van hopeloosheid en vindt de handeling impulsief plaats. De wens om dood te zijn kan kort na een suïcidepoging weer verdwenen zijn. Frequent is er bij suïcidaal gedrag sprake van een psychiatrische stoornis. Men schat dat bij meer dan 90% van de suïcides een psychiatrische stoornis mede een rol speelt.[3]

2   Risico- en beschermende factoren bij het ontstaan van suïcidaal gedrag

Bij de risicofactoren voor het ontstaan van suïcidaal gedrag kunnen kwetsbaarheids- en stressfactoren en psychiatrische stoornissen worden onderscheiden.

2.1   Kwetsbaarheidsfactoren

Bij suïcidaal gedrag spelen erfelijke factoren een rol. Suïcidepogingen en suïcide komen vaker voor in families waarin eerste- of tweedegraadsverwanten een suïcidepoging hebben gedaan of zijn overleden door suïcide. Ook een sociaal isolement verhoogt de kwetsbaarheid voor suïcidaal gedrag. Actieve betrokkenheid bij een kerkelijke gemeenschap of verbondenheid met familieleden is juist een beschermende factor.

2.2   Stressfactoren

Ingrijpende levensgebeurtenissen zoals het overlijden van een dierbare, een echtscheiding of ontslag verhogen het risico op suïcidaal gedrag. Dit zelfde geldt voor het verlies van kwaliteit van leven door een ernstige lichamelijke ziekte. Huiselijk geweld leidt zowel bij de dader als bij het slachtoffer tot een verhoogd risico op suïcidaal gedrag.

2.3   Psychiatrische stoornissen

Vrijwel alle psychiatrische stoornissen geven een verhoogd risico op suïcide. Suïcide komt het meest voor bij betrokkenen die intensief psychiatrisch zijn behandeld. Bij de volgende psychiatrische aandoening is het risico op suïcide sterk verhoogd.[4]
- Depressieve en bipolaire stoornissen. Bij deze stoornissen is het risico op suïcide met een factor twintig verhoogd.
- Schizofrenie. Het risico is hierbij het sterkst verhoogd na het ontstaan van een eerste psychose.
- Alcohol- en drugsmisbruik. Bij alle vormen van suïcidaal gedrag is zeer vaak sprake van alcoholmisbruik. Het risico neemt verder toe bij polydrugsgebruik.
- De antisociale- en borderline-persoonlijkheidsstoornis. Dit zijn beide stoornissen waarbij er sprake is van impulsief gedrag.
- Anorexia nervosa.
- Ernstige angststoornissen.

2.4   Overige risicofactoren

Bij mensen die zijn opgenomen bestaat een verhoogd risico op suïcide na verandering van een behandelsetting of kort na ontslag. Dit geldt in versterkte mate
voor betrokkenen met schizofrenie. Verder verhoogt een eerdere suïcidepoging het risico op suïcide. Dit risico is vooral verhoogd bij mannen van
middelbare leeftijd en ouder. Tot slot verhogen sommige psychologische
factoren het risico op suïcidaal gedrag. Het gaat hierbij vooral om wanhoop,
impulsiviteit, agressiviteit, dwangmatig denken en het gevoel anderen tot
last te zijn.
De inventarisatie van risico- en beschermende factoren vindt bij de betrokkene plaats door het uitvoeren van een psychiatrisch onderzoek. Het risico
op suïcidaal gedrag neemt in het bijzonder toe wanneer er sprake is van
meerdere risicofactoren. Suïcidaal gedrag komt vooral veel voor bij de combinatie van een stemmingsstoornis met een persoonlijkheidsstoornis en
alcoholmisbruik. Ook bij een stemmingsstoornis waarbij tevens paniekaanvallen optreden, is het risico op suïcidaal gedrag verder verhoogd.

2.5   Entrapment

Suïcidaal gedrag gaat gepaard met gevoelens van wanhoop of hopeloosheid waarbij de betrokkene geen uitweg meer ziet en ook geen hulp van anderen
mogelijk acht. Er bestaat een tunnelvisie met zwart-witdenken waarbij de
betrokkene in de beoordeling van zijn situatie geen enkele nuancering en
perspectief meer kan aanbrengen.[5] Terugkijkend wordt het hele leven vaak
alleen nog maar als negatief gewaardeerd en hebben alle eerder beleefde
positieve ervaringen geen betekenis meer. De betrokkene sluit zich af van
de omgeving en er is meestal sprake van een voortdurend piekeren. Deze
gehele toestand wordt aangeduid met de term *entrapment*, met de betekenis
van het opgesloten zitten in een val. Naarmate deze toestand in intensiteit
toeneemt, wordt het risico op een suïcide(poging) groter.

2.6   Voorspellen van suïcide

Het is belangrijk om te beseffen dat ook wanneer een of meer risicofactoren
gepaard gaat met een sterk verhoogd risico op suïcide, deze factoren slechts
een geringe positief voorspellende waarde hebben. Dit hangt samen met dat
in de algemene populatie de kans op een suïcide zeer klein is. Ook wanneer
bij een stoornis het risico op een suïcide twintigvoudig is verhoogd, blijft
twintigmaal een zeer kleine kans nog steeds een kleine kans. Het voorbeeld

van de risicofactor van het aanwezig zijn van een depressieve stoornis laat dit zien. Een depressieve stoornis is een van de meest frequent voorkomende psychiatrische stoornissen, doch slechts in een klein aantal van deze gevallen komt het bij deze betrokkenen tot suïcide. Dit verklaart ook waarom het gebruik van scoringslijsten die gebaseerd zijn op mogelijk aanwezige risicofactoren voor het beoordelen van het risico op suïcide, een onvoldoende voorspellende waarde hebben. Hierbij komt dat dergelijke lijsten een voorspelling doen voor een langdurige periode, bijvoorbeeld de kans op suïcide in het komende jaar. In de klinische praktijk gaat het er echter om, het risico op een suïcide te kunnen bepalen voor de (zeer) korte termijn. Het gegeven dat een suïcide niet goed valt te voorspellen, betekent uiteraard niet dat een hulpverlener geen acht op dit risico moet slaan. Een behandelaar dient een betrokkene te observeren op signalen van suïcidaal gedrag en hiernaar onderzoek te doen.

3   Diagnostiek

Professionals kunnen terughoudend zijn om bij een betrokkene naar suïcidale gedachten te vragen uit angst dat hierdoor eventueel aanwezig suïcidaal gedrag kan toenemen. Het bespreken van suïcidale gedachten leidt echter niet tot een dergelijke toename. Betrokkenen ervaren vaak juist het bespreekbaar maken door de hulpverlener van suïcidale gedachten als behulpzaam: het doorbreekt het isolement en de betrokkene kan er steun aan ontlenen.
Voor een adequate beoordeling van suïcidaal gedrag is het nodig dat de betrokkene opening van zaken geeft over zijn gedachten en gevoelens. Er zijn echter diverse factoren die ertoe kunnen leiden dat hij weerstand heeft om te praten over wat er in hem omgaat. Weerstand om over suïcidale gedachten te praten kan onder meer voortkomen uit schaamte voor deze gedachten, uit angst om als 'gestoord' te worden beschouwd, uit vrees om te worden opgenomen wanneer openheid van zaken wordt gegeven, of vanuit de wens niet te worden tegengehouden in een persistente doodswens.
Een andere factor die kan spelen is dat iemand met suïcidale gedachten vaak emotioneel ontregeld is: de toekomst wordt als volledig negatief gezien en op basis hiervan kan men zich niet voorstellen dat een hulpverlener iets kan uitrichten. Wanneer de betrokkene de opvatting heeft dat niemand hem kan helpen, is er geen reden om zich emotioneel open te stellen; er zal juist de verwachting zijn dat praten over gevoelens de pijn alleen maar zal doen toenemen. Daarbij gaat (ernstige) suïcidaliteit gepaard met het zich steeds verder isoleren waardoor het moeilijk wordt om nog het contact met anderen aan te gaan.

Het stellen van directe vragen naar suïcidale gedachten alvorens dat het contact is opgebouwd, geeft het risico dat de betrokkene zich verder afsluit voor pijnlijke emoties en deze niet in het gesprek aangeeft. Zonder het tot stand komen van een positieve werkrelatie is de kans groot dat de betrokkene vooral antwoorden geeft om van het gesprek af te zijn en zich niet zal houden aan eventueel gemaakte afspraken.

3.1 Beoordeling van de ernst

Er worden eerst vragen gesteld die aansluiten op de actuele situatie van betrokkene. Een algemene vraag naar het aanwezig zijn van suïcidale gedachten is bijvoorbeeld: 'Denkt u wel eens dat u een einde aan uw leven zou willen maken?' Indien er aanwijzingen zijn dat een betrokkene suïcidale gedachten heeft, zal nader worden gevraagd in hoeverre deze gedachten een concrete vorm hebben. Er wordt gevraagd of de betrokkene zich heeft voorgenomen zich te suïcideren, en indien dit het geval is hoe hij dit wil uitvoeren. Ook wordt gevraagd hoe de betrokkene denkt over de letaliteit van de te gebruiken methode. Zo kan iemand zich vrijwel niet suïcideren met benzodiazepinen maar wanneer de betrokkene denkt dat dit wel mogelijk is, is er sprake van een ernstige suïcidale dreiging. Verder wordt nagegaan of de betrokkene reeds voorbereidingen voor een suïcide heeft getroffen. Het kan hierbij onder meer gaan om een afscheidsbrief, het opstellen van een testament, openstaande rekeningen betalen, of ervoor zorgen dat de kinderen bij anderen zijn ondergebracht. Daarnaast wordt nagegaan of de betrokkene middelen in huis beschikbaar heeft om zich te suïcideren zoals medicijnen of een wapen. Naarmate een plan om zich te suïcideren concreter is, neemt het risico hierop toe.

Na het bespreken van de actuele situatie van de betrokkene wordt de periode die hieraan is voorafgegaan besproken. Hierbij kan gevraagd worden naar verlieservaringen en andere belastende omstandigheden. Tot slot wordt het gesprek gebracht op de directe toekomst met vragen als hoe de betrokkene de toekomst ziet en wat zijn plannen zijn.

Bij de uiteindelijke beoordeling van de ernst van het risico van het suïcidale gedrag worden naast de informatie uit het gesprek met de betrokkene ook de aanwezige risico- en beschermende factoren betrokken. Het is van groot belang om niet alleen te spreken met de betrokkene maar ook diens naasten te betrekken bij het verzamelen van informatie.

3.2   Moment van beoordeling

Men dient zich ervan bewust te zijn dat betrokkenen na een suïcidepoging, ook al maken ze een heldere indruk, vaak informatie niet adequaat kunnen opnemen en gemaakte afspraken kunnen vergeten. Hierdoor kan de mate van coöperatie worden overschat. Deze vergeetachtigheid berust dikwijls op het effect van ingenomen benzodiazepinen (zie hoofdstuk 2, paragraaf 3.4), maar ook de emotionele toestand en het cognitieve functioneren, zoals zwart-witdenken en tunnelvisie, kunnen een rol spelen.[6]

4   Behandeling

Op de korte termijn staat de veiligheid van de betrokkene op de voorgrond. Het kan noodzakelijk zijn bij een intoxicatie dat de betrokkene wordt behandeld in een algemeen ziekenhuis. Wanneer er middelen aanwezig zijn om zich te suïcideren, zoals een wapen, worden deze verwijderd.

Wanneer er sprake is van een ernstige mate van suïcidaliteit kan er een indicatie zijn voor een opname in een psychiatrische kliniek. Een dergelijke opname dient uiteraard bij voorkeur vrijwillig plaats te vinden, maar soms is een gedwongen opname niet te vermijden. Elke situatie dient apart te worden beoordeeld, maar bij de volgende omstandigheden dient een opname ernstig te worden overwogen.[7] De volgende opsommingen zijn uitdrukkelijk niet limitatief. Na een suïcidepoging dient een opname ernstig te worden overwogen:
- bij een betrokkene die psychotisch of delirant is;
- bij een gewelddadige, bijna dodelijke of weloverwogen suïcidepoging;
- wanneer er voorzorgen zijn genomen om te voorkomen dat de poging zou worden ontdekt;
- wanneer er een persisterende intentie of plan aanwezig is;
- wanneer de betrokkene spijt heeft dat hij nog leeft, of de spanning nog verder is toegenomen;
- wanneer de betrokkene een man is van middelbare of oudere leeftijd, bij wie sprake is van een nieuwe psychiatrische aandoening, met voor het eerst suïcidaal gedrag of alcoholafhankelijkheid en impulsiviteit;
- wanneer de betrokkene weinig ondersteuning heeft.
Bij suïcidegedachten dient een opname ernstig te worden overwogen:
- bij een concreet suïcideplan met een hoge letaliteit;
- wanneer de betrokkene een sterke doodswens heeft;
- wanneer er sprake is van uitputting door slapeloosheid en/of stress.

Bij het opstellen van een behandelplan is het van belang om hierbij steeds te zoeken naar aansluiting bij de wensen van de betrokkene zodat deze zo veel mogelijk het gevoel van controle over zijn leven kan herwinnen. Een vaak aanwezige emotionele ontregeling kan onder meer worden tegengegaan door het aanreiken van structuur zoals een dagprogramma en door gemaakte afspraken op schrift te stellen. Het is aangewezen om bij de schriftelijke afspraken te vermelden met wie en hoe direct contact kan worden opgenomen wanneer het suïcidale gedrag terugkomt. Het gebruik van een non-suïcidecontract, waarbij de betrokkene een verklaring ondertekent dat hij zich niet zal suïcideren, wordt ontraden in acute situaties en bij betrokkenen met wie geen langdurige behandelrelatie bestaat. Non-suïcidecontracten kunnen een beperkte betekenis hebben bij het bespreekbaar maken van suïcidaal gedrag.

Het is aangewezen zo veel mogelijk de naasten van de betrokkene bij de behandeling te betrekken zodat de betrokkene zich ondersteund weet en de sociale isolatie wordt doorbroken. Wanneer een betrokkene wordt verwezen naar een andere hulpverlener is het van belang dat een 'warme' overdracht plaatsvindt, dit wil zeggen dat de overdracht niet beperkt blijft tot het schriftelijk informeren maar dat dit ook per telefoon of in persoon gebeurt. De behandeling zal zich onder meer richten op mogelijk aanwezige psychiatrische stoornissen. Indien er sprake is van een depressie zal er antidepressiemedicatie worden ingesteld. Hierbij dient men vooral in het begin van de behandeling bedacht te zijn op een mogelijke toename van suïcidaal gedrag (zie hoofdstuk 2, paragraaf 3.2). Bij zeer ernstig suïcidaal gedrag met een groot risico op een suïcide op de korte termijn dient elektroconvulsieve therapie (ECT) te worden overwogen (zie hoofdstuk 2, paragraaf 4). Een hoog angstniveau, agitatie of slapeloosheid kan worden behandeld met benzodiazepinen. Bij psychotische stoornissen zal een antipsychoticum worden ingesteld. Van het antipsychoticum clozapine wordt vermeld dat dit, naast een effect op de psychose, ook de werking heeft om suïcidaal gedrag tegen te gaan. Lithium wordt ingesteld wanneer er sprake is van suïcidaal gedrag bij een bipolaire stoornis.

Naast medicamenteuze behandeling wordt er aandacht gegeven aan mogelijk aanwezige verlieservaringen en belastende omstandigheden. De betrokkene wordt geleerd om beter om te gaan met aanwezige problemen. Het is belangrijk om samen met de betrokkene een signaleringsplan op te stellen. Hierbij wordt geïnventariseerd wat de vroege tekenen van (een toename van) suïcidaal gedrag zijn en wat hiervoor de risicosituaties zijn. Een vroeg voorteken kan bijvoorbeeld zijn het gaan piekeren of slapeloosheid; een risicosituatie kan het gebruik van alcohol zijn. Er wordt tevens een lijst opgesteld van activiteiten die de betrokkene kan ondernemen om zich beter te gaan voelen zoals douchen, een vriend bellen en ontspanningsoefeningen doen.

Soms kan het dreigen met suïcidaal gedrag door een betrokkene worden ingezet om een bepaald doel te bereiken, bijvoorbeeld om gedurende een opname ontslag of verlof te krijgen terwijl dat door de behandelaar niet verantwoord wordt geacht. De behandelaar kan zich door de opstelling van de betrokkene gemanipuleerd voelen. Een manier om hiermee om te gaan is het 'vertalen' van de negatieve opstelling in wat daaronder als wens of angst aanwezig lijkt te zijn. Zo kan bijvoorbeeld het afdwingen van verlof soms worden vertaald in: eigenlijk bent u bang dat u vergeten wordt door uw familie en wilt u hen daarom opzoeken. Vanuit deze vertaling kunnen mogelijk alternatieven worden gevonden zoals dat de betrokkene de familie opbelt met de vraag om langs te komen. Ook kan achter het dreigen met suïcide een verwijt zitten over de behandeling. Het bespreekbaar maken van dit verwijt kan het contact weer herstellen en mogelijk leiden tot een aanpassing van het beleid.

5   Forensische aspecten

Een suïcide kan zich soms voordoen als een ongeval. Dit kan bijvoorbeeld het geval zijn bij een eenzijdig ongeval van een automobilist die tegen een boom rijdt of een (sport)vliegtuig dat neerstort. Suïcide kan alleen vermoed worden als er daarvoor aanwijzingen waren zoals een afscheidsbrief of eerder gedane suïcidale uitlatingen. Een andere wijze van zich suïcideren betreft *police assisted suicide*, ook wel *suicide by cop* genoemd. Hierbij initieert een betrokkene een voor de agenten levensbedreigende situatie teneinde hen ertoe te brengen hem dood te schieten. Of het werkelijk om een suïcide gaat is hierbij niet altijd te zeggen. Soms worden er achteraf berichten gevonden dat de betrokkene zich wilde suïcideren.

De combinatie van homicide-suïcide kan voorkomen bij een ouder die zijn of haar kinderen doodt en daarna suïcide pleegt. Het kan hierbij gaan om een psychotische stoornis, vooral schizofrenie, of een ernstige depressieve stoornis waarbij de ouder ervan overtuigd is dat de kinderen geen toekomst meer hebben. Ook kan een ouder uit wraak een kind doden om zo een ex-partner te treffen. Een andere situatie betreft partners waarbij een van hen de ander doodt omdat deze lichamelijk of geestelijk aftakelt en daarna zelf suïcide pleegt.

Gedetineerd zijn gaat samen met een verhoogde kans op suïcide. In het bijzonder is het risico verhoogd tijdens de eerste dagen van detentie,[8] en na het vernemen van het vonnis.[9] Bedacht dient te worden dat psychiatrische stoornissen bij gedetineerden frequent voorkomen en dat hierdoor ook het risico op suïcide toeneemt. Bij het voorkomen van suïcide in detentie is het van belang dat er een goede communicatie bestaat tussen de penitentiaire inrichtingswerkers en de medische en psychologische dienst. Een goede communicatie is nodig om tijdig in beeld te krijgen dat een gedetineerde onder druk staat en een mogelijke verandering in zijn gedragspatroon te kunnen signaleren.

5.1   Wilsbekwaamheid

Gedurende het contact met een betrokkene met suïcidaal gedrag zal de hulpverlener, zoals bij elke behandelrelatie, dienen te onderzoeken of er sprake is van wilsbekwaamheid wat betreft de voorgestelde behandeling. Deze beoordeling richt zich op het vermogen om de aard en gevolgen van een voorgenomen beslissing te begrijpen. Hierbij wordt gevraagd of de betrokkene de verstrekte feitelijke informatie begrijpt, in overweging kan nemen dat hij een te behandelen aandoening heeft, de omstandigheden van zijn aandoening kan vertalen naar consequenties en deze kan afwegen, en vervolgens zijn keuze kan toelichten.[10] Indien er sprake is van wilsonbekwaamheid is er, om een voorgestelde behandeling uit te voeren, toestemming vereist van een wettelijk vertegenwoordiger. Bedacht dient te worden dat wilsonbekwaamheid een tijdelijke toestand kan zijn en dat herbeoordelingen in dit kader vereist zijn. Een betrokkene die na een suïcidepoging geïntoxiceerd is, zal wilsonbekwaam kunnen zijn maar hoeft dit niet meer te zijn na detoxificatie.

Indien een betrokkene een suïcidepoging heeft gedaan en wilsonbekwaam wordt geacht en er direct een behandeling moet plaatsvinden, kan er soms geen tijd zijn om te overleggen met een wettelijk vertegenwoordiger. Een voorbeeld hiervan is een suïcidepoging door het innemen van een levensbedreigende overdosis aan geneesmiddelen. Er dient dan op zo kort mogelijke termijn (bij voorkeur binnen een uur) in het ziekenhuis een maagspoeling plaats te vinden. Hierbij wordt met een sonde de maaginhoud opgezogen, waarna vocht in de maag wordt gebracht en deze vervolgens weer wordt opgezogen teneinde te voorkomen dat de middelen in de bloedbaan worden opgenomen. In een dergelijke situatie waarbij er een ernstig (somatisch) nadeel dient te worden afgewend, kan een behandelaar binnen het kader van de WGBO (Wet op de Geneeskundige Behandelingsovereenkomst) als 'goed hulpverlener' toch direct een behandelding starten.

6   Aandachtspunten

– Bij meer dan 90% van de suïcides speelt een psychiatrische stoornis een
rol.
– Wanneer het de professional niet lukt om bij een betrokkene met suïcidaal
gedrag een positieve werkrelatie tot stand te brengen, neemt de kans toe
dat deze zich niet houdt aan gemaakte afspraken.
– Naarmate een plan om zich te suïcideren concreter is, neemt het risico
hierop toe.
– Na een suïcidepoging is er sprake van een emotionele ontregeling
waardoor een betrokkene vaak niet adequaat informatie kan opnemen en
gemaakte afspraken kan vergeten.
– Zowel in de fase van de beoordeling van suïcidaal gedrag als gedurende
de behandeling is het van belang om de naasten bij beoordeling en
behandeling te betrekken.
– Wanneer een betrokkene met suïcidaal gedrag wordt verwezen naar een
andere hulpverlener, dient er een 'warme overdracht' plaats te vinden: in
persoon of telefonisch.
– Bij de behandeling van suïcidaal gedrag is het belangrijk om samen met de
betrokkene een signaleringsplan op te stellen.
– Gedetineerd zijn gaat gepaard met een verhoogde kans op suïcide vooral,
maar niet alleen, tijdens de eerste dagen van detentie en na het vernemen
van een vonnis.

Noten

1   www. statline.cbs.nl; zoek op de term zelfdoding.

2   Have, M. ten, Graaf, R. de, Dorsselaer, S. van, Verdurmen, J., Land, H. van 't, & Vollebergh,
W. (2006). *Suïcidaliteit in de algemene bevolking, gedachten en pogingen: Resultaten van de
'Netherlands Mental Health Survey and Incidence Study' (NEMESIS)*. Utrecht: Trimbos-
instituut.

3   Hemert, A.M. van, Kerkhof, A.J.F.M., Keijser, J. de, Boven, C. van, Hummelen, J.W., Groot,
M.H. de, e.a. (2012). *Multidisciplinaire richtlijn diagnostiek en behandeling van suïcidaal
gedrag*. Utrecht: De Tijdstroom.

4   Hemert, A.M. van, Kerkhof, A.J.F.M., Keijser, J. de, Boven, C. van, Hummelen, J.W., Groot,
M.H. de, e.a. (2012). *Multidisciplinaire richtlijn diagnostiek en behandeling van suïcidaal
gedrag*. Utrecht: De Tijdstroom.

5   Kerkhof, A. (2010). Verklaringen. In: A. Kerkhof, B. van Luyn (red*.). Suïcidepreventie in de
praktijk*. Houten: Bohn Stafleu van Loghum.

6   Kerkhof, A. (2007). De psychologie van suïcide en suïcidepogingen. In: C. van Heeringen (Red.), *Handboek suïcidaal gedrag* (pp. 49-64). Utrecht: De Tijdstroom.

7   Ontleend aan Hemert, A.M. van, Kerkhof, A.J.F.M., Keijser, J. de, Boven, C. van, Hummelen, J.W., Groot, M.H. de, e.a. (2012). *Multidisciplinaire richtlijn diagnostiek en behandeling van suïcidaal gedrag.* Utrecht: De Tijdstroom.

8   Naudts, K., & Eynde, F. van den. (2007). Geweld en suïcide. In: C. van Heeringen (red.). *Handboek suïcidaal gedrag* (pp. 93-109). Utrecht: De Tijdstroom.

9   Metzner, J.L., & Hayes. L.M. (2006). Suicide prevention in jails and prisons. In: R.I. Simon & R.E. Hales. *Textbook of suicide assessment and management* (pp. 139-155). Washington: American Psychiatric Publishing, Inc.

10   Hondius, A.J.K., Zuijderhoudt, R.H., & Honig, A. (2005). Wilsbekwaamheid vaststellen. *Maandblad Geestelijke volksgezondheid, 60,* 597-607.

13 Persoonlijkheidsstoornissen

1 Inleiding

Ieder mens wordt gekenmerkt door een zekere mate van eigenheid in de wijze waarop hij het contact met anderen ervaart en zich gedraagt in verschillende situaties. Deze consistentie in opvattingen, gevoelens en gedragingen in verschillende omstandigheden vormt de persoonlijkheid van een individu. Daarbij worden deze verschillende aspecten van de persoonlijkheid door een individu als een samenhangend geheel ervaren. Deze samenhang is de basis van de identiteit van een individu en dit geeft richting aan hoe hij zijn leven vormgeeft.

De verschillende aspecten van een persoonlijkheid worden persoonlijkheidstrekken genoemd. Voorbeelden van deze trekken zijn volhardend zijn, het graag op de voorgrond willen treden, of snel emotioneel reageren. Sommige mensen vertonen dergelijke trekken in een zeer sterke mate. Bij het antwoord op de vraag wanneer een persoonlijkheidstrek in extreme mate aanwezig is, spelen culturele factoren een rol. In sommige culturen worden sommige trekken, bijvoorbeeld wantrouwend zijn, tot op zekere hoogte als normaal beschouwd terwijl dat in andere culturen niet zo is.

Een individu met een 'gezonde' persoonlijkheid kan zich aanpassen aan veranderende omstandigheden en leren van zijn ervaringen. Iemand met een *persoonlijkheidsstoornis* reageert echter in hoge mate steeds op dezelfde manier. Er bestaat een star reactiepatroon dat niet wordt afgestemd op de omstandigheden, waardoor het niet lukt om zich aan te passen. Ook wanneer een betrokkene merkt dat zijn opstelling niet tot een beoogd resultaat leidt, kan hij zijn manier van reageren niet bijstellen. Disfunctionele gedachten en gevoelens blijven onveranderd aanwezig. Dit voortdurende onvermogen om zich adequaat aan te passen leidt ertoe dat de betrokkene frequent spanningen ervaart en/of geconfronteerd wordt met beperkingen in zijn sociale en beroepsmatige functioneren. Voor de diagnose persoonlijkheidsstoornis dient het rigide patroon van gevoelens en gedragingen reeds manifest te zijn vanaf de adolescentie of vroege volwassenheid. Vanaf die leeftijd is de persoonlijkheid voor een belangrijk deel gevormd. De rigiditeit maakt dat er sprake is van een stabiel patroon dat vele jaren blijft bestaan. Persoonlijkheidsstoornissen komen veel voor. Bij ongeveer 10% van de bevolking is hiervan sprake.[1] Het percentage persoonlijkheidsstoornissen neemt sterk toe binnen de populatie van psychiatrische patiënten. Sommige persoonlijkheidsstoornissen komen merendeels bij mannen of vrouwen voor: de antisociale-persoonlijkheidsstoornis komt vooral voor bij mannen; bij de borderline-persoonlijkheidsstoornis is driekwart van de betrokkenen vrouw.

Iemand met een persoonlijkheidsstoornis heeft doorgaans weinig inzicht in hoe het steeds weer komt tot problemen. Hij zoekt de oorzaak van zijn problemen niet bij zichzelf maar legt dit bij anderen. Vooral de ander of de omstandigheden moeten veranderen om problemen op te lossen. Dit betekent tevens dat een betrokkene zich meestal niet snel zelf zal aanmelden voor hulp. Een persoonlijkheidsstoornis heeft ook invloed op het verloop van een eventueel aanwezige andere psychiatrische stoornis. In de regel verloopt de behandeling van die andere stoornis moeizamer en is de prognose slechter.

Binnen de psychiatrie werd lange tijd de term karakter gebruikt om een stabiel patroon van gedrag en gevoelens van iemand mee aan te duiden. Bij de DSM-classificatie is gekozen voor de term persoonlijkheidsstoornis als afgeleide van het begrip persoonlijkheid. De reden hiervoor is dat de term karakter sterk verweven is met de psychoanalytische theorie. Zo wordt bijvoorbeeld het begrip oraal karakter gebruikt om aan te geven dat een tekort aan driftbevrediging in de vroegste jeugd leidt tot een patroon van afhankelijk gedrag. De DSM-classificatie beperkt zich tot het beschrijven van gedragspatronen los van (speculatieve) theorieën over het ontstaan hiervan. Een ander begrip dat men geregeld tegenkomt in de literatuur over persoonlijkheidsstoornissen is dat van temperament. Deze term is niet goed omschreven maar meestal worden hiermee sterk genetisch bepaalde persoonlijkheidskenmerken bedoeld zoals een hoog energieniveau.

2   Algemene kenmerken

Er kan pas sprake zijn van een persoonlijkheidsstoornis wanneer een betrokkene voldoet aan de hiervoor geldende algemene criteria. Er dient een duurzaam afwijkend patroon aanwezig te zijn van belevingen en gedragingen op minstens *twee* van de volgende gebieden.

- De wijze van interpreteren van zichzelf en anderen (cognities).
- Het gevoelsleven (affecten).
- Het interpersoonlijke functioneren.
- De impulsbeheersing.

Naast dat er sprake dient te zijn van minstens twee van de culturele norm afwijkende persoonlijkheidstrekken, dienen deze trekken ook te leiden tot spanningen bij betrokkene of tot diens disfunctioneren op persoonlijk, sociaal, beroepsmatig of andere belangrijke gebieden. Het is van belang om zich rekenschap te geven van deze algemene criteria omdat anders de drempel voor het stellen van een persoonlijkheidsstoornis te laag is en bijvoorbeeld individuen met 'opvallende' persoonlijkheidstrekken ten onrechte de diagnose persoonlijkheidsstoornis krijgen. In zijn algemeenheid zal er geen sprake zijn van een persoonlijkheidsstoornis wanneer een betrokkene een bevredigende relatie heeft met zijn partner, en goed functioneert op zijn werk en in sociaal verband.

Afwijkende persoonlijkheidskenmerken hoeven niet altijd direct bij het eerste onderzoek op te vallen. Voor een diagnose van een persoonlijkheidsstoornis zullen in de regel dan ook minstens twee onderzoeksgesprekken nodig zijn. Daarnaast kan niet alleen worden afgegaan op het verhaal van de betrokkene aangezien deze doorgaans 'blinde vlekken' heeft voor zijn functioneren. Een heteroanamnese is dan ook aangewezen om zich een goed beeld te vormen van het functioneren. Bij het onderzoek naar persoonlijkheidsstoornissen wordt soms gebruikgemaakt van een semigestructureerd interview. Hierbij wordt op een systematische wijze nagegaan of de kenmerken van de verschillende specifieke persoonlijkheidsstoornissen aanwezig zijn.

Wanneer er een andere psychiatrische stoornis aanwezig is, kan het moeilijk zijn om de persoonlijkheidskenmerken te beoordelen. Zo kunnen tijdens een depressieve stoornis reeds aanwezige persoonlijkheidstrekken worden versterkt of zich gedragspatronen gaan manifesteren die ten onrechte voor persoonlijkheidskenmerken worden gehouden. In een dergelijke situatie kan het onderzoek naar mogelijke persoonlijkheidspathologie worden uitgesteld tot de andere stoornis niet meer aanwezig is.

De verschillende specifieke persoonlijkheidsstoornissen zijn opgedeeld in drie clusters. Cluster A betreft de paranoïde- (achterdochtige), schizoïde- (sociaal teruggetrokken) en schizotypische- (zonderlinge, 'randpsychotische') persoonlijkheidsstoornissen. Deze stoornissen hebben met elkaar gemeen dat er vaak sprake is van vreemd en/of excentrisch gedrag. Het cluster B omvat de antisociale- (sociaal deviante), borderline- (identiteitszwakke, impulsieve), histrionische- (aandachtvragende) en narcistische- (opgeblazen eigenwaarde, exploiterende) persoonlijkheidsstoornissen. De histrionische-persoonlijkheidsstoornis werd eerder theatrale persoonlijkheidsstoornis genoemd. In dit cluster staat impulsief, emotioneel of dramatisch gedrag op de voorgrond. Het cluster C bestaat uit de vermijdende- (sociaal angstige), afhankelijke- (aan zichzelf twijfelende) en dwangmatige- (perfectio-nistische) persoonlijkheidsstoornissen. Bij dit cluster speelt angst een grote rol.

Bij elke specifieke persoonlijkheidsstoornis wordt een aantal kenmerken beschreven die kunnen voorkomen. Om te voldoen aan de criteria voor een specifieke persoonlijkheidsstoornis, hoeft een betrokkene niet al deze kenmerken te vertonen. Dit betekent dat er tussen individuen die allen voldoen aan de criteria voor een specifieke persoonlijkheidsstoornis, er verschillen kunnen zijn in de manifestatie van die stoornis. Zo kent bijvoorbeeld de borderline-persoonlijkheidsstoornis (BPS) negen verschillende kenmerken; om aan de criteria voor deze stoornis te voldoen hoeft er slechts sprake te zijn van vijf van deze negen kenmerken. Iemand met een BPS kan bijvoor-beeld voldoen aan de kenmerken 1 tot en met 5, of aan een van de andere combinaties van vijf kenmerken. De onderlinge verscheidenheid bij een-zelfde persoonlijkheidsstoornis wordt nog verder vergroot doordat betrok-kenen geregeld tegelijkertijd voldoen aan de criteria voor nog een andere persoonlijkheidsstoornis. Zo voldoen mensen met een BPS in ongeveer de helft van de gevallen ook aan de criteria voor een of meer andere persoon-lijkheidsstoornissen.

Wanneer een betrokkene voldoet aan de algemene criteria voor een per-soonlijkheidsstoornis, zijn er dikwijls onvoldoende kenmerken van een specifieke persoonlijkheidsstoornis aanwezig om deze vast te kunnen stel-len. Binnen de DSM-IV-classificatie wordt dit aangegeven met persoonlijk-heidsstoornis NAO (niet anderszins omschreven). Bij de DSM-5 is deze ter-minologie veranderd en wordt dit aangeduid als 'andere gespecificeerde' of 'ongespecificeerde persoonlijkheidsstoornis'. Wanneer er bijvoorbeeld ken-merken aanwezig zijn van meerdere specifieke persoonlijkheidsstoornis-sen zonder dat wordt voldaan aan alle criteria van een van die stoornissen afzonderlijk, wordt gesproken van een 'andere gespecificeerde persoonlijk-heidsstoornis, met gemengde persoonlijkheidstrekken'.

De manifestatie van een persoonlijkheidsstoornis wordt verder bepaald door de mate waarin het functioneren wordt beperkt. Een maladaptief per-soonlijkheidskenmerk kan in meer of mindere mate aanwezig zijn en een betrokkene kan het verstorende effect van een dergelijk kenmerk soms deels compenseren, bijvoorbeeld door de aanwezigheid van een goede intelligen-tie. Zo kunnen mensen met dezelfde persoonlijkheidsstoornis verschillen in de ernst waarin het functioneren is gestoord.

2.1   Ontstaan

Bij het ontstaan van persoonlijkheidsstoornissen spelen biologische, psychologische en omgevingsfactoren in wederzijdse beïnvloeding een rol. Genetische factoren dragen voor 50% bij aan het ontstaan van persoonlijkheidsstoornissen.[2] Het effect van genetische factoren wordt echter mede bepaald door de invloed van de omgeving. Zo bestaat er een genetische variant (monoamineoxidase-A-gen, MOA-gen) die betrokken is bij de afbraak van neurotransmitters en die gerelateerd is aan het voorkomen van antisociale gedragskenmerken. Dit effect bestaat echter alleen wanneer deze variant voorkomt in combinatie met mishandeling in de kindertijd.[3] Wanneer deze variant aanwezig is maar er is geen sprake geweest van een gewelddadige opvoeding dan heeft dit gen geen invloed op het ontstaan van antisociaal gedrag.

Bij de ontwikkeling van de persoonlijkheid speelt de hechting in de vroege kindertijd een belangrijke rol. Een veilige hechting leidt tot een positief zelfbeeld en het in staat zijn zich later aan anderen te binden. Daarnaast draagt een veilige hechting bij aan het vermogen zichzelf en anderen te begrijpen in termen van gedachten, gevoelens, verlangens en bedoelingen. Dit wordt mentaliseren genoemd. Wanneer een betrokkene in staat is tot mentaliseren dan is hij in staat om te reflecteren op zijn eigen gedrag en dat van anderen, en kan de betrokkene hierdoor het gedrag zo nodig bijstellen. Een veilige hechting heeft ook een positieve invloed op het vermogen om gevoelens, zoals verdriet, angst en woede, te reguleren. Een onveilige hechting kan leiden tot een negatief zelfbeeld en negatieve verwachtingspatronen over interacties met anderen. Deze verwachtingspatronen, ook wel schema's genoemd, sturen zowel de wijze waarop informatie wordt verwerkt (bijvoorbeeld: 'Geen mens deugt') als het gedrag (bijvoorbeeld: 'Ik moet ervoor waken dat ik van niemand afhankelijk ben').

Negatieve omgevingsfactoren zoals affectieve verwaarlozing, mishandeling en seksueel misbruik zijn alle gerelateerd aan het ontstaan van vooral cluster B-persoonlijkheidsstoornissen.[4] In het bijzonder geldt dit voor de relatie tussen seksueel misbruik en de borderline-persoonlijkheidsstoornis. Het ontstaan van antisociale trekken is gerelateerd aan een inconsistente, dwingende of overmatige straffende opvoedingsstijl van de ouders en antisociaal gedrag van overige gezinsleden. De omgevingsfactoren dienen opgevat te worden als risicofactoren die de *kans* op het ontstaan van een persoonlijkheidsstoornis vergroten. Geen enkele van deze factoren heeft een een-op-eenrelatie met het ontstaan van een persoonlijkheidsstoornis.

3   Paranoïde-persoonlijkheidsstoornis

Bij de paranoïde-persoonlijkheidsstoornis bestaat er een voortdurend wantrouwen jegens anderen zoals naar voren kan komen op de volgende manieren. De betrokkene vermoedt, terwijl er nauwelijks of geen aanwijzingen hiervoor zijn, dat anderen hem zullen bedriegen. De betrokkene is geheel gepreoccupeerd door ongerechtvaardigde twijfels over de betrouwbaarheid van bekenden. Elk vermeend bewijs van onbetrouwbaarheid wordt beschouwd als een bevestiging dat niemand vertrouwd kan worden. Wanneer iemand zich loyaal betoont aan de betrokkene gelooft hij dit niet. De betrokkene is terughoudend om persoonlijke informatie te verstrekken uit angst dat dit tegen hem wordt gebruikt. Achter onschuldige opmerkingen of gebeurtenissen worden verborgen vernederingen of bedreigingen gezocht. Zo kan een kleine omissie opgevat worden als een doelbewuste poging om hem te dwarsbomen. Ervaren onrecht of beledigingen worden niet vergeten en leiden tot een rancuneuze opstelling. Er bestaat een voortdurende waakzaamheid tegenover mogelijke bedreigingen, waardoor snel met woede wordt gereageerd op vermeende kritiek. Er bestaat een terugkerende achterdocht over de trouw van de partner zonder dat hiertoe redenen voor zijn.

Het wantrouwen bij een paranoïde-persoonlijkheidsstoornis heeft niet de intensiteit van een paranoïde psychose waarbij de betrokkene volledig geheel overtuigd is van zijn opvattingen. Onder stress kunnen bij een betrokkene met een paranoïde-persoonlijkheidsstoornis echter wel kortdurend (tot enkele uren durend) psychotische symptomen optreden.

3.1   Bejegening

Doordat een betrokkene zich voortdurend bedreigd voelt, bestaat er een sterke behoefte om een situatie onder controle te houden. Om te voorkomen dat de spanning in een gesprek verder oploopt, dient men deze behoefte niet onnodig te frustreren. Een mogelijkheid hiertoe is het steeds vooraf aangeven wat de komende gang van zaken zal zijn. Verder dient een indringende opstelling te worden vermeden. Dit kan door emoties te vermijden en zakelijk te blijven, en de betrokkene zowel in tijd als in fysieke afstand de ruimte te geven. Wanneer een betrokkene kritiek geeft, dient een defensieve reactie te worden vermeden. Elke verdediging zal weer worden opgevat als een bevestiging van de opvatting dat de ander hem onrecht wil aandoen. Het is beter om de betrokkene ruim de gelegenheid te geven om zijn kritiek toe te lichten. Hierdoor kan hij een gevoel van controle herwinnen en tevens worden op deze manier onderliggende agressieve gevoelens geverbaliseerd waardoor de lading hiervan kan afnemen. Wanneer een betrokkene aan-toonbaar onterecht een verwijt maakt, verdient het aanbeveling, ondanks de misschien sterke behoefte hiertoe, hem daar niet mee te confronteren. Een dergelijke confrontatie zal vooral geïnterpreteerd worden als een aanval en het gevoel van controle ondergraven waardoor het wantrouwen en de agressieve gevoelens zullen toenemen.

3.2   Behandeling

Deze betrokkenen zullen zich vanwege de wantrouwende instelling niet snel aan-melden voor behandeling. Wanneer dit toch het geval is, mogelijk onder druk van derden, zal de behandeling zich vooral richten op verminderen van het stressniveau bij de betrokkene door hem te ondersteunen bij het omgaan met moeilijke situaties. Ook kan een betrokkene geholpen worden om zich niet vast te bijten in conflictsituaties. Naarmate het stressniveau afneemt, zal de geneigdheid van de betrokkene om tot een 'tegenaanval' over te gaan, verminderen. Soms kan een lage dosis antipsychoticum het gevoel van bedreigd worden doen afnemen. Groepstherapie is gecontra-indiceerd omdat deze setting niet tegemoetkomt aan de behoefte aan controle van de betrokkene.

4   Borderline-persoonlijkheidsstoornis

Bij de borderline-persoonlijkheidsstoornis is er een voortdurend patroon van instabiliteit in interpersoonlijke relaties, over het zelfbeeld en gevoelens, en van een manifeste impulsiviteit. Dit patroon kan zich op verschillende wijzen manifesteren. De betrokkene is er zeer gevoelig voor om verlaten te worden en probeert dit krampachtig te voorkomen. Er bestaat een sterke behoefte om andere mensen om zich heen te hebben en het vermogen ont-breekt om alleen te zijn. In reactie op een (mogelijk) afscheid kan de betrok-kene reageren met proberen het contact af te dwingen.
Er bestaat een patroon van intensieve maar tevens instabiele interpersoon-lijke relaties. Een ander wordt geregeld in het begin geïdealiseerd als degene die werkelijk aandacht heeft voor de betrokkene en als degene die de betrok-kene echt begrijpt. Wanneer de ander niet voldoet aan de hoge verwachtin-gen, kan het beeld geheel omslaan en wordt de ander juist als geheel 'slecht' beleefd. Vaak loopt de zelfwaardering parallel aan het wel of geen steun van anderen ervaren: zonder steun valt de eigenwaarde weg of heeft de betrok-kene het gevoel niet meer te bestaan.

Er bestaan ook sterke wisselingen in de identiteit: zo kunnen doelen, opvattingen en attitudes snel veranderen. Er is impulsief gedrag dat in potentie de betrokkene kan schaden zoals geld verkwisten, onveilige seks, vreetbuien, misbruik van middelen en roekeloos aan het verkeer deelnemen. Suïcidepogingen of hiermee dreigen komen veelvuldig voor. Ook het zichzelf verwonden (zoals door in de armen te krassen of snijden) treedt frequent op. Zowel de suïcidepogingen als de automutilatie vinden vooral plaats wanneer de betrokkene een afwijzing ervaart of dat deze wordt aangesproken op diens eigen verantwoordelijkheid. Er bestaan sterke stemmingswisselingen, vooral in reactie op gebeurtenissen in de buitenwereld. Het kan hierbij gaan om intense somberheid, prikkelbaarheid, of angstgevoelens. In de regel duren deze stemmingen niet langer dan enkele uren of hooguit een paar dagen. Er zijn vaak gevoelens van leegte en de betrokkene is snel verveeld en van daaruit voortdurend weer op zoek naar nieuwe prikkels. De betrokkene kan woedeaanvallen vertonen, in het bijzonder wanneer de betrokkene zich afgewezen voelt. Bij oplopende stress kunnen zich kortdurende paranoïde ideeën of sterke gevoelens van depersonalisatie voordoen.

4.1   Bejegening

Iemand met een borderline-persoonlijkheidsstoornis zal vaak proberen de ander de verantwoordelijkheid voor de situatie van de betrokkene te laten overnemen. Dit kan er in extreme situaties toe leiden dat de betrokkene dreigt met zich te suïcideren of te automutileren wanneer de ander niet de aandacht of behandeling levert die betrokkene denkt nodig te hebben.

In de regel dient men de verantwoordelijkheid voor de oplossing van de problemen niet over te nemen omdat dit vaak leidt tot meer afhankelijkheid en uiteindelijk tot een toename van de symptomen. In dit verband is het belangrijk om op tijd duidelijk de grenzen aan te geven van wat de betrokkene mag verwachten. Verder is het niet raadzaam om een emotioneel geladen contact aan te gaan, bijvoorbeeld door sterk empathisch te reageren. Dit kan leiden tot een toename van het zich vastklampen.

Ook kan de emotionele nabijheid bij iemand met een borderline-persoonlijkheidsstoornis angst geven niet meer te weten welke gevoelens van zichzelf en welke van de ander zijn. Deze angst kan uitmonden in zelfdestructief gedrag. Kenmerkend gedrag van de betrokkene is de ander afwisselend idealiseren en neerhalen. Dit patroon kan ook optreden *tussen* verschillende personen. De betrokkene kan dan bijvoorbeeld zeer lovend over een persoon spreken en een ander juist als volstrekt tekortschietend afschilderen. Men spreekt in zo een situatie van splitsing. Het risico is aanwezig dat mensen die te maken hebben met de betrokkene, elkaar verwijten kunnen gaan maken. Een dergelijke situatie kan zich in het bijzonder voordoen in een hulpverlenerssetting maar het hoeft zich daartoe niet te beperken. Bij de bejegening is van belang om bedacht te zijn op het geïdealiseerd worden door een betrokkene en zich niet met dit beeld te vereenzelvigen.

4.2   Behandeling

Alleen in een uiterste crisissituatie wordt een betrokkene met een borderline-persoonlijkheidsstoornis opgenomen. Een opname leidt vaak snel tot meer ontregeld gedrag met daarbij een toename van de symptomen. In uitzonderingsgevallen kan, wanneer ambulante behandeling geen resultaat heeft gehad en het risico op verslechtering beperkt lijkt, behandeling plaatsvinden in een kliniek gespecialiseerd in persoonlijkheidsstoornissen. Er zijn diverse psychotherapeutische methoden beschikbaar voor de behandeling van de borderline-persoonlijkheidsstoornis. Wanneer zelfdestructief gedrag op de voorgrond staat, wordt vaak dialectische (cognitieve-)gedragstherapie toegepast. De term dialectisch verwijst naar het zoeken van een balans tussen enerzijds het accepteren van zichzelf en anderzijds het kiezen om te veranderen waar dat mogelijk is. Verder zijn de doelen het aanleren van vaardigheden in emotieregulatie en sociale interacties. Ook wordt veel aandacht besteed aan hoe de betrokkene kan omgaan met zelfdestructief gedrag zoals zelfverwonding of suïcidaliteit. Suïcidaliteit is een belangrijk aspect omdat suïcide in ongeveer 8% van de gevallen voorkomt, vooral wanneer er tevens sprake is van een depressieve stoornis of middelenmisbruik.[5]

Andere behandelmethoden richten zich vooral op het bewerken van de impliciete verwachtingspatronen, ook wel schema's genoemd, die voortdurend de interpretatie van gebeurtenissen bepalen. Ook wordt aandacht gegeven aan de verwerking van pijnlijke ervaringen uit de kindertijd. Daarnaast wordt getracht het vermogen tot mentaliseren te versterken. Door het zichzelf en de ander beter te leren begrijpen in termen van gevoelens, gedachten, bedoelingen en verlangens (mentale toestanden) kan de betrokkene meer grip krijgen op zijn emoties en gedrag.

5   Narcistische-persoonlijkheidsstoornis

De narcistische-persoonlijkheidsstoornis wordt gekenmerkt door een patroon van grootheidsgevoelens, een voortdurende behoefte aan bewondering en een gebrek aan empathie. Dit patroon kan op de volgende manieren naar voren komen. De betrokkene heeft een overdreven gevoel van eigen belangrijkheid. Hij overschat zijn eigen mogelijkheden en prestaties. Vaak ligt in de overdreven waardering van de eigen prestaties impliciet de boodschap dat anderen hieraan niet kunnen tippen. Er bestaat een preoccupatie met fantasieën over geweldige successen, macht, schoonheid of de ideale liefde. De betrokkene gelooft dat hij of zij heel bijzonder is en verwacht van anderen dat zij de betrokkene ook als zodanig erkennen en behandelen.

De betrokkene heeft het gevoel alleen door een ander met een hoge positie goed begrepen of behandeld te kunnen worden. Zo kan er bijvoorbeeld druk worden uitgeoefend om alleen de 'beste' dokter of advocaat te krijgen. Wanneer de zo geïdealiseerde professional de verwachtingen niet kan waarmaken, volgt doorgaans het naar beneden halen door de betrokkene. Het zich associëren met beroemde of hooggeplaatste mensen leidt tot een vergroting van gevoelens van eigen grootheid. Voortdurend verlangt de betrokkene bovenmatige bewondering en gaat hij ervan uit aanspraak te hebben op een voorkeursbehandeling. Er bestaat een gebrek aan empathie; gevoelens en behoeften van een ander worden niet opgemerkt of niet erkend. Deze ongevoeligheid leidt er snel toe dat een ander wordt gebruikt voor eigen doeleinden. Het maakt ook dat een vriend of partner vooral de functie heeft van het vergroten van de eigenwaarde van de betrokkene. Wanneer het zelfgevoel niet meer voldoende door de ander gevoed wordt, wordt op een kille manier afstand genomen. Er bestaat een arrogante houding tegenover anderen en wanneer een ander succes heeft, wordt hierover geringschattend gedaan.

Een betrokkene met een narcistische-persoonlijkheidsstoornis is voortdurend bezig zijn eigenwaarde op peil te houden door het koesteren van grootheidsfantasieën en het bewonderd willen worden door anderen. In de kern is het gevoel voor eigenwaarde echter juist heel kwetsbaar, en dit maakt dat de betrokkene zeer gevoelig is voor kritiek of mislukkingen. Hij kan hierop reageren met woede en de ander onderuithalen.

5.1   Bejegening

Door de overtuiging recht te hebben op een bijzondere behandeling gaat de betrokkene met een narcistische-persoonlijkheidsstoornis frequent over de grenzen van anderen heen. Dit kan bijvoorbeeld in het meer tijd eisen dan gebruikelijk is, of afspraken willen op ongebruikelijke uren. Het kan ook de vorm aannemen van voortdurend het woord voeren en niet luisteren naar de ander. Bij het begrenzen van de betrokkene dient men dit op een tactvolle wijze te doen. De betrokkene zal geneigd zijn een begrenzing op te vatten als kritiek en dit kan snel leiden tot kwaadheid, het kleineren van de ander en het verbreken van het contact.

Doordat de betrokkene de grenzen van de ander overschrijdt en geen oog heeft voor diens gevoelens, voelt de ander zich vaak gebruikt. Dit leidt er gemakkelijk toe dat de ander kwaadheidgevoelens krijgt. Het is zinvol deze kwaadheid bij zichzelf te onderkennen en zich hierdoor niet te laten leiden. Het is juist aangewezen de betrokkene op een niet-persoonlijke wijze te begrenzen, bijvoorbeeld door te verwijzen naar de bestaande procedures die 'helaas' niet veranderd kunnen worden. Op deze wijze wordt het narcisme van de betrokkene gespaard. Wanneer deze in reactie hierop toch een bijzondere behandeling eist, kan op een rustige wijze herhaald worden dat dit niet mogelijk is.

5.2   Behandeling

Bij de behandeling wordt vaak een *zeer geleidelijke* realiteitsconfrontatie als uitgangspunt genomen. Hiermee wordt bedoeld dat besproken wordt in hoeverre de grootheidsgevoelens en -fantasieën van de betrokkene reëel zijn. Dit kan echter alleen worden besproken wanneer er zich een positieve werkrelatie heeft ontwikkeld met de behandelaar. Het direct confronteren met het irreële karakter van de opvattingen zal alleen leiden tot het zich gekrenkt voelen met een grote kans dat de betrokkene de behandeling afbreekt. Dit is goed te begrijpen wanneer men zich bedenkt dat de grootheidsgevoelens een tekort aan eigenwaarde moeten overdekken. Het abrupt wegnemen van de grootheidsfantasieën maakt dat de betrokkene zich klein en hulpeloos gemaakt voelt.

Het gaat bij de behandeling niet alleen over wat de betrokkene vertelt over zijn gevoelens en gedachten, maar vooral ook hoe deze zich manifesteren in de actuele interactie met de behandelaar. De betrokkene zal bijvoorbeeld vanuit zijn narcisme de behandelaar groot (zoals 'Ik heb de beste behandelaar van Nederland') of juist klein maken ('U kunt er eigenlijk niets van'). Door deze vervormingen van de werkelijkheid te bespreken kan de betrokkene meer zicht krijgen op hoe hij met zichzelf en met anderen omgaat.

6   Antisociale-persoonlijkheidsstoornis en psychopathie

Het centrale kenmerk van een antisociale-persoonlijkheidsstoornis is het geen respect hebben voor de rechten van anderen. Dit kan zich op de volgende wijze manifesteren. Hierbij volstaat het wanneer minstens drie van de volgende zeven kenmerken aanwezig zijn.

- Zich niet aan de maatschappelijke normen houden zoals blijkt uit het herhaald begaan van strafbare feiten.
- Oneerlijkheid zoals naar voren komt in het herhaaldelijk liegen, valse namen gebruiken of anderen te bezwendelen voor eigen gewin of plezier. Het kan daarbij onder meer gaan om geld, seks of macht.
- Een patroon van impulsiviteit. Dit kan blijken uit het nemen van beslissingen zonder acht te slaan op de gevolgen voor zichzelf of voor anderen.
- Prikkelbaarheid en agressiviteit. Dit kan bestaan uit het herhaaldelijk komen tot vechtpartijen of geweldpleging, waaronder het mishandelen van de partner of een kind.
- Roekeloze onverschilligheid voor de veiligheid van zichzelf of anderen. Dit kan onder meer bestaan uit te hard of onder invloed van middelen autorijden, onveilige seksuele contacten, of nalaten om passende zorg te geven aan een kind.
- Het geen verantwoordelijkheid nemen zoals blijkt uit het herhaaldelijk niet in staat zijn geregeld werk te behouden of het niet nakomen van financiële verplichtingen.
- Het ontbreken van spijtgevoelens. Dit kan blijken uit onverschilligheid of rationalisatie van datgene wat de betrokkene een ander heeft aangedaan. Hierbij kan de betrokkene de consequenties van het eigen gedrag voor de ander bagatelliseren, of de schuld bij het slachtoffer leggen, bijvoorbeeld door aan te geven dat deze 'door zijn gedrag er zelf om heeft gevraagd'.

Bij deze stoornis is het vereist dat er reeds voor het 15e jaar aanwijzingen zijn voor een antisociaal-gedragsstoornis (zie hoofdstuk 11, paragraaf 6). Dit kan onder meer bestaan uit agressie gericht op mensen of dieren, het vernielen van eigendommen, leugenachtigheid of diefstal.

5.3   Psychopathie

De term psychopathie wordt voor het eerst aan het eind van de negentiende eeuw gebruikt voor een vorm van persoonlijkheidspathologie waarbij sprake is van gewetenloos gedrag. De precieze betekenis van dit begrip blijft lang onhelder. In de jaren vijftig van de twintigste eeuw wordt in de Verenigde

Staten het begrip psychopathie vervangen door sociopathie waarbij de nadruk ligt op het aanwezig zijn van sociaal deviante gedragingen.[6] In de DSM-classificatie wordt de term sociopathie vervangen door antisociale-persoonlijkheidsstoornis. Er is kritiek op de DSM-classificatie van de antiso-ciale-persoonlijkheidsstoornis in de zin dat de gedragsmanifestaties (zoals impulsiviteit en prikkelbaarheid) het merendeel van de kenmerken uitma-ken en dat de interpersoonlijke kenmerken (zoals liegen) en affectieve ken-merken (zoals het ontbreken van spijtgevoelens) slechts voor een beperkt onderdeel uitmaken van de stoornis. Aangezien slechts drie van de zeven kenmerken vereist zijn voor het vaststellen van deze stoornis, kan dit enkel gebaseerd zijn op de aanwezigheid van antisociale gedragingen.

In de jaren negentig van de vorige eeuw operationaliseerde de Canadese gevangenispsycholoog Hare het begrip psychopathie door middel van twin-tig kenmerken.[7] Deze items worden gescoord aan de hand van een lijst: de Psychopathy Checklist-Revised, afgekort PCL-R. Per kenmerk wordt onder-zocht of hiervan sprake is gedurende het grootste deel van het leven van betrokkene. Onderzoek wijst erop dat deze twintig kenmerken in twee clusters zijn onder te verdelen (zie tabel 13.1).[8] Factor 1 bestaat uit inter-persoonlijke kenmerken zoals egocentriciteit en manipulatie, en affectieve kenmerken zoals gebrek aan empathie en schuldgevoelens. Factor 2 bestaat uit impulsieve en sociaal deviante gedragingen. Een drietal items valt in een restgroep.

Tabel 13.1

De twintig kenmerken van psychopathologie (Psychopathy Checklist-Revised)

Factor 1: Interpersoonlijke kenmerken	Factor 2: Impulsieve en sociaal deviante gedragingen	Overige items
– Gladde prater/oppervlakkige charme.	– Prikkelhongerig/neiging tot verveling.	– Promiscu seksueel gedrag.
– Sterk opgeblazen gevoel van eigenwaarde.	– Parasitaire levensstijl.	– Veel kortstondige partnerrelaties.
– Pathologisch liegen.	– Gebrekkige beheersing van het gedrag.	– Veelsoortige criminaliteit.
– List en bedrog/manipulerend gedrag.	– Gedragsproblemen op jonge leeftijd.	
– Gebrek aan berouw of schuldgevoel.	– Impulsiviteit.	
– Ontbreken van emotionele diepgang.	– Onverantwoordelijk gedrag.	
– Kil/gebrek aan empathie.	– Jeugdcriminaliteit.	
– Geen verantwoordelijkheid nemen voor eigen gedrag.	– Schending van voorwaarden.	
	– Ontbreken van realistische doelen op de lange termijn.	

Psychopathie is een dimensionaal concept: de betrokkene kan vanaf een grenswaarde meer of minder hoog op deze dimensie scoren. Per kenmerk wordt een score gegeven van 0 (afwezig), 1 (mogelijk of in enige mate aanwezig) of 2 (duidelijk aanwezig). De maximale score is bijgevolg 40. In de Verenigde Staten geldt dat er bij een score van 30 of hoger sprake is van psychopathie. Bij de scoring van de PCL-R blijken culturele factoren een rol te spelen. In Europa scoren vergelijkbare populaties lager, en wordt een score van 26 of hoger aangehouden voor het aanwezig zijn van psychopathie.[9] De kenmerken van factor 2 kunnen vanaf ongeveer het 40e levensjaar in intensiteit afnemen, de interpersoonlijke en affectieve kenmerken blijven gedurende het leven in de regel stabiel aanwezig.[10]

Bij psychopathie zijn verschillende neurobiologische afwijkingen gevonden waaronder in de prefrontale cortex en in de amygdala (amandelkern).[11] De prefrontale cortex is betrokken bij de regulatie van emoties en de beheersing van impulsief gedrag. De amygdala speelt een rol bij het signaleren van gevaar en bij het betekenis verlenen aan gezichtsuitdrukkingen. Bij mensen met psychopathie worden tekenen van angst en verdriet zowel bij zichzelf als bij een ander minder goed herkend. Door het niet herkennen van de aanwezige tekenen van deze negatieve emoties bij een ander wordt de betrokkene niet geremd in zijn handelen tegenover deze persoon. Ook ervaren deze betrokkenen minder angstgevoelens en wordt er geen koppeling gelegd tussen een situatie en de daaraan verbonden negatieve emotionele reactie. Hierdoor zijn zij minder gevoelig voor straf. Bij al deze bevindingen dient bedacht te worden dat deze bevindingen gelden voor groepen met psychopathie en dat deze bevindingen niet altijd van toepassing hoeven te zijn op een individueel geval.

Wanneer er sprak is van psychopathie, hoeft dit niet te betekenen dat dit gepaard gaat met crimineel gedrag. Deze mensen hebben doorgaans wel een destructief effect op hun omgeving door hun egocentrische, manipulatieve stijl van opereren waarbij op geen enkele manier rekening wordt gehouden met de gevoelens en belangen van anderen. Deze eigenschappen kunnen samen met die van welbespraaktheid, een charmante wijze van zich presenteren en van een besluitvaardig optreden (onder meer door impulsief gedrag) soms juist leiden tot een zeer succesvolle carrière in het bedrijfsleven of de politiek. Wanneer er wel sprake is van crimineel gedrag hoeft dit niet geweldsdelicten te betreffen. Het kan ook gaan om zogeheten witteboordencriminaliteit.

De kenmerken van de antisociale-persoonlijkheidsstoornis en van psychopathie overlappen elkaar gedeeltelijk. Het overgrote deel van de betrokkenen met psychopathie voldoet ook aan de criteria voor de antisociale-persoonlijkheidsstoornis, maar slechts bij een klein deel van de mensen met een antisociale-persoonlijkheidsstoornis is er tevens sprake van psychopathie.[12]

5.4   Bejegening

Voor betrokkenen met een antisociale-persoonlijkheidsstoornis en/of psychopathie gelden de volgende uitgangspunten. Men dient absoluut vast te houden aan de normale procedures. Een betrokkene zal vaak proberen om door manipulatie een situatie naar zijn hand te zetten. Ook is het mogelijk dat een betrokkene door middel van verbale agressie of (impliciete) dreiging probeert de situatie te beïnvloeden. Het hierop reageren met een (ogenschijnlijke onbelangrijke) afwijking van een procedure zal door een betrokkene direct opgevat worden als dat de ander gevoelig is voor intimidatie en een aansporing zijn om op dit pad verder te gaan. Wanneer de betrokkene grensoverschrijdend gedrag vertoont, dient deze daarmee direct geconfronteerd te worden.

Het denkpatroon van de betrokkene richt zich op wat er op de korte termijn voor winst is te behalen; langetermijndoelen hebben weinig betekenis. In de communicatie dient men zich te beperken tot de zaken die direct voorliggen en daarbij op een concrete wijze duidelijk te maken waar het om gaat. De toon hierbij is vriendelijk doch zakelijk. Het appelleren aan gevoelens sluit niet aan bij het gebrekkige gevoelsleven van de betrokkene.

Het is goed om te beseffen dat wanneer een betrokkene spreekt over gedragsveranderingen, er meestal het voornemen ontbreekt om dit ook daadwerkelijk uit te voeren.[13] Een betrokkene voelt meestal zeer goed aan wat de ander belangrijk vindt en hij zal daarop inspelen.

5.5   Behandeling

Bij zowel de antisociale-persoonlijkheidsstoornis als bij psychopathie kunnen interpersoonlijke, affectieve en gedragsmatige kenmerken worden onderscheiden. De interpersoonlijke en affectieve kenmerken kunnen voor zover nu bekend nauwelijks worden beïnvloed.[14] De behandeling richt zich dan ook vooral op de sociaal deviante gedragingen. In het bijzonder op het verminderen van het agressieve gedrag. Hiervoor worden woedebeheersingstechnieken en sociale vaardigheden getraind zodat conflicten niet meer 'opgelost' worden door middel van agressie. Daarnaast worden de antisociale opvattingen ter discussie gesteld waarmee het gebruik van geweld wordt goedgepraat. Tevens wordt getracht de impulsregulatie te verbeteren. De betrokkene wordt gestimuleerd prosociaal gedrag te vertonen jegens leeftijdsgenoten en familieleden.[15] Besproken wordt wat de toekomstplannen van de betrokkene zijn wat betreft wonen, werk, vrije tijd en relaties en hoe zijn antisociale levensstijl de kansen op het verwezenlijken van deze doelen beïnvloedt. Beoogd wordt de betrokkene zijn antisociale levensstijl op te laten geven vanuit de gedachte dat de voordelen op de korte termijn niet opwegen tegen de nadelen op de middellange termijn.[16] Gewenst gedrag wordt bekrachtigd door dit te belonen. Verslavingsproblematiek komt frequent voor en het middelengebruik zal doorgaans het antisociale gedrag verder doen toenemen. Het is dan ook belangrijk om bij aanwezige verslavingsproblematiek deze te behandelen.

De behandeling verloopt vaak (uiterst) moeizaam. Een belangrijke factor hierbij is dat de betrokkene meestal weinig gemotiveerd is om een behandeling te volgen en de oorzaak van zijn problemen bij anderen of de omstandigheden legt. Het proberen zich te onttrekken aan een behandeling of deze door destructief gedrag te verstoren, komt veelvuldig voor. Deze problemen gelden in nog sterkere mate in het geval van psychopathie. Deze betrokkenen kunnen bij een opname op een reguliere ggz-afdeling deze geheel ontregelen door agressief en manipulerend gedrag zowel jegens de behandelaars als jegens de medepatiënten. Een opname op een dergelijke afdeling is dan ook gecontra-indiceerd. Wanneer een klinische behandeling geïndiceerd is, dient deze alleen op een sterk gestructureerde afdeling plaats te vinden alwaar het antisociale gedrag begrensd kan worden. Dit zal in de regel een gespecialiseerde forensische behandelsetting zijn. Deelname aan groepstherapieën kunnen leiden tot het verder geschoold raken in de manier waarop mensen gemanipuleerd kunnen worden. Verder dient men attent te zijn op een schijnaanpassing. Door het goed inspelen op de (impliciete) wensen van behandelaars en het vermogen zich overtuigend op een positieve wijze te presenteren, kan de indruk ontstaan dat de betrokkene daadwerkelijk geprofiteerd heeft van de behandeling terwijl er geen werkelijke verandering heeft plaatsgevonden.

7   Forensische aspecten

De borderline-, narcistische- en antisociale-persoonlijkheidsstoornissen gaan samen met een verhoogd risico op gewelddadig gedrag.[17] Als bij een betrokkene twee of meer persoonlijkheidsstoornissen aanwezig zijn, verhoogt dit het risico op gewelddadig gedrag nog verder.[18] Bij psychopathie is er een combinatie van antisociale en narcistische persoonlijkheidskenmerken.

Psychopathie wordt ook wel opgevat als een zeer ernstige vorm van de anti-sociale-persoonlijkheidsstoornis. Psychopathie is gerelateerd aan een ver-hoogd delictrecidiverisico.[19] Ook is deze groep vaker betrokken bij geweld-dadige incidenten tijdens detentie of behandeling.[20] Het risico op geweld neemt verder toe wanneer er naast een persoonlijkheidsstoornis tevens sprake is van verslavingsproblematiek, wat geregeld voorkomt.

De relatie tussen een persoonlijkheidsstoornis en gewelddadig gedrag kan op vele manieren vorm hebben. De volgende beschrijvingen geven enkele voorbeelden hiervan. Bij een betrokkene met een paranoïde-persoonlijk-heidsstoornis bestaat doorgaans een overmatige controlebehoefte. Wan-neer een betrokkene de greep op een situatie verliest, bijvoorbeeld doordat een ander zich onverwacht op een bepaalde manier gedraagt, kan dit leiden tot een sterk toegenomen gevoel van dreiging van waaruit het tot agressie kan komen. De agressie heeft daarbij ook de functie om de controle over een situatie te herwinnen.

Bij een borderline-persoonlijkheidsstoornis kan gewelddadig gedrag samenhangen met heftige emoties waardoor het reeds zwakke vermogen om impulsen te beheersen verder afneemt. Heftige emoties kunnen onder meer optreden wanneer een betrokkene de beleving heeft dat een emotio-neel belangrijk persoon de betrokkene in de steek laat.

Bij een narcistische-persoonlijkheidsstoornis kan de agressie samenhangen met het zich gekrenkt voelen. Wanneer een partner de betrokkene verwijten maakt of de betrokkene wil verlaten, kan dit als een krenking door hem wor-den beleefd. In zo'n situatie ontleent de betrokkene zijn eigenwaarde voor een belangrijk deel aan de relatie met zijn partner. Dit kan in de vorm dat de betrokkene het gevoel heeft 'recht' te hebben op de aandacht en bewon-dering van zijn partner. Wanneer de partner zich wil losmaken, heeft dit de betekenis dat de ander hem niet erkent als bijzonder persoon. Ook kan de betrokkene de beleving hebben dat hem de 'ideale liefde' wordt ontnomen. De door de krenking losgemaakte woede kan door het gebrek aan empa-thie een ongeremde vorm aannemen. De betrokkene houdt geen rekening met de gevoelens van de ander en meent het recht in eigen hand te mogen nemen. In extreme gevallen kan dit leiden tot doding van de partner vanuit de opvatting: 'Als ik haar niet kan hebben, dan zal niemand haar hebben.'

Narcistische persoonlijkheidstrekken maken dat een betrokkene zich vaak moeilijk wil laten begeleiden. Dat een ander boven hem is gesteld, wordt als een ondermijning van de eigenwaarde ervaren. Het zich houden aan opge-legde voorwaarden kan hierdoor worden bemoeilijkt.

Bij het onderzoek van een betrokkene met psychopathie is het goed te besef-fen dat deze kan liegen zonder dat daar een externe reden voor is, bijvoorbeeld het vermijden van straf of voor geldelijk gewin. Het liegen gebeurt dan enkel omdat het plezier geeft om anderen te misleiden.[21] De eigenwaarde wordt verhoogd door te laten zien 'hoe dom de ander is en hoe slim hij zelf is'. Door de ander in zijn leugens te laten geloven kan de betrokkene deze tevens manipuleren. Ook hieraan kan een narcistische bevrediging worden ontleend. Dit pathologische liegen is de reden dat bij psychopathie er altijd gezocht dient te worden naar andere beschikbare informatie om het verhaal van de betrokkene te kunnen verifiëren. Een probleem hierbij kan zijn dat psychopaten juist een verhaal ophouden dat niet gecontroleerd kan worden. Het kan in een dergelijke situatie zinvol zijn om de betrokkene aan te moedigen zo veel mogelijk te praten. Vaak bedenkt de betrokkene tijdens het gesprek een leugen en ontbreekt een vooraf opgesteld plan. Naarmate de betrokkene meer spreekt, neemt de kans toe dat er tegenstrijdigheden verschijnen in zijn verhaal en kan soms duidelijk worden dat er sprake is van pathologisch liegen.

8   Aandachtspunten

- Er kan geen (specifieke) persoonlijkheidsstoornis worden vastgesteld wanneer de betrokkene niet voldoet aan de algemene criteria hiervoor.
- Wanneer er een psychiatrische stoornis aanwezig is, dient men erop bedacht te zijn dat hierdoor persoonlijkheidstrekken kunnen worden versterkt, of er zich gedragspatronen voordoen die ten onrechte voor persoonlijkheidskenmerken worden gehouden.
- Bij de bejegening van een betrokkene met een paranoïde-persoonlijkheidsstoornis dient een opdringerige opstelling te worden vermeden. Dit kan door de betrokkene zowel in tijd als in fysieke afstand de ruimte te geven en een zakelijke toon aan te houden.
- Bij de borderline-persoonlijkheidsstoornis dient men erop attent te zijn de verantwoordelijkheid voor de oplossing van de problemen niet over te nemen.
- Wanneer men geïdealiseerd wordt, is het van belang dit te onderkennen en zich niet hiermee te identificeren.
- Bij de narcistische-persoonlijkheidsstoornis overdekken de grootheidsgevoelens een grote kwetsbaarheid van de eigenwaarde. Dit leidt ertoe dat de betrokkene voortdurend bezig is zijn eigenwaarde op peil te houden door het koesteren van grootheidsfantasieën en het bewonderd willen worden door anderen.
- In contacten met een betrokkene met een narcistische-persoonlijkheids-

stoornis zal men zich doorgaans snel gebruikt voelen waardoor kwaadheidgevoelens worden gewekt. Het is van belang deze gevoelens bij zichzelf te onderkennen en deze niet te kanaliseren in de interactie.

– Bij de antisociale-persoonlijkheidsstoornis en psychopathie zijn vooral de interpersoonlijke en affectieve persoonlijkheidskenmerken gerelateerd aan een verhoogd delictrecidiverisico.

– Slechts een klein deel van de betrokkenen met een antisociale-persoonlijkheidsstoornis voldoet aan de criteria voor psychopathie.

– Een opname van een betrokkene met psychopathie op een reguliere ggz-afdeling is gecontra-indiceerd.

Noten

1 Verheul, R., & Brink, W. van den. (1999). Persoonlijkheidsstoornissen. In: A. de Jong, W. van den Brink, & J. Ormel (Red.), *Handboek psychiatrische epidemiologie* (pp. 347-378). Maarssen: Elsevier/De Tijdstroom.

2 Thunnissen, M., Kooiman, K., & Berens, A. (2010). Persoonlijkheidsstoornissen. In: M.W. Hengeveld, & A.J.L.M. van Balkom (Red.), *Leerboek psychiatrie* (2e herz. dr., pp. 515-531). Utrecht: De Tijdstroom.

3 Caspi, A., McClay, J., Moffitt, T.E., Mill, J., Martin, J., Craig, I.W., Taylor, A., & Poulton, R. (2002). Role of genotype in the cycle of violence in maltreated children. *Science, 297*, 851-854.

4 Lobbestael, J., & Arntz, A. (2013). Cluster-B-persoonlijkheidsstoornissen. In: I. Franken, P. Muris, & D. Denys (Red.), *Basisboek psychopathologie* (pp. 755-774). Utrecht: De Tijdstroom.

5 Gunderson, J.G. (2001). *Borderline personality disorder: A clinical guide*. Washington, DC: American Psychiatric Publishing, Inc.

6 Hervé, H. (2007). Psychopathy across the ages: A history of Hare psychopath. In: H. Hervé, J.C. Yuille. *The psychopath: Theory, research and practice* (pp. 31-55). Mahwah, NJ: Lawrence Erlbaum Associates.

7 Hare, R.D. (1991). *The Hare Psychopathy Checklist-Revised*. Toronto: Multi health Systems Inc.

8 Ontleend aan Vertommen, H., Verheul, R., Ruiter, C. de, Hildebrand, M. (2002). *Handleiding bij de herziene versie van Hare's Psychopathy Checklist – Revised*. Lisse: Swets Test Publishers.

9 Kröger, U., Beek, D. van, Wolf, P. van den, Klein Haneveld, E., Geest, H. van, Geraets, R. (2011). *Behandeling van psychopathie. A mission impossible? Een behandelprogramma voor patiënten met een hoge mate van psychopathie in de Van der Hoeven Kliniek*. Utrecht: Forum Educatief.

10   Hare, R.D., & McPherson, L.M. (1984). Violent and aggressive behavior by criminal psycho-paths. *International Journal of Law and Psychiatry, 7*, 35-50.

11   Loomans, M.M., Tulen, J.H.M., & Marle, H.J.C. van. (2010). Neurobiologische aspecten van antisociaal gedrag. *Tijdschrift voor Psychiatrie, 52*, 387-396.

12   Hervé, H. (2007). Psychopathy across the ages: A history of Hare psychopath. In: H. Hervé, J.C. Yuille. *The psychopath: Theory, research and practice* (pp. 31-55). Mahwah, NJ: Lawrence Erlbaum Associates.

13   Kröger, U., Beek, D. van, Wolf, P. van der, Klein Haneveld, E., Geest, H. van, & Geraerts, R. (2011). *Behandeling van psychopathie: A mission impossible.* Utrecht: Forum Educatief.

14   Gool, W.A. van, Berghmans, R., Brussele, G.H.A., Clabbers, F.H., Doreleijers, Th.A.H., Koer-selman, G.F., e.a. (2006). *Preventie en behandeling van de antisociale persoonlijkheidsstoor-nis.* Den Haag: Gezondheidsraad.

15   Dolan, M., & Doyle, M. (2007). Psychopathy: diagnosis and implications for treatment. *Psy-chiatry, 6*, 404-408.

16   Kröger, U., Beek, D. van, Wolf, P. van der, Klein Haneveld, E., Geest, H. van, & Geraerts, R. (2011). *Behandeling van psychopathie: A mission impossible.* Utrecht: Forum Educatief.

17   Expertisecentrum Forensische Psychiatrie. (2008). *Persoonlijkheidsstoornissen: Landelijk zorgprogramma voor forensisch psychiatrische patiënten met persoonlijkheidsstoornissen.* Utrecht: Expertisecentrum Forensische Psychiatrie.

18   Philipse, M.W.G. (2011). Risicotaxatie in de forensische psychiatrie. Principes, doelen en instrumenten. In: H. Groen, M. Drost, & H. Nijman (Red.), *Handboek forensische geestelijke gezondheidszorg* (pp. 399-417). Utrecht: De Tijdstroom.

19   Hildebrand, M. (2004). *Psychopathy in the treatment of forensic psychiatric patients: Assess-ment, prevalence, predictive validity and clinical implications.* Amsterdam: Amsterdam Uni-versity Press.

20   Gool, W.A. van, Berghmans, R., Brussele, G.H.A., Clabbers, F.H., Doreleijers, Th.A.H., Koerselman, G.F., e.a. (2006). *Preventie en behandeling van de antisociale persoonlijkheids-stoornis.* Den Haag: Gezondheidsraad.

21   Cooper, B.S., & Yuille, J.C. (2007). Psychopathy and deception. In: H. Hervé, & J.C. Yuille (Eds.), *The psychopath: Theory, research and practice* (pp. 487-503). Mahwah, NJ: Lawrence Erlbaum Associates.

14 Autismespectrumstoornis

1 Inleiding

Kenmerkend voor de autismespectrumstoornis is een stoornis in de sociale interactie. Kanner was de eerste die in 1943 een beschrijving van autisme gaf. Hij
beschreef kinderen die contact met anderen vermijden, waarbij de taalontwikkeling gestoord is en die sterk vasthouden aan vaste patronen. Meestal is
er bij deze kinderen ook sprake van een verstandelijke beperking. Dit beeld
werd tot voor kort klassiek autisme genoemd. Asperger beschreef een beeld
bij kinderen waarbij ook een stoornis in de sociale interactie bestaat maar
er geen gestoorde taalontwikkeling is en een normale intelligentie. Later
werd er nog een groep kinderen onderscheiden waarbij in lichtere mate
sprake is van beperkingen in het vermogen tot sociale wederkerigheid en
het vasthouden aan vaste patronen. De stoornis van deze groep werd in de
DSM-IV aangeduid als een pervasieve ontwikkelingsstoornis niet anderszins
omschreven (bekend onder de Engelse afkorting PDD-NOS). Bij een ontwikkelingsstoornis is de normale ontwikkeling van de psychische functies vanaf
de kinderleeftijd verstoord verlopen. Met de aan het Engels ontleende term
'pervasieve' ontwikkelingsstoornis wordt bedoeld dat er sprake is van een
verstoorde ontwikkeling op meerdere gebieden.
Tegenwoordig is het idee dat er drie goed van elkaar afgegrensde autistische
stoornissen bestaan, verlaten. Men ziet nu autisme als een continuüm met
aan de ene kant mensen met uitgebreide en ernstige autistische kenmerken
en aan de andere kant mensen met relatief weinig symptomen. Om deze
reden spreekt men van een spectrum: autismespectrumstoornis (verder:
ASS). Ernstige autistische kenmerken, zoals een verstoorde taalontwikkeling
en geen contact maken, kunnen reeds op jonge kinderleeftijd naar voren
komen. Bij mensen waarbij sprake is van minder ernstige autistische kenmerken en waarbij door een goede intelligentie de symptomen voor een
deel kunnen worden gecompenseerd, wordt soms pas in de puberteit of nog
later onderkend dat er sprake is van een ASS.
In de literatuur komt men ook de term *multiple complex developmental
disorder* (MCDD) tegen. Er is nog geen consensus over welke symptomen
aanwezig dienen te zijn om deze diagnose te kunnen stellen. Deze mensen hebben, naast autistische kenmerken, vanaf de vroege jeugd moeite om
werkelijkheid van fantasie te onderscheiden en zijn chronisch angstig. Ze
hebben een grotere kans om op volwassen leeftijd een schizofrene stoornis
te ontwikkelen.

Ass komt voor bij ongeveer 1 per 100 personen in de algemene bevolking; de stoornis komt bij jongens drie- tot viermaal zo vaak voor als bij meisjes.[1] Vroeger werd autisme beschouwd als een uiting van een ernstig verstoorde relatie met de ouders. Dit gezichtspunt is geheel verlaten.

2   Kenmerken

De autistische symptomen worden onderverdeeld in twee domeinen. Het gaat om stoornissen in de sociale interactie en communicatie, en om stereotiepe gedragingen en interesses. De ernst van de stoornis wordt bepaald door de mate waarin een betrokkene ondersteuning nodig heeft bij het dagelijks functioneren.

2.1   Beperkingen in de sociale interactie en communicatie

Er zijn tekorten in de sociaal-emotionele wederkerigheid. De betrokkene heeft problemen om het contact met anderen aan te gaan en om gevoelens en gedachten te delen. De betrokkene kan zich niet of nauwelijks in een ander verplaatsen en voelt niet aan wat er in de ander omgaat. Door dit gebrek aan empathie en het alleen gericht zijn op de eigen belevingswereld kan een betrokkene de indruk maken arrogant te zijn. Door het gebrek aan sociaal begrip interpreteert de betrokkene snel de bedoeling van een ander verkeerd en hierdoor kunnen misverstanden ontstaan. Een betrokkene probeert soms de bedoeling van een ander af te lezen uit de reacties van anderen. Zo kan wanneer een ander een opmerking maakt die grappig bedoeld is, een betrokkene eerst afwachten of anderen om de opmerking gaan lachen om te weten of het om een grap gaat. Een gesprek over een zakelijk onderwerp kan goed verlopen maar stokt zodra er sprake is van een sociaal ongestructureerde situatie.

De non-verbale ondersteuning van de interactie is verminderd. Er wordt weinig tot geen oogcontact gemaakt, de gelaatsuitdrukking blijft onbewogen en er is weinig emotie uit af te lezen. Gebaren met de handen en armen om de sociale interactie te onderstrepen zijn grotendeels afwezig. Soms is de betrokkene aangeleerd om de ander wel aan te kijken en er is wel oogcontact aanwezig, dikwijls juist wat overdreven en strak. Het spontaan delen van ervaringen met anderen ontbreekt. Wanneer een ander op iets wijst of zijn ogen op iets richt, vestigt de betrokkene zijn blik niet op dit object.

Er zijn problemen in het aangaan en onderhouden van relaties. Vaak heeft de betrokkene geen vrienden of als deze er wel zijn, is er niet sprake van

een emotioneel gelijkwaardige relatie. Het gaat bijvoorbeeld om een vriendschap met een veel jonger of juist ouder persoon. Soms komt de 'vriendschap' alleen van één kant. Het kan ook zijn dat de vriendschap enkel bestaat
uit één ding samen doen (bijvoorbeeld computerspellen).

2.2 Stereotiepe gedragingen en interesses

Centraal staat dat de betrokkene moeite heeft met veranderingen in het dagelijkse
leefpatroon, met onverwachte gebeurtenissen en wanneer een ander zich
anders gedraagt dan verwacht. Hij is erg gehecht aan een bepaalde volgorde
waarin handelingen worden uitgevoerd en aan voorspelbaarheid. Dit vasthouden aan routines kan worden opgevat als een manier om overzicht te
houden in een wereld die de betrokkene, onder meer door het gebrek aan
sociaal begrip, moeilijk begrijpt en om die wereld zo voorspelbaar te houden. Het valt in dit verband te begrijpen dat de betrokkene, wanneer hij niet
in staat is zijn routine vast te houden, prikkelbaar of boos kan worden. Het
kan hierbij tot impulsief gedrag komen waarbij bijvoorbeeld met voorwerpen wordt gegooid.
Het stereotiepe gedrag kan ook bepaalde lichaamsbewegingen betreffen
die steeds herhaald worden. Voorbeelden hiervan zijn het fladderen met de
armen, rondjes draaien of hoofdbonken.
Verder bestaat er geregeld een overmatige interesse in een bepaald onderwerp waaraan buitensporig veel aandacht en tijd wordt besteed. Een preoccupatie kan bijvoorbeeld treinen of een bepaalde stripfiguur betreffen. De
onderwerpen van de preoccupaties kunnen over de tijd heen veranderen.
Bepaalde fascinaties kunnen gerelateerd zijn aan een over- of ongevoeligheid voor zintuiglijke prikkels. Het kan gaan om ongevoeligheid voor pijn.
Andere betrokkenen kunnen niet tegen lawaai (hoort als het ware 'het gras
groeien') of tegen het schuren van bepaalde kleding op de huid.
Mensen met ASS kunnen een taalstoornis hebben. Het kan bijvoorbeeld
gaan om het steeds herhalen van woorden en een eigenaardig woordgebruik.
Het stemgeluid varieert soms weinig in hoogte of is te hoog. Er bestaat een
beperking in het symbolisch kunnen denken. Zo worden uitspraken van een
ander vaak te letterlijk genomen. Dit leidt in combinatie met het gebrek
aan sociaal begrip gemakkelijk tot een vorm van communicatie waarbij de
betrokkene er steeds 'naast zit'. De aan- of afwezigheid van een taalstoornis wordt apart vermeld bij de diagnose. Ditzelfde geldt voor een mogelijk
aanwezige verstandelijke beperking, wat frequent samen met een ASS voorkomt.

De symptomen van een ASS blijven grotendeels over het gehele leven heen aanwezig. De beperkingen in de sociale interactie en de communicatie kunnen in de loop der jaren enigszins afnemen. Stereotiepe gedragingen veranderen over het algemeen weinig.

Bijkomende symptomen

Naast de symptomen op de genoemde gebieden kunnen er nog andere (bijkomende) symptomen aanwezig zijn die men niet als kernsymptomen beschouwt maar die vaak wel aanwezig zijn bij betrokkenen met een ASS. Zo'n bijkomend symptoom is een houterige motoriek. Een ander bijkomend symptoom is een probleem in het verwerken van informatie. Er bestaat vooral een beperkt vermogen tot het overzien van een situatie, waardoor er problemen bestaan bij plannen en organiseren. Het organiseren van het huishouden is hierdoor vaak problematisch. In een werksituatie kan een betrokkene meestal wel uit de voeten wanneer het werk overzichtelijk is. Hij loopt echter vast als een nieuwe situatie zelf moet worden opgelost. Ook ontbreekt er vaak het vermogen om de consequenties van het eigen gedrag te overzien.

3   Diagnostiek

3.1   Klinisch beeld en ontwikkelingsanamnese

De diagnose van een ASS wordt gesteld op het aanwezig zijn van autistische symptomen in het dagelijkse functioneren van de betrokkene (het klinische beeld) en op het aanwezig zijn van verstoringen in de ontwikkeling vanaf de geboorte. Dit laatste wordt een ontwikkelingsanamnese genoemd en wordt bij voorkeur opgenomen bij de ouders. Bij het opnemen van deze ontwikkelingsanamnese wordt specifiek gevraagd naar uitingen van beperkingen in de sociale interactie, non-verbale communicatie en stereotiepe gedragingen. Hierbij vraagt men onder andere of de betrokkene als baby contact aanging met moeder, hoe de taalontwikkeling is verlopen, en het voorkomen van preoccupaties en stereotiepe gedragingen (bijvoorbeeld hoofdbonken; wiegen met het lichaam).

3.2   Psychologisch onderzoek

Bij (neuro)psychologisch onderzoek worden vaak onderstaande drie psychologische functies onderzocht. Bij sommige betrokkenen met een ASS is een of meer van deze functies verstoord. Stoornissen van deze functies kunnen echter ook bij andere stoornissen dan een ASS voorkomen.[2]

Theory of mind

Om sociaal adequaat te kunnen functioneren, is het vermogen nodig om gedachten, gevoelens en bedoelingen zowel bij zichzelf als bij anderen te onderkennen. Dit vermogen duidt men aan met *theory of mind* (ToM). Zonder dit vermogen is men niet in staat het gedrag van een ander te begrijpen en daardoor te kunnen voorspellen. Ook kan men dan niet passend reageren op hoe iemand zich gedraagt of voelt. De theory of mind kan worden getest door de te onderzoeken persoon een verhaal te laten lezen en te vragen naar de gevoelens en bedoelingen van de figuren uit het verhaal. Betrokkenen met een ASS kunnen een zwak ontwikkelde of afwezige theory of mind hebben. De theory of mind is niet bij alle betrokkenen met een ASS gestoord en een beperking van dit vermogen kan ook bij andere stoornissen optreden zoals bij sommige betrokkenen met schizofrenie.

Centrale coherentie

Om een situatie te kunnen overzien is het nodig dat men in staat is details te plaatsen in samenhang met de context. Dit vermogen tot het integreren van waarnemingen tot een betekenisvol geheel duidt men aan met het vermogen tot centrale coherentie. Bij betrokkenen met een ASS is dit vermogen vaak zwak aanwezig. Dit leidt ertoe dat de betrokkene gericht is op details, en de betekenis van die details vaak letterlijk opvat zonder de waarneming tegen de achtergrond van de gehele situatie te plaatsen. Door deze stoornis in de betekenisverlening worden situaties snel verkeerd ingeschat.

Executieve functies

Een individu dient om te kunnen functioneren zich steeds weer opnieuw aan te passen aan de eisen die een omgeving stelt. Om deze taak te kunnen uitvoeren, zijn er diverse deelfuncties nodig. Men spreekt in dit verband van executieve functies. Een van deze functies betreft die van de mentale flexibiliteit. Dit is het vermogen om te veranderen van de wijze waarop men een probleem probeert aan te pakken wanneer dit niet lukt. Betrokkenen met een ASS houden vaak rigide vast aan een eenmaal gekozen aanpak van een probleem. Het overschakelen van de ene activiteit naar een andere verloopt ook moeizaam. Andere executieve functies die vaak bij betrokkenen met een ASS beperkingen vertonen, zijn het vermogen tot planning en organisatie. De informatieverwerkingssnelheid is vaak verlaagd waardoor het verwerken van nieuwe informatie meer tijd kost. De betrokkene kan hierdoor traag reageren op veranderingen in zijn omgeving en gesprekken kunnen moeizaam verlopen.

Afwijkende bevindingen bij psychologisch onderzoek naar een ASS kunnen het stellen van de diagnose wel ondersteunen maar zijn op zich onvoldoende. Wel kan psychologisch onderzoek de sterke en zwakke kanten van het functioneren van een betrokkene goed in beeld brengen, bijvoorbeeld in hoeverre er problemen bestaan met het overzien van situaties. Dit is van belang bij het vormgeven van een behandeling.

3.3   Invloed omgeving op symptomen

De mate waarin symptomen zich bij een betrokkene uiten is, naast aanleg, ook afhankelijk van de omgeving waarin deze verkeert. Vooral de hoog functionerende betrokkenen met een ASS lopen nogal eens vast in de vroege volwassenheid als er meer eisen aan hen worden gesteld. Zo kunnen autistische symptomen vooral manifest worden wanneer een betrokkene van een situatie met veel structuur (het ouderlijk gezin) in een situatie komt waarin hij zelf structuur moet aanbrengen (bijvoorbeeld bij het gaan studeren en op kamers gaan wonen), of er een appel wordt gedaan op het vermogen tot sociaal begrip (bijvoorbeeld moeten samenwerken op het werk of als er in een relatie kinderen komen).

3.4   Bijkomende stoornissen

Bij betrokkenen met een ASS is geregeld ook sprake van een andere psychiatrische stoornis. Vooral een aandachtsdeficiëntie-/hyperactiviteitsstoornis (ADHD), depressiviteit of een angststoornis komen geregeld voor. Ook kan er, vooral in de vroege volwassenheid, een psychotische stoornis optreden. Wanneer zo'n bijkomende stoornis op de voorgrond staat, kan het moeilijk zijn om daarachter een ASS te onderkennen. Het risico bestaat dat een behandeling die gericht is op de op de voorgrond staande stoornis, bijvoorbeeld een groepsgerichte behandeling, de problemen die gepaard gaan met een ASS, doen toenemen.

4   Ontstaan

Ass wordt beschouwd als een vooral erfelijk bepaalde aandoening. Wanneer in een gezin een kind een Ass heeft, is de kans dat een volgend kind deze stoornis heeft ongeveer twintig maal groter dan in de algemene bevolking.[3] Familieleden van betrokkenen met een Ass die zelf niet deze stoornis vertonen, kunnen wel subtiele beperkingen in sociaal begrip of in de taalontwikkeling vertonen. Naast erfelijke factoren spelen ook omgevingsinvloeden een rol. Het gaat hierbij vooral om invloeden tijdens de zwangerschap; welke factoren precies een rol spelen is echter niet bekend.

Bij onderzoek van de hersenen van mensen met Ass komt naar voren dat het uitwisselen van informatie tussen verschillende hersengebieden verstoord is. Deze verstoorde connectiviteit acht men verantwoordelijk voor de problemen bij het verwerken van informatie. Dit kan zich uiten in het snel overprikkeld raken.

Verder is er mogelijk sprake van een stoornis in het functioneren van spiegelneuronen. Dit is een type zenuwcellen dat niet alleen actief is als men een bepaalde handeling uitvoert, maar ook als men bij een ander die handeling waarneemt. De neuronen weerspiegelen het gedrag van de ander alsof men zelf dat gedrag uitvoert. Deze weerspiegeling helpt het gedrag van een ander te interpreteren en door imitatie nieuwe vaardigheden aan te leren. Het disfunctioneren van de spiegelneuronen bij mensen met een Ass zou aan de basis liggen van de beperkingen in de sociale wederkerigheid zoals moeite om zich emotioneel in een ander te verplaatsen.

5   Behandeling

De behandeling begint met het voorlichten van de betrokkene en zijn familie over de aard van de stoornis, de prognose en wat er aan behandeling mogelijk is. Besproken wordt dat een Ass niet te genezen is maar dat er wel veel winst te behalen is door ermee te leren omgaan. Uitgelegd wordt welke symptomen en beperkingen een Ass met zich mee kan brengen. Vaak wordt dit door de betrokkene en zijn omgeving ervaren als een opluchting doordat dan duidelijk wordt dat ervaren moeilijkheden bij het aangaan van relaties, een opleiding of werk, niet aan de betrokkene te wijten zijn, maar worden veroorzaakt door de stoornis.

Het grote belang van een voorspelbare omgeving wordt besproken. Hierbij spelen het duidelijk en consequent aangaan van het contact met de betrokkene een rol naast het overzichtelijk houden van te verrichten taken en het vermijden van plotselinge veranderingen en tijdsdruk. Wanneer de betrokkene overvraagd dreigt te worden, kan dit zich uiten in prikkelbaar of agressief gedrag. Doordat de betrokkene vanwege de beperkingen in de *theory of mind* moeite heeft met het onderkennen van de eigen gevoelens en daarnaast het overzicht op de eigen situatie vaak ontbeert, is het dikwijls de omgeving die het eerst de signalen van overvraging opmerkt.

In de behandeling wordt getracht de betrokkene ook zelf deze signalen in een vroegtijdig stadium te leren onderkennen en zijn gedrag daarop aan te passen. Bij een voldoende begaafdheid kan de betrokkene gedrag worden aangeleerd dat niet zelf wordt aangevoeld, zoals oogcontact maken of vragen wat de ander wil. Een probleem hierbij kan zijn dat de betrokkene deze vaardigheden wel kan toepassen in de therapeutische setting maar niet daarbuiten. Daarnaast zal de betrokkene gestimuleerd worden om sociale contacten te onderhouden om te voorkomen dat deze in een sociaal isolement terechtkomt. Een sociaal isolement kan er ook toe bijdragen dat de betrokkene steeds verder in beslag genomen wordt door preoccupaties. Begeleiding bij het invullen van een dagbesteding en het vinden van een passende opleiding of werksituatie is aangewezen. De woonmogelijkheden zijn afhankelijk van het functioneringsniveau. Sommige betrokkenen komen in aanmerking voor begeleid wonen of een zorgboerderij. Volwassen betrokkenen met een normale begaafdheid hebben soms een eigen gezin gesticht. Het is dan van groot belang de partner te betrekken bij de behandeling.

Bij betrokkenen waarbij prikkelbaarheid en agressie dominant aanwezig zijn en het niet lukt dit met andere interventies in te dammen, kan medicatie zinvol zijn. Men geeft dan een laag gedoseerd antipsychoticum. Deze medicatie wordt niet gegeven omdat de betrokkene psychotisch zou zijn maar omdat hiermee het snel overspoeld worden door prikkels wordt tegengegaan.

Bij de bejegening van een betrokkene is het van belang vanwege de vaak verlaagde informatieverwerkingssnelheid, om geen lange zinnen te gebruiken en voldoende tijd te geven om na te denken. Door het gebrek aan sociaal begrip wordt humor vaak letterlijk opgevat en dit leidt vaak tot misverstanden. Humoristisch bedoelde opmerkingen kunnen dan ook beter achterwege worden gelaten. Betrokkenen hechten veel belang aan voorspelbaarheid; dit betekent dat gemaakte afspraken stipt dienen te worden nagekomen. Het aanraken van een betrokkene kan door de prikkelgevoeligheid leiden tot een snelle toename van het spanningsniveau en dient zo veel mogelijk vermeden te worden.

6 Forensische aspecten

Het is momenteel niet duidelijk of betrokkenen met een ASS vaker delicten plegen dan personen in de algemene populatie.[4] De behoefte van betrokkenen aan duidelijkheid en hun rechtlijnigheid zouden maken dat zij zich juist stipt aan de wet zouden houden; hierdoor zouden zij juist minder vaak delicten plegen.[5] Aan de andere kant kan de pakkans bij een delict toenemen doordat een betrokkene met een ASS slecht kan plannen en situaties moeilijk kan overzien. Dit kan ertoe leiden dat een delict, bijvoorbeeld een beroving, gedetailleerd wordt voorbereid maar nadat de beroving heeft plaatsgevonden er geen enkel vluchtplan blijkt te bestaan of zijn de handlangers allang gevlogen terwijl de betrokkene nog steeds op de uitkijk staat. Ook kan een betrokkene door het gebrek aan het kunnen inschatten van sociale verhoudingen door anderen misbruikt worden om criminele activiteiten uit te voeren. Het onderzoek naar de vraag of een ASS leidt tot een grotere kans op crimineel gedrag wordt verder gecompliceerd door het gegeven dat er geregeld sprake is van een bijkomende stoornis, bijvoorbeeld ADHD, en het dan onduidelijk is welke stoornis als oorzaak dient te worden beschouwd.[6]

Er is mogelijk sprake van een oververtegenwoordiging van betrokkenen met een ASS in forensisch psychiatrische klinieken. Dit hoeft niet te betekenen dat deze betrokkenen vaker delicten plegen maar het kan ook worden beïnvloed door de strafrechtelijke afdoening.[7] Bij het opleggen van een strafrechtelijke maatregel speelt een rol of een verdachte berouw toont over zijn gedrag. Het aanwezig zijn van berouw maakt de kans dat de verdachte geleerd heeft van zijn gedrag aannemelijker. Bij een ASS ontbreekt juist berouw doordat de verdachte op basis van de gestoorde theory of mind zich moeilijk kan verplaatsen in het leed dat een ander is aangedaan. Afwezigheid van berouw en het rigide vasthouden aan de eigen opvattingen kunnen ertoe leiden dat het delictrecidiverisico als hoog wordt ingeschat en vervolgens een behandeling in een forensisch psychiatrische kliniek wordt opgelegd.

Ook als een ASS niet gerelateerd kan worden aan verhoogd crimineel gedrag in het algemeen, kan deze relatie wel bestaan voor sommige specifieke delicten. Dit geldt mogelijk voor brandstichting, waarbij een preoccupatie met vuur kan leiden tot dit delictgedrag.[8] Overigens kunnen ook andere mechanismen aan brandstichting ten grondslag liggen. Zo stak een betrokkene met een ASS een huis van een wildvreemde in de brand omdat de constructie van het huis in enkele details leek op het huis van degene die hem vroeger had gepest.[9] Dit kan worden opgevat als een uiting van een beperkte centrale coherentie: een te sterke gerichtheid op onderdelen en het verlies van het zicht op het geheel.

Een ander delict waarbij betrokkenen met een ASS mogelijk oververtegenwoordigd zijn, betreft stalken.[10] Bij het benaderen van een mogelijke partner kunnen zowel non-verbale als verbale tekenen dat een ander geen belangstelling heeft verkeerd worden opgevat en kan de betrokkene rigide vasthouden aan zijn idee een relatie te willen aangaan. Als een bestaande relatie wordt beëindigd, wordt deze verandering van de leefwereld soms niet geaccepteerd. De ex-partner kan dan worden gestalkt of juist de nieuwe partner van deze ex, vanuit de opvatting dat deze de oorzaak is van de relatiebreuk. Ook preoccupaties met beroemdheden kan leiden tot stalken.

Seksuele delicten kunnen samenhangen met preoccupaties maar ook fungeren als een manier om spanningen af te laten vloeien. Een voorbeeld hiervan is de betrokkene die gespannen wordt als de tijd niet is ingevuld met een activiteit omdat hij dan niet weet wat hij moet doen en vervolgens deze spanning afreageert met grensoverschrijdend seksueel gedrag. Heftige agressie leidend tot mishandeling kan uitgelokt worden door een situatie waarbij de betrokkene niet weet hoe te handelen, bijvoorbeeld wanneer hij plotseling benaderd wordt. Hierbij kunnen bijkomende factoren een rol spelen zoals een opgebouwde spanning door langdurige overvraging of een verhoogde gevoeligheid voor prikkels zoals harde geluiden in een omgeving. Een ASS kan de wijze waarop een delict wordt begaan, beïnvloeden. Een voorbeeld hiervan is het uiterst gedetailleerd voorbereiden van een delict waarbij het motief voor het delict samenhangt met een preoccupatie.

Detentie (of een gedwongen opname) is voor een betrokkene met een ASS bijzonder stressvol omdat hij in een vreemde omgeving terechtkomt waar hij zijn vaste gedragspatronen niet kan voortzetten. Dit leidt tot een toename van het spanningsniveau waardoor het gemakkelijk kan komen tot (verbaal) agressief gedrag. Door het ontbreken van sociaal begrip en het rigide vasthouden aan eigen opvattingen kan de betrokkene door anderen als tactloos worden ervaren en irritaties oproepen. De interactie met een betrokkene kan dan snel escaleren tot heftige woordenwisselingen. Politie, bewaarders of hulpverleners kunnen in reactie op zo een escalatie ertoe komen het gedrag van de betrokkene onder controle te willen krijgen. Hierdoor verliest de betrokkene verder zijn houvast en neemt de spanning nog meer toe. De betrokkene kan in reactie op deze door hem ervaren 'onrechtvaardige' bejegening rigide vasthouden aan de eigen opvatting en eisen dat men (schriftelijk) toegeeft fouten te hebben gemaakt. Er kan zo een patstelling ontstaan waarbij bijvoorbeeld een betrokkene die gedetineerd is maandenlang weigert uit zijn cel te komen.

7   Aandachtspunten

– Door het gebrek aan empathie en het alleen gericht zijn op de eigen belevingswereld kan iemand met een ASS de indruk maken arrogant te zijn.
– Bevindingen bij psychologisch onderzoek naar een ASS kunnen het stellen van de diagnose wel ondersteunen maar zijn op zich onvoldoende.
– De mate waarin symptomen zich bij een betrokkene met een ASS uiten is, naast aanleg, ook afhankelijk van de omgeving waarin hij verkeert.
– Bij de bejegening van iemand met een ASS is het van belang, vanwege de vaak verlaagde informatieverwerkingssnelheid, om geen lange zinnen te gebruiken en voldoende tijd te geven om na te denken.

Noten

1   Buitelaar, J., & Gaag, J. van der. (2009). Ontwikkelingsstoornissen bij volwassenen. In: Hengeveld, M.W. & Balkom, A.J.L.M. van. (Red.), *Leerboek psychiatrie* (2e herz. dr., pp. 533-549). Utrecht: De Tijdstroom.

2   Blijd-Hoogewys, E.M.A., & Horwitz, E.H. (2010). Diagnotisch proces en screening. In: E.H. Horwitz, C.E.J. Ketelaars, & A.M.D.N. van Lammeren (Red.), *Autisme Spectrum Stoornissen bij normaal begaafde volwassenen* (pp. 18-27). Assen: Van Gorcum.

3   Black, D.W. & Andreasen, N.C. (2011). *Introductory texbook of psychiatry, Fith edition.* Washington: American Psychiatric Publishing, Inc.

4   Draaisma, D. (2010). Het hachelijke verband tussen autisme en delinquent gedrag. In: Koppen, P.J. van, Merckelbach, H. Jelicic, & M. Keijser, J.W. de. (2010), *Reizen met mijn rechter: Psychologie van het recht* (pp. 105-119). Deventer: Kluwer.

5   Allen, D., Evans, C., Hider, A., & Hawkins, S. (2008). Offending behaviour in adults with Asperger syndrome. *Journal of Autism and Developmental Disorders, 38,* 748-758.

6   Newman, S.S., & Ghaziuddin, M. (2008). Violent crime in Asperger syndrome: The role of psychiatric comorbidity. *Journal of Autism and Developmental Disorders, 38,* 1848-1852.

7   Haskins, B,G., & Silva, J.A. (2006). Asperger's disorder and criminal behavior: Forenisc-psychiatric considerations. *The Journal of the American Academy of Psychiatry and the Law, 34,* 374-384.

8   Mouridsen, S.E. (2012). Current status of research on autism spectrum disorders and offending. *Research in Autism Spectrum Disorders, 6,* 79-86.

9   Murrie, D.C., Warren, J.I., Kristiansson, M., & Diets, P.E. (2002). Asperger's syndrome in forensic settings. *International Journal of Forensic Mental Health, 1,* 59-70.

10   Draaisma, D. (2010). Het hachelijke verband tussen autisme en delinquent gedrag. In: Koppen, P.J. van, Merckelbach, H. Jelicic, & M. Keijser, J.W. de. (2010), *Reizen met mijn rechter: Psychologie van het recht* (pp. 105-119). Deventer: Kluwer.

15 Aandachtsdeficiëntie-/hyperactiviteits-stoornis (ADHD)

1 Inleiding

Bij de aandachtsdeficiëntie-/hyperactiviteitsstoornis (ADHD) zijn er concentratie-problemen en hyperactief-impulsief gedrag. Om te kunnen spreken van ADHD, dienen deze verschijnselen zich in meerdere contexten, dus ook buiten de thuissituatie, voor te doen en zodanig van omvang te zijn dat deze leiden tot problemen met het functioneren.

Er worden bij ADHD drie vormen onderscheiden: overwegend onoplettend beeld, overwegend hyperactief-impulsief beeld en gecombineerd beeld. Wanneer er alleen concentratieproblemen en een verhoogde afleidbaarheid zijn, is er sprake van het overwegend een 'onoplettend beeld'. Dit wordt in het Engels *attention deficit disorder* (ADD) genoemd. Deze kinderen zijn dromerig, ongeorganiseerd en vergeetachtig. Bij volwassenen is er een beeld van verstrooidheid. Als alleen aan de criteria voor druk en impulsief gedrag wordt voldaan, is er sprake van een overwegend hyperactief-impulsief beeld. Wanneer er naast de aandachtsproblemen tevens hyperactief en impulsief gedrag is, wordt dit aangeduid als een gecombineerd beeld.

ADHD ontwikkelt zich in de kindertijd. Vaak zijn de symptomen al manifest voor het 5e-6e jaar. Lang werd ervan uitgegaan dat de symptomen van ADHD zouden verdwijnen bij het volwassen worden. Deze opvatting is verlaten. Het is nu bekend dat een significant deel van de jongeren met ADHD last van deze stoornis blijft houden op volwassen leeftijd. Dit is een belangrijk inzicht omdat nog steeds volwassenen met ADHD nooit als zodanig zijn onderkend en dus onbehandeld blijven terwijl de aandoening wel een groot effect op het functioneren heeft. Het symptoomprofiel kan bij het ouder worden veranderen. De aandachtsproblemen blijven meestal bestaan maar de hyperactiviteit en impulsiviteit kunnen deels afnemen.[1] Het drukke gedrag verdwijnt dan, maar vaak blijft er wel sprake van een sterke innerlijke onrust. Ook wanneer de symptomen minder worden, kunnen deze nog steeds leiden tot beperkingen in het functioneren.

Bij ongeveer 4% van de jongeren onder de 18 jaar is sprake van ADHD en bij ongeveer 2% van de volwassenen.[2] ADHD komt onder kinderen ongeveer 3 maal vaker voor bij jongens dan bij meisjes. Het gecombineerde beeld komt het vaakst voor. Het overwegend onoplettende beeld komt vooral voor bij meisjes. Doordat het bij het onoplettende beeld gaat om kinderen die geen storend gedrag voor hun omgeving veroorzaken, kan deze diagnose gemist worden.

Er is veel maatschappelijke discussie of de diagnose ADHD niet te snel gesteld wordt. Een aanleiding hiervoor is dat er grote verschillen bestaan tussen landen in het percentage kinderen waarbij de diagnose ADHD wordt gesteld. Ook in Nederland wordt tegenwoordig de diagnose vaker gesteld met daaraan gekoppeld een toename van het voorschrijven van medicatie voor ADHD.[3] Er bestaat de vrees dat kinderen die uitsluitend druk en energiek zijn, ten onrechte de diagnose ADHD krijgen. Op die manier zouden eventuele problemen in de opvoeding gemedicaliseerd worden. Bij deze discussie speelt een rol dat de diagnose ADHD, zoals bij de meeste psychiatrische stoornissen, niet geheel objectief kan worden gesteld. Zowel afleidbaarheid als druk en impulsief gedrag komen in de algemene populatie bij veel kinderen voor. Het bepalen wanneer de omvang van deze gedragingen als afwijkend dient te worden beschouwd, en ze dus een symptoom worden, houdt altijd een zekere mate van subjectiviteit in waarbij persoonlijke en culturele aspecten een rol kunnen spelen. Daarbij komt dat neuropsychologische tests geen uitsluitsel kunnen geven of de stoornis wel of niet aanwezig is. Bij testonderzoek blijkt dat de uitkomsten bij mensen met ADHD onderling sterk kunnen verschillen. Het feit dat (in Nederland) de diagnose ADHD vaker gesteld wordt dan vroeger, hangt mogelijk samen met het beschikbaar zijn van betere diagnostische vragenlijsten en de toegenomen aandacht voor de mogelijke aanwezigheid van deze stoornis, in het bijzonder bij volwassenen.

2   Kenmerken

Er is een voortdurend patroon aanwezig van concentratieproblemen met een verhoogde afleidbaarheid, en/of hyperactief-impulsief gedrag, waarbij dit patroon in minstens twee verschillende contexten aanwezig is. Het kan hierbij gaan om onder andere het gezin, de school, het werk en contacten met anderen. Voor het stellen van de diagnose is het dan ook vereist dat er informatie beschikbaar is over het functioneren in de verschillende contexten. Daarbij dienen de symptomen te leiden tot belemmeringen in het functioneren. Het manifest worden van de stoornis kan per type context verschillen. De symptomen komen vooral naar voren in een omgeving waarbij er eisen worden gesteld aan het concentratievermogen en er gedurende enige tijd taken dienen te worden volgehouden. Informatie over het functioneren op school, in de studie of op het werk is dan ook zeer belangrijk voor de vraag of de stoornis aanwezig is. Symptomen kunnen tijdelijk sterk afnemen of afwezig zijn in situaties waarbij er een externe stimulatie is zoals bij activiteiten die boeiend of leuk worden gevonden (bijvoorbeeld computerspelletjes), in een nieuwe omgeving en bij een-op-eenbegeleiding. Zo kunnen ADHD-symptomen in het eerste contact met een hulpverlener afwezig zijn. Voor de diagnose ADHD of ADD is het vereist dat er reeds enige symptomen voor het 12e jaar aanwezig zijn. Meestal komen de ADHD- of ADD-symptomen sterk naar voren wanneer het kind op de basisschool leeropdrachten krijgt en er hogere eisen worden gesteld aan het vermogen tot zelfcontrole. Wanneer op volwassen leeftijd de diagnose ADHD wordt overwogen, is het vereist dat er ook informatie beschikbaar is over de kinderjaren. Hierbij zijn de herinneringen die een betrokkene zelf heeft aan zijn jeugd niet betrouwbaar genoeg, en het is daarom aangewezen om diens familieleden of bekenden hierover te bevragen. Soms zijn deze referenten niet beschikbaar; mogelijk kan er dan informatie worden verkregen door oude schoolrapporten te raadplegen waarin opmerkingen over het gedrag van de betrokkene staan. Psychologisch onderzoek geeft geen uitsluitsel over de diagnose ADHD maar kan wel zicht geven op de sterke en zwakken kanten van een betrokkene. Deze informatie is zinvol bij het vormgeven van de begeleiding en bij het geven van een opleidings- of carrièreadvies.

2.1   Onoplettend beeld

Er worden **negen symptomen onderscheiden**. Hierbij staan **centraal een hoge mate van afleidbaarheid, taken niet kunnen volhouden en moeite hebben** met organiseren. Dit kan zich uiten in uit slordigheid fouten maken, moeite hebben om de aandacht bij taken te houden, niet goed luisteren, chaotisch werken, moeite hebben met het plannen van taken, routinewerkzaamheden vermijden, snel afgeleid zijn door geluiden of gebeurtenissen, voortdurend dingen kwijtraken en afspraken of verplichtingen vergeten.

2.2   Hyperactief-impulsief beeld

De hyperactiviteit betreft een **motorische overactiviteit zoals rusteloos** bewegen **en snel praten**. Anderen kunnen vermoeid raken van de confrontatie met de voortdurend verhoogde activiteit van de betrokkene. De **impulsiviteit** kan zich uiten in eerst dingen doen en achteraf pas nadenken over de mogelijk negatieve en langetermijnconsequenties. Impulsiviteit kan leiden tot dominantie van directe behoeftebevrediging en gedrag niet kunnen uitstellen. Bij dit beeld worden negen symptomen beschreven zoals voortdurend handen en/of voeten bewegen, niet lang kunnen stilzitten, steeds bezig zijn of continu een gevoel hebben van rusteloosheid, steeds interrumperen van anderen, onophoudend in de weer zijn, aan een stuk doorpraten, een reactie geven voordat de ander is uitgesproken, moeite hebben om op zijn of haar beurt te wachten en anderen storen in hun bezigheden.

Voor zowel het onoplettende als het hyperactief-impulsieve beeld geldt dat hieraan wordt voldaan indien 6 symptomen aanwezig zijn. Bij een betrokkene van 17 jaar of ouder hoeven slechts 5 symptomen aanwezig te zijn.

De ADHD-symptomatologie kan het functioneren op diverse gebieden beïnvloeden. De gezinssituatie kan sterk worden belast door een kind met ADHD dat niet luistert, overactief is en zich niet laat begrenzen. Er kan een situatie ontstaan waarbij er voortdurend ruzie is en de ouders uitgeput raken. Het kind krijgt frequent te maken met afkeuring van zijn gedrag en de leeftijdsgenoten kunnen het kind gaan mijden. Daarbij kan het kind op school geconfronteerd worden met (disciplinaire) maatregelen vanwege grensoverschrijdend gedrag en met slechte schoolresultaten. De voortdurende kritiek vanuit de omgeving kan een diepgaand negatief effect hebben op het zelfvertrouwen van het kind waardoor onzekerheidsgevoelens en faalangst gaan domineren. Vaak reageert het kind hierop met overcompensatie in de vorm van het steeds weer stellen van irreële, hoge doelen. Deze doelen kunnen niet gehaald worden en dit leidt weer tot de ervaring te falen. Ook kan dit bijdragen aan een lage frustratietolerantie. Vaak is er ook sprake van prikkelbaarheid en zijn er stemmingswisselingen.

Volwassenen met ADHD hebben dikwijls een opleiding niet afgemaakt of op een lager niveau dan op grond van het IQ verwacht kan worden. Er zijn meestal veel wisselingen van baan. Ook zijn er relatief frequent conflicten met anderen. Mensen met ADHD zoeken vaak steeds weer nieuwe en spanningsvolle situaties op (*novelty seeking*) en daarbij is er sprake van een verhoogde risicobereidheid. Betrokkenen zijn nogal eens gauw uitgekeken op een baan, een hobby of een relatie.

2.3   Bijkomende stoornissen

ADHD komt in het merendeel van de gevallen samen met een of meer andere stoornissen voor. Vooral het gecombineerde beeld gaat in ongeveer de helft van de gevallen gepaard met een oppositionele-opstandige stoornis of een antisociaal-gedragsstoornis (zie hoofdstuk 11, paragraaf 6 en 7).[4] Andere stoornissen die vaker samen met ADHD voorkomen zijn de autismespectrumstoornis en middelenmisbruik. Bij middelenmisbruik kan zelfmedicatie een rol spelen: door alcohol en/of drugs te gebruiken wordt de innerlijke onrust bestreden. Leerstoornissen zoals dyslexie en dyscalculie komen eveneens geregeld bij ADHD voor. Ook het syndroom van Gilles de la Tourette komt vaker bij ADHD voor dan in de algemene bevolking. Dit syndroom kenmerkt zich door motorische tics en het uiten van ongecontroleerde geluiden.

3   Ontstaan

Bij het ontstaan van ADHD spelen genetische factoren de belangrijkste rol.[5] Bij het daadwerkelijk ontwikkelen van ADHD spelen naast de genetische kwetsbaarheid ook omgevingsfactoren een rol. Zo wordt het risico op het ontwikkelen van ADHD verhoogd door roken door de moeder tijdens de zwangerschap en door een laag geboortegewicht.[6] Ook problemen binnen het gezin, zoals het langdurig bestaan van een conflictsituatie tussen de ouders, kan dit risico doen toenemen.[7]

4   Behandeling

Als eerste stap in de behandeling vindt psycho-educatie plaats. De betrokkene en zijn omgeving worden voorgelicht over de kenmerken van ADHD, hoe dit kan doorwerken in het functioneren en welke behandelmogelijkheden er zijn. Er zijn ook gedragstherapeutische trainingen beschikbaar voor de ouders van een kind met ADHD. Hierbij wordt de ouders geleerd hoe ze het beste kunnen omgaan met hun kind. Een belangrijk onderdeel hierbij is om structuur aan te houden in de activiteiten van het kind. Ook wordt gewezen op het belang om gewenst gedrag te belonen teneinde te vermijden dat het kind alleen negatieve reacties krijgt. Soortgelijke trainingen bestaan er ook voor leerkrachten. Het is van belang dat een kind zowel thuis als op school op een consequente wijze wordt benaderd.

Het gedrag van het kind probeert men via gedragstherapeutische principes te beïnvloeden. Hierbij observeert men de uitlokkende en in stand houdende factoren van ongewenst gedrag. Vervolgens wordt gewenst gedrag bekrachtigd door het te belonen en wordt ongewenst gedrag op een consistente wijze begrensd.

Vaak wordt er medicamenteuze behandeling gestart. Door de medicamenteuze behandeling kan de betrokkene ook meer open gaan staan voor een gedragstherapeutische behandeling. Het middel van eerste keus is methylfenidaat (Ritalin®). Deze stof zorgt voor een toename van dopamine en noradrenaline bij de signaaloverdracht tussen de neuronen. Methylfenidaat behoort tot de groep van de wekaminen. Ook amfetamine ('speed') behoort tot deze groep. Dit verklaart waarom een betrokkene met ADHD van 'speed' rustiger wordt in plaats van opgewonden. Daarom geldt dat wanneer dit effect optreedt, men bedacht dient te zijn op de mogelijke aanwezigheid van ADHD.

Methylfenidaat heeft een werkingsduur van drie tot vier uur. Dit brengt met zich mee dat deze medicatie drie- tot viermaal daags moet worden ingenomen. De ADHD-symptomen verbeteren meestal wel duidelijk maar verdwijnen doorgaans niet geheel. Wanneer de medicatie na ongeveer vier uur is uitgewerkt, kunnen de ADHD-symptomen soms in een versterkte mate terugkeren: dit heet het *rebound-effect*. Er zijn ook lang werkende vormen van methylfenidaat waarbij de stof op een geleidelijke wijze vrijkomt. Een voorbeeld hiervan is Concerta® met een werkingsduur van ongeveer 12 uur. Bij gebruik van methylfenidaat bestaat er de mogelijkheid van misbruik en verslaving. Hierbij worden de tabletten tot poeder vermalen en opgesnoven. Bij normaal gebruik is het niet verslavend. Methylfenidaat kan als bijwerking slaapproblemen geven maar dit kan ook komen door de aandoening ADHD zelf. Andere mogelijke bijwerkingen zijn een vermindering van de eetlust, hoofdpijn en depressieve klachten. Wanneer methylfenidaat onvoldoende werkt, is dexamfetamine het middel van tweede keus. Zowel methylfenidaat als dexamfetamine vallen onder de Opiumwet. Een derde middel is atomoxetine (Strattera®): het effect hiervan treedt hierbij pas na enkele weken op. Een nieuwe ontwikkeling is de behandeling met neurofeedback. Het uitgangspunt bij deze methode is dat psychische klachten kunnen samenhangen met een afwijkend patroon van hersenactiviteit.[8] Voor het uitvoeren van verschillende activiteiten, zoals slapen of zich concentreren, moeten de hersenen verschillende typen hersengolven opwekken. Voor aanvang van de behandeling worden de verschillende typen elektrische hersengolven in beeld gebracht met behulp van een elektro-encefalogram (eeg). Hierbij wordt door elektroden op de schedel de elektrische activiteit gemeten die door de hersenen wordt voorgebracht. Wanneer klachten, zoals concentratieproblemen of hyperactiviteit, gepaard gaan met een afwijkend elektrische-golvenpatroon, kunnen de hersenen getraind worden om de voor die taak vereiste hersenactiviteit te produceren. Dit gebeurt als volgt.

Op het hoofd van de betrokkene zijn enkele elektroden geplaatst die de elektrische activiteit van de hersenen doorgeeft aan een computer, die verbonden is aan een monitor. De betrokkene zit in een stoel en kijkt naar de monitor. De computer wordt door de therapeut zo ingesteld dat wanneer de hersenen de gewenste elektrische activiteit voortbrengen, de betrokkene via de monitor een 'beloning' krijgt in de vorm van het vertonen van een filmpje of het horen van een geluid. Door deze positieve *feedback* worden de hersenen getraind om de gewenste hersenactiviteit te produceren. De behandeling kent vrijwel geen bijwerkingen. In toenemende mate worden positieve effecten beschreven van de behandeling van ADHD met neurofeedback, maar de effectiviteit van de behandeling wordt nog niet algemeen erkend.[9]

Een andere ontwikkeling bij de behandeling van ADHD is het volgen van een eliminatiedieet. Hierbij wordt onderzocht of en zo ja, welke voedingsmiddelen ADHD-symptomen uitlokken. Hiertoe worden in een aantal weken steeds voedingsmiddelen uit het dieet weggelaten en daarna weer toegevoegd en wordt geobserveerd of het gedrag afhankelijk van bepaalde middelen verandert.[10] Er zijn positieve effecten van deze behandeling beschreven maar de methode is nog niet voldoende wetenschappelijk onderzocht.

5   Forensische aspecten

ADHD is een riscofactor voor het ontwikkelen van delinquent gedrag. Dit risico is gerelateerd aan de ernst van het ontwikkelen van problemen thuis, op school en met leeftijdsgenoten.[11] Bij het ontstaan van deze problemen spelen negatieve factoren zoals een ongunstige opvoedingssituatie en leerproblemen vaak een rol. Wanneer er naast ADHD zich een antisociaal-gedragsstoornis heeft ontwikkeld, is het risico op delinquent gedrag sterk verhoogd.[12]

De diagnose ADHD wordt soms pas laat gesteld. Het komt niet zelden voor dat bij een volwassene met een uitgebreid strafblad pas tijdens een forensisch psychiatrisch en psychologisch onderzoek voor het eerst de diagnose ADHD wordt gesteld.

Medicamenteuze behandeling van ADHD tijdens detentie wordt dikwijls gecompliceerd door misbruik van methylfenidaat. Dit kan bestaan uit het opsnuiven van verpulverde tabletten of uit het in eenmaal innemen van een aantal opgespaarde tabletten. Ook kunnen deze tabletten worden verhandeld. Om deze zaken tegen te gaan, worden tijdens detentie meestal alleen tabletten methylfenidaat voorgeschreven met een vertraagde afgifte.

Het impulsieve gedrag bij ADHD kan een rol spelen bij delictgedrag maar dit hoeft niet zo te zijn. Dit is onder meer het geval wanneer aan delictgedrag een planning vooraf is gegaan. Als iemand ADHD heeft, sluit dat namelijk niet uit dat de betrokkene in bepaalde situaties toch in staat is tot organiseren en plannen.

6   Aandachtspunten

- Symptomen van ADHD kunnen tijdelijk sterk afnemen of afwezig zijn in situaties waarbij er sprake is van een externe stimulatie. Dit kan ertoe leiden dat ADHD-symptomen in het eerste contact afwezig zijn.
- De voortdurende kritiek vanuit de omgeving die een kind met ADHD krijgt door het problematische gedrag, kan leiden tot sterke onzekerheidsgevoelens en faalangst. Overcompensatie van deze gevoelens leidt dikwijls tot het steeds weer stellen van irreële doelen die niet behaald kunnen worden.
- ADHD komt in het merendeel van de gevallen samen voor met een of meer andere stoornissen.
- De combinatie van ADHD met een antisociaal-gedragsstoornis levert een sterk verhoogde kans op delinquent gedrag.

Noten

1   Buitelaar, J., & Gaag, J. van der. (2009). Ontwikkelingsstoornissen bij volwassenen. In: Hengeveld, M.W. & Balkom, A.J.L.M. van. (Red.), *Leerboek psychiatrie* (2e herz. dr., pp. 533-549). Utrecht: De Tijdstroom.

2   Rommelse, N., & Buitelaar, J. (2013). Aandachtstekort-hyperactiviteitstoornis. In: Franken, I. Muris, P., & Denys. D. (Red.), *Basisboek psychopathologie* (pp. 75-92). Utrecht: De Tijdstroom.

3   Rommelse, N., & Buitelaar, J. (2013). Aandachtstekort-hyperactiviteitstoornis. In: Franken, I. Muris, P., & Denys. D. (Red.), *Basisboek psychopathologie* (pp. 75-92). Utrecht: De Tijdstroom.

4   Rommelse, N., & Buitelaar, J. (2013). Aandachtstekort-hyperactiviteitstoornis. In: Franken, I. Muris, P., & Denys. D. (Red.), *Basisboek psychopathologie* (pp. 75-92). Utrecht: De Tijdstroom.

5   Wood, A.C., Buitelaar, J., Rijsdijk, F., Asherton, P., & Kuntsi, J. (2010). Rethinking shared environment as a source of variance underlying attention-deficit/hyperactivity disorder symptoms: Comment on Burt (2009). *Psychological Bulletin, 136*, 331-340.

6   Cortese, S. (2012). The neurobiology and genetics of attention-deficit/hyperactivity disorder (ADHD): What every clinician should know. *European Journal of Paediatric Neurology, 16*, 422-433.

7   Biederman, J., Milberger, S., Faraone, S.V., Kiely, K., Guite, J., Mick, E. e.a. (1995). Impact of adversity on functioning and comorbidity in children with attention-deficit hyperactivity disorder. *Journal of the American Academy of Child and Adolescent Psychiatry, 34*, 1495-1503.

8   As, J. van, Hummelen, J.W., & Buitelaar, J.K. (2010). Neurofeedback bij aandachtstekortstoornis met hyperactiviteit: Wat is het en werkt het? *Tijdschrift voor Psychiatrie, 52*, 41-50.

9   Arns, M. (2013). De rol van slaap bij ADHD: Mogelijkheden voor preventie van ADHD? *Tijdschrift voor Psychiatrie, 55*, 773-782.

10   Pelsser, L.M., Frankena, K., Toorman, J, Savelkoul, H.F., Dubois, A.E., Pereira, R.R., e.a. (2011). Effects of a restricted elimination diet on the behaviour of children with attention-deficit hyperactivity disorder (INCA study): A randomised controlled trial. *The Lancet, 377*, 494-503.

11   Sibley, M., Pelham, W., Molina, B., Gnagy, E., Waschbusch, D., Biswas, A., e.a. (2011). The delinquency outcomes of boys with ADHD with and without comordity. *Journal of Abnormal Child Psychology, 39*, 21-32.

12   Sibley, M., Pelham, W., Molina, B., Gnagy, E., Waschbusch, D., Biswas, A., e.a. (2011). The delinquency outcomes of boys with ADHD with and without comordity. *Journal of Abnormal Child Psychology, 39*, 21-32.

16 Verstandelijke beperking

1 Inleiding

Lange tijd werd bij de vraag of er sprake is van een verstandelijke beperking (VB) alleen gekeken naar het niveau van intellectueel functioneren. Dit niveau wordt gemeten aan de hand van een intelligentietest en uitgedrukt in een intelligentiequotiënt (IQ) waarbij de score van een betrokkene wordt vergeleken met de score van een grote normgroep. Daarbij wordt de gemiddelde score van de normgroep op 100 gesteld. Dit betekent dat de helft van de bevolking een IQ heeft onder de 100. Het is dus niet zo dat alleen van een normale begaafdheid wordt gesproken wanneer het IQ gelijk of hoger aan 100 is.

Doordat duidelijk werd dat veel betrokkenen met een laag IQ zich goed in de maatschappij kunnen handhaven, is het IQ als enkel criterium voor een verstandelijke beperking losgelaten. Tegenwoordig wordt er alleen van een verstandelijke beperking gesproken als er naast een laag IQ tevens tekortkomingen zijn in de – bij de leeftijd van de betrokkene passende – sociale en praktische vaardigheden. Deze tekortkomingen zijn dan zodanig in omvang dat de betrokkene niet zonder voortdurende steun kan functioneren in zijn omgeving. De mate van de benodigde steun wordt mede bepaald door de context waarin de betrokkene functioneert. Het kan onder meer gaan om de woonsituatie, school, werk en de maatschappij. Overigens wordt door de toenemende complexiteit van de maatschappij steeds meer gevraagd van het intellectuele functioneren en het sociale aanpassingsvermogen. Er is alleen sprake van een verstandelijke beperking wanneer deze is ontstaan tijdens de ontwikkeling en er hierdoor vanaf de kindertijd of adolescentie aanpassingsproblemen bestaan. Er wordt gesproken van een meervoudige beperking wanneer er tevens een beperking in het lichamelijke functioneren aanwezig is.

Hoewel binnen de DSM-classificatie de mate van de verstandelijke beperking niet door het IQ maar door het niveau van functioneren wordt bepaald, wordt in de praktijk nog vaak vastgehouden aan een indeling volgens de intelligentie. Bij een IQ tussen 90 en 110 is er een sprake van een gemiddelde begaafdheid, bij 80-89 van een beneden gemiddelde begaafdheid en bij 70-79 van laagbegaafd. De DSM-IV hanteert enigszins andere grenzen en spreekt bij een IQ van 71-84 van zwakbegaafdheid. Ongeveer 13% van de algemene populatie valt in deze groep. In 2,5% van de algemene populatie

is er sprake van een IQ lager dan 70. Er wordt van een lichte verstandelijke beperking (LVB) gesproken bij een IQ tussen de 50-69. Deze LVB-groep
omvat ongeveer 85% van alle individuen met een IQ onder de 70. Verder
onderscheidt men een matige verstandige beperking (IQ 35-49), een ernstige verstandelijke beperking (IQ 20-34) en een zeer ernstige verstandelijke
beperking (IQ tot 20).

Een verstandelijke beperking heeft niet alleen invloed op het niveau van
intellectueel functioneren maar ook op de sociaal-emotionele ontwikkeling. Deze ontwikkeling verloopt trager en het uiteindelijk bereikte niveau
is lager. Individuele verschillen in acht genomen is de bereikte ontwikke-
lingsleeftijd bij volwassenen met een lichte verstandelijke beperking globaal
vergelijkbaar met die van een kind van tussen de 7 en 12 jaar.

Het is goed om te beseffen dat het bij intelligentie om meerdere cognitieve
functies gaat. Wechsler, de grondlegger van een van de meest gebruikte
intelligentietests (Wechsler Adult Intelligent Scale: WAIS), verstaat onder
intelligentie het vermogen om doelgericht te handelen, rationeel te denken
en effectief om te gaan met de omgeving.[1] Er wordt bij een intelligentieme-
ting een onderscheid gemaakt tussen het verbale IQ (VIQ) en het performale
IQ (PIQ). Het VIQ betreft onder meer het taal- en redeneringsvermogen. Bij
het PIQ worden onder andere praktische vaardigheden en ruimtelijk inzicht
gemeten. Het VIQ en PIQ leveren samen het totale IQ (TIQ). Het totale IQ is
dus samengesteld uit meerdere onderdelen. Het is mogelijk dat er een fors
verschil is tussen de score van het VIQ en het PIQ: men spreekt dan van een
disharmonisch profiel. Een voorbeeld hiervan is een betrokkene die een VIQ
heeft van 90 maar een PIQ van onder de 70. In zo een situatie kan de betrokkene zich verbaal goed presenteren maar blijft het praktisch oplossend vermogen hierbij sterk achter. Om een goed beeld te krijgen van capaciteiten
en beperkingen van een betrokkene is het dan ook aangewezen om naar de
scores op de verschillende onderdelen van de IQ-meting te kijken. Een dergelijke profiel kan bijdragen aan het goed inschatten van de mogelijkheden
qua scholing en werk.

Een IQ-meting kent een zekere marge van onbetrouwbaarheid. In de regel
wordt een foutenmarge van 5 punten aangehouden. Bij een gemeten IQ van
70 ligt het werkelijke IQ in de bandbreedte van 65-75. Er zijn verschillende
IQ-tests. Een IQ-test moet genormeerd zijn voor de sociaal-culturele achtergrond van de betrokkene en diens taal. Een valide IQ-meting is alleen
goed mogelijk wanneer er bij een betrokkene sprake is van een redelijk stabiele situatie. Wanneer het aandachts- en concentratievermogen tijdelijk
zijn aangedaan zoals bij slaapgebrek, een crisissituatie of aanwezige psychotische symptomatologie, zal een IQ-meting niet het werkelijke intelligentieniveau weergeven.

2   Kenmerken

Een lichte verstandelijke beperking (LVB) – men spreekt ook wel van licht verstandelijk gehandicapten (LVG) – wordt vaak door de omgeving niet opgemerkt. Er zijn geen vaste kenmerken die deze groep onderscheidt van normaal begaafden. Veel betrokkenen met een LVB hebben zich aangeleerd om hun beperkingen te maskeren, en het taalgebruik en het eerste contact lijkt meestal normaal. Wanneer ze op straat rondhangen, zijn ze vaak in staat zich daar te handhaven; de betrokkene is *streetwise.* Door deze aspecten komt het frequent voor dat een betrokkene met een LVB ook door hulpverleners niet als zodanig wordt onderkend.[2] Daarbij komt dat de familieleden van een betrokkene met een LVB soms de aanwezige problemen ontkennen of verdoezelen.

Ook wanneer er sprake is van zwakbegaafdheid kunnen er vergelijkbare problemen zijn als bij een verstandelijke beperking. In Nederland beschouwen veel professionals de groep met een IQ tussen de 70 en 85 wanneer er een beperkt sociaal aanpassingsvermogen is, ook als licht verstandelijk beperkt.[3] De voor deze groep benodigde aanpak komt sterk overeen met zoals die geldt voor de groep met een IQ tussen 50 en 70.

2.1   Aanwijzingen voor aanwezigheid verstandelijke beperking

Men dient aan de mogelijkheid van het aanwezig zijn van een verstandelijke beperking te denken wanneer een betrokkene een of meerdere malen is blijven zitten op de basisschool, veel wisselingen van school heeft gehad of speciaal onderwijs heeft gevolgd.[4] Uitdrukkingen of de betekenis van woorden kunnen verkeerd worden gebruikt. Ook belangstelling voor kinderlijke tv-programma's of hobby's is een aanwijzing om aan de mogelijkheid van een verstandelijke beperking te denken. Andere aanwijzingen kunnen zijn het moeite hebben met klokkijken en het vaak dezelfde vragen stellen. Wanneer een betrokkene gevraagd wordt om zijn naam, adres, geboortedatum en geboorteplaats op te schrijven, kan dit al moeilijk zijn voor iemand met een verstandelijke beperking. Vaak ziet men dan pogingen om een dergelijke opdracht te ontwijken.

2.2   Conceptuele vaardigheden

De betrokkene heeft moeite om op een abstract niveau te denken. Hierdoor worden er geen verbanden gelegd tussen oorzaak en gevolg. Dit leidt ertoe dat factoren die van invloed zijn op een situatie, niet als zodanig worden herkend. Ook kunnen vaardigheden die zijn aangeleerd, in een bepaalde situatie moeilijk worden toegepast in een andere situatie: het geleerde wordt niet gegeneraliseerd. Hoofd- en bijzaken kunnen de betrokkenen moeilijk uit elkaar houden.

Het abstract kunnen denken over ruimte en tijd is beperkt. De betrokkene denkt vanuit concrete situaties en in het hier en nu. Dit maakt dat er snel verwarring kan ontstaan over data en tijden en de volgorde van gebeurtenissen. Tevens is het vermogen beperkt om situaties te overzien en om vooruit te denken. Hierdoor is een betrokkene zich vaak niet bewust van de consequenties van zijn handelen. Risico's worden slecht onderkend.

De informatieverwerking verloopt trager en het werkgeheugen functioneert beperkt waardoor het denken langzaam gaat en het meer tijd kost voor een betrokkene om te reageren op een vraag. De tekorten in informatieverwerking en werkgeheugen dragen ertoe bij dat het veel moeite kost om praktische problemen op te lossen en dat gemaakte fouten steeds weer opnieuw worden gemaakt.

2.3   Sociale vaardigheden

Zowel het benoemen van eigen emoties als het zich kunnen verplaatsen in de positie van een ander is beperkt. Door het zich moeilijk kunnen verplaatsen in een ander worden sociale situaties ook niet adequaat beoordeeld. Hierdoor kan tevens het gedrag van een ander niet goed worden voorspeld. Dit leidt, vooral bij jongeren, ertoe dat er vaak problemen zijn met het aangaan van vriendschappen. Leeftijdsgenoten merken de tekorten op en dit kan ertoe leiden dat de betrokkene niet als volwaardig door hen wordt geaccepteerd. De betrokkene is zeer beïnvloedbaar vanuit het onvermogen zelf sturing te geven aan zijn gedrag maar ook door de wens geaccepteerd te worden. Dit maakt de betrokkene, gevoegd bij een lichtgelovigheid, ook vatbaar voor manipulatie en voor (seksueel) misbruik. Er bestaat vaak een zeer klein sociaal netwerk en een sterke afhankelijkheid van anderen.

Het vermogen zich te kunnen verplaatsen in de gevoelens en belangen van een ander is een voorwaarde voor het zich eigen maken van een geweten. De gevolgen van dit empathietekort zijn dat er weinig rekening wordt gehouden met wat het eigen gedrag voor gevolgen heeft voor een ander, en de dominantie van directe behoeftebevrediging.

Het in staat zijn om adequaat om te gaan met stressvolle situaties schiet vaak tekort. Hierbij speelt een rol dat een betrokkene zijn gevoelens niet kan benoemen en hierdoor minder greep op zijn emoties heeft. Daardoor wordt er bij een toename van spanning snel impulsief gereageerd.

Iemand met een verstandelijke beperking maakt zijn hele leven mee dat zaken niet lukken. Op school kan hij niet goed meekomen en wordt hij vaak gepest. Dikwijls is er sprake van overschatting en overvraging door de omgeving. Hierdoor moet een betrokkene vaak langdurig op zijn tenen lopen en uiteindelijk volgt er dan, meestal voor de zoveelste keer, het uitvallen met het werk of een bezigheid. Door de voortdurende negatieve ervaringen wordt het zelfvertrouwen ondermijnd en zijn er sterke onmachtgevoelens. Zeer frequent ontstaat bij een betrokkene in reactie hierop een overcompensatie in de vorm dat hij zichzelf gaat overschatten en anderen voorhoudt meer te kunnen dan wat hij aan mogelijkheden heeft. Dit gaat gepaard met het ontkennen of sterk bagatelliseren van eigen tekorten en het steeds weer stellen van irreële doelen.[5] Wanneer een betrokkene wordt aangesproken op zijn beperkingen kan deze zich snel gekrenkt tonen. Dit kan gepaard gaan met kwaadheid en met de oorzaak van het tekortschieten buiten zichzelf leggen. Dit zich afsluiten voor confrontaties met het eigen gedrag kan zeer hardnekkig zijn.

2.4   Praktische vaardigheden

Op vele terreinen kunnen door tekortschietende vaardigheden zich praktische problemen voordoen. Zo leidt het moeite hebben met plannen en het niet overzien van de gevolgen van gemaakte keuzes, er gemakkelijk toe dat er financiële problemen ontstaan. Daarnaast ontbreekt vaak het besef van de waarde van geld. Praktische problemen kunnen ook optreden wanneer er een baby wordt geboren. Door het moeilijk zelf een structuur kunnen aanbrengen en het zich weinig kunnen verplaatsen in de behoeften van de baby kan diens ontwikkeling ernstig worden bedreigd. Daarnaast kan soms een betrokkene niet in staat zijn adequaat medische hulp voor het kind of voor zichzelf in te roepen.

2.5   Bijkomende stoornissen

Gedragsproblemen en psychiatrische stoornissen komen bij betrokkenen met een verstandelijke beperking vaker voor dan bij mensen met een gemiddelde begaafdheid.[6] Door de tekorten in het aanpassingsvermogen zijn mensen met een verstandelijke beperking zeer gevoelig voor veranderingen in de omgeving en voor een toename van de belasting door een stressvolle gebeurtenis. Het is dan ook aangewezen bij een verandering in het gedragspatroon steeds alert te zijn op dergelijke factoren. Bij de gedragsproblemen gaat het vooral om agressief gedrag, automutilatie en hyperactief gedrag.[7]

Vooral bij betrokkenen met een LVB komt middelengebruik voor. Dit kan zich relatief snel tot een verslaving ontwikkelen doordat de betrokkene niet de risico's ziet die aan middelengebruik verbonden zijn. De kans op het ontwikkelen van een verslaving neemt ook toe als gevolg van de verhoogde gevoeligheid bij betrokkenen met een verstandelijke beperking voor de effecten van middelen.[8]

Psychiatrische stoornissen manifesteren zich vaak op een atypische wijze waarbij de symptomatologie afwijkt van de ideaaltypische beschrijving van een stoornis. Zo kan een sombere stemming zich uiten in (een toename van) automutilatie, en angstgevoelens door agressief gedrag of hyperactiviteit. Door de atypische presentatie kan een psychiatrische stoornis gemakkelijk gemist worden. In het algemeen geldt dat naarmate de begaafdheid afneemt, de atypische presentatie van een stoornis toeneemt.

Bij het zich voordoen van psychotische symptomen kan het moeilijk zijn om vast te stellen wanneer er sprake is van een psychotische stoornis en wanneer de betrokkene door een toegenomen belasting meer verward gedrag laat zien. Indien er sprake is van een psychotische stoornis duurt deze vaak relatief kort en is er meestal na enkele weken tot maanden volledig herstel.[9] Hierbij is het van belang dat de belasting van de betrokkene wordt verminderd. Naast deze kortdurende psychosen kan ook schizofrenie voorkomen. De kans op schizofrenie is bij een verstandelijke beperking beduidend groter dan in de algemene populatie.[10]

Ook angststoornissen komen voor. Door de vaak sterke afhankelijkheid van anderen voor het functioneren kunnen betrokkenen met heftige angsten reageren wanneer zij van een als veilig ervaren persoon dreigen te worden gescheiden.[11] Dit kan een ouderfiguur zijn maar wanneer de betrokkene in een instelling verblijft, kan het ook een verzorger betreffen.

3   Ontstaan

Bij het ontstaan van een verstandelijke beperking kunnen veel verschillende factoren een rol spelen. In ongeveer een derde van de gevallen is er sprake van genetische afwijkingen. Een aantal van deze genetische afwijkingen gaat gepaard met specifieke lichamelijke en gedragskenmerken.[12] Het meest voorkomende genetische syndroom is het downsyndroom. Hierbij komen naast een verstandelijke beperking betrekkelijk vaak hartafwijkingen voor en is er sprake van een vervroegd verouderingsproces met het optreden van alzheimerdementie.

Andere oorzaken van een verstandelijke beperking kunnen optreden tijdens de zwangerschap zoals stofwisselingsziekten, infecties en alcoholen/of drugsgebruik. Mogelijke oorzaken tijdens de bevalling zijn onder meer zuurstofgebrek of een hersenbloeding. Aandoeningen die na de geboorte kunnen leiden tot een verstandelijke beperking, zijn onder andere een hersenvliesontsteking en hersenletsel.

4   Behandeling

Het is van belang om bij de bejegening en behandeling aan te sluiten bij het cognitieve en sociaal-emotionele ontwikkelingsniveau van de betrokkene.[13] Vanwege de traag verlopende informatieverwerking is het raadzaam om langzaam te spreken en korte zinnen te gebruiken waarbij er niet meer dan één onderwerp of vraag aan de orde komt. Daarbij dient de betrokkene ruim de tijd te worden gegeven om te reageren. Vanwege de beperkingen in het abstractievermogen dient men te spreken in concrete termen en beeldspraak te vermijden. Een algemene vraag aan een betrokkene of deze de boodschap heeft begrepen, levert geen betrouwbaar antwoord op. Een meer valide beeld in hoeverre een betrokkene het gezegde heeft begrepen, kan worden verkregen door te vragen om het gezegde te herhalen en te laten aangeven *wat* begrepen is.

Het is van belang dat de (leef)omgeving voor de betrokkene een duidelijke structuur heeft en voorspelbaar is. Hierbij wordt ook de familie betrokken. Leefregels dienen eenduidig geformuleerd te zijn. Bij het trainen van vaardigheden dient het aan te leren gedrag opgedeeld te worden in kleine onderdelen waarna deze een voor een worden geoefend. Het leerproces wordt gestimuleerd door gewenst gedrag te belonen. Het aan te leren gedrag wordt door de behandelaar voorgedaan en deze fungeert zo als een rolmodel. Het oefenen wordt vaak herhaald en er wordt ruim de tijd voor genomen. Doordat het geleerde moeilijk gegeneraliseerd wordt, is het van belang om zo veel mogelijk te trainen in de omgeving waarin de vaardigheid nodig is.

Vooral bij gedragsproblemen, waaronder agressie en seksueel grensoverschrijdend gedrag, worden frequent cognitief-gedragstherapeutische interventies toegepast waarbij door observatie onderzocht wordt welke factoren ongewenst gedrag veroorzaken en/of in stand houden om daarna te trachten deze factoren te beïnvloeden. Ook wordt geprobeerd disfunctionele gedachten te bewerken.

In de klinische praktijk past men bij een posttraumatische-stressstoornis (PTSS) ook *eye movement desensitization and reprocessing* toe (EMDR; zie hoofdstuk 6, paragraaf 2.4).[14] Een PTSS komt bij betrokkenen met een verstandelijke beperking nogal eens voor doordat zij relatief vaak seksueel misbruikt worden.[15]

Psychofarmaca worden frequent voorgeschreven bij mensen met een verstandelijke beperking. Dit kan zijn om te proberen ernstige gedragsproblemen te beïnvloeden of vanwege psychiatrische stoornissen. Bij voorkeur worden hierbij relatief lage doseringen gegeven omdat de betrokkenen bovengemiddeld gevoelig zijn voor de bijwerkingen van psychofarmaca.

5   Forensische aspecten

Delinquent gedrag komt relatief vaak voor bij betrokkenen met een verstandelijke beperking. Zo is er een achtvoudige oververtegenwoordiging van jongeren met een LVB in justitiële jeugdinrichtingen, en bij jongeren met een PIJ-maatregel (Plaatsing In Jeugdinrichting) is dit zelfs het tienvoudige.[16] Bij zeer veel jeugdige veelplegers is er sprake van een lage intelligentie.

Er kunnen meerdere redenen zijn voor deze oververtegenwoordiging.[17] Zo is het vermogen beperkt om te onderkennen welk gedrag wanneer wel en wanneer niet is toegestaan. Ook overziet een betrokkene minder goed de gevolgen van zijn handelen. Mensen met een verstandelijke beperking zijn zeer beïnvloedbaar en vatbaar voor groepsdruk, en hebben moeite met nee zeggen. Hierdoor kunnen zij relatief gemakkelijk door anderen gebruikt worden om criminele activiteiten te verrichten. Voorbeelden hiervan zijn het inzetten van een betrokkene als drugskoerier of 'katvanger'. Bij dit laatste wordt bijvoorbeeld de betrokkene in naam eigenaar van een auto teneinde de werkelijke eigenaar buiten een eventuele vervolging te houden. Meisjes zijn kwetsbaar voor *loverboys* en kunnen zo de prostitutie in worden getrokken.

Andere factoren die kunnen bijdragen aan een grotere kans op het plegen van delicten, zijn onder meer vroegtijdig schoolverlaten en gaan rondhangen op straat en zo in een crimineel milieu terechtkomen. In een aanzienlijk deel van de gevallen is er ook bij de ouders sprake van een laag intelligentieniveau.[18] Hierdoor ontberen de ouders voldoende zicht op de problematiek van hun kind en schiet de opvoeding tekort. Verder kan psychiatrische symptomatologie worden genoemd zoals een combinatie van een lage frustratietolerantie, een verhoogde mate van impulsiviteit en het domineren van een directe behoeftebevrediging. Hierdoor kan een betrokkene snel tot grensoverschrijdend gedrag komen. Wanneer een betrokkene met een verstandelijke beperking wordt verhoord, dient men zich bewust te zijn van de grote mate van beïnvloedbaarheid waardoor de kans op een valse bekentenis toeneemt.

6   Aandachtspunten

- Mensen met een licht verstandelijke beperking (LVB) worden vaak door hun omgeving noch door hulpverleners als zodanig onderkend.
- Men dient aan de mogelijkheid van een verstandelijke beperking te denken wanneer een betrokkene een of meerdere malen is blijven zitten, veel wisselingen van school heeft gehad of speciaal onderwijs heeft gevolgd.
- Psychiatrische stoornissen manifesteren zich bij betrokkenen met een verstandelijke beperking vaak op een atypische wijze en kunnen hierdoor gemist worden.
- Bij de bejegening van een betrokkene met een verstandelijke beperking dient men naast de cognitieve beperking rekening te houden met het sociaal-emotionele ontwikkelingsniveau.
- Betrokkenen met een verstandelijke beperking denken vanuit concrete situaties en het hier en nu. Hierdoor kan een betrokkene snel in verwarring raken over het aangeven van tijden, data en de volgorde van gebeurtenissen.
- Bij iemand met een verstandelijke beperking dient men zich bewust te zijn van een toegenomen kans op een valse bekentenis door een verhoogde beïnvloedbaarheid.

Noten

1   Swaab, H. (2008). Welke gegevens zijn nodig voor een diagnose? Intelligentie en cognitie. *Balans Magazine*, 2, 18-20.

2   Neijmeijer, L., Moerdijk, L., Veneberg, G., & Muuse, C. (2010). *Licht verstandelijk gehandicapten in de GGZ. Een verkennend onderzoek*. Utrecht: Trimbos-instituut.

3   Neijmeijer, L., Moerdijk, L., Veneberg, G., & Muuse, C. (2010). *Licht verstandelijk gehandicapten in de GGZ. Een verkennend onderzoek*. Utrecht: Trimbos-instituut.

4   Esch, I. van. (2013). Forensisch psychiatrische patiënten met een licht verstandelijke beperking. In: P. van der Helm, U. Kroger, P. Schaftenaar, & J. van Vliet (Red.), *Leefklimaat in de klinische forensische psychiatrie* (pp. 106-115). Amsterdam: Uitgeverij SWP.

5   Toorn, B. van. (2008). Zwakbegaafdheid. In: Blansjaar, B.A., Beukers, M.M., & Kordelaar, W.F. van. (Red.), *Stoornis en delict. Handboek psychiatrische en psychologische rapportage in strafzaken* (pp. 123-140). Utrecht: De Tijdstroom.

6   Dekker, M., Douma, J., Ruiter, K. de, & Koot, H. (2006). Aard, ernst, comorbiditeit en beloop van gedragsproblemen en psychiatrische stoornissen bij kinderen en jeugdigen met een verstandelijke beperking. In: R. Didden (Red.), *In perspectief: Gedragsproblemen, psychiatrische stoornissen en licht verstandelijke beperking* (pp. 21-40). Houten: Bohn Stafleu van Loghum.

7   Mosk, K., Meesters, J., & Amelsvoort, Th. van. (2013). Verstandelijke beperkingen. In: Franken, I. Muris, P., & Denys. D. (Red.), *Basisboek psychopathologie* (pp. 15-29). Utrecht: De Tijdstroom.

8   Mutsaers, K., Blekman, J., & Schipper, H. (2007). *Licht verstandelijk gehandicapten en middelengebruik, wat is er tot op heden bekend?* Utrecht: Trimbos-instituut.

9   Došen, A. (2009). Psychiatrie en verstandelijke beperking. In: Hengeveld, M.W. & Balkom, A.J.L.M. van. (Red.), *Leerboek psychiatrie* (2e herz. dr., pp. 637-649). Utrecht: De Tijdstroom.

10   Mosk, K., Meesters, J., & Amelsvoort, Th. van. (2013). Verstandelijke beperkingen. In: Franken, I. Muris, P., & Denys. D. (Red.), *Basisboek psychopathologie* (pp. 15-29). Utrecht: De Tijdstroom.

11   Došen, A. (2009). Psychiatrie en verstandelijke beperking. In: Hengeveld, M.W. & Balkom, A.J.L.M. van. (Red.), *Leerboek psychiatrie* (2e herz. dr., pp. 637-649). Utrecht: De Tijdstroom.

12   Došen, A. (2009). Psychiatrie en verstandelijke beperking. In: Hengeveld, M.W. & Balkom, A.J.L.M. van. (Red.), *Leerboek psychiatrie* (2e herz. dr., pp. 637-649). Utrecht: De Tijdstroom.

13   Neijmeijer, L., Moerdijk, L., Veneberg, G., & Muuse, C. (2010). *Licht verstandelijk gehandicapten in de GGZ. Een verkennend onderzoek.* Utrecht: Trimbos-instituut.

14   Burdova, I. (2009). Eye Movement Desensitization and Reprocessing (EMDR) bij sterk gedragsgestoorde, licht verstandelijke gehandicapte mensen. In: R. Didden, X. Moonen. *Met het oog op behandeling: effectieve behandeling van gedragsstoornissen bij mensen met een licht verstandelijke beperking* (pp. 113-120). Utrecht/Den Dolder: Landelijk Kenniscentrum LVG/ Expertise Centrum De Borg.

15   Berlo, W. van, Haas, S. de, Oosten, N. van, Dijk, L. van, Brants, L., Tonnon, S., & Storms, O. (2011). *Beperkt weerbaar: Een onderzoek naar seksueel geweld bij mensen met een lichamelijke, zintuiglijke of verstandelijke beperking.* Utrecht: Rutgers WPF/Movisie.

16   Raad voor Strafrechtstoepassing en Jeugdbescherming. (2011). *Zorg voor ingesloten licht verstandelijke beperkte jongeren. Een advies.* Den Haag: Raad voor Strafrechtstoepassing en Jeugdbescherming.

17   Raad voor Strafrechtstoepassing en Jeugdbescherming. (2011). *Zorg voor ingesloten licht verstandelijke beperkte jongeren. Een advies.* Den Haag: Raad voor Strafrechtstoepassing en Jeugdbescherming.

18   Ponsioen, A., & Plas, J. (2008). Verstandelijke beperking. In: P. Prins, & C. Braet (Red.), *Handboek klinische ontwikkelingspsychologie* (pp. 449-474). Houten: Bohn Stafleu van Loghum.

Geraadpleegde literatuur

Allen, D., Evans, C., Hider, A., & Hawkins, S. (2008). Offending behaviour in adults with Asperger syndrome. *Journal of Autism and Developmental Disorders, 38,* 748-758.

Alphen, C. van, Ammeraal, M., Blanke, C., Boonstra, N., Boumans H., Bruggeman, R., e.a. (2012). *Multidisciplinaire richtlijn schizofrenie.* Utrecht: De Tijdstroom.

American Psychiatric Association. (1981). *Beknopte handleiding bij de diagnostische criteria van de DSM-III.* Lisse: Swets & Zeitlinger.

American Psychiatric Association. (1995). *Beknopte handleiding bij de diagnostische criteria van de DSM-IV.* Lisse: Swets & Zeitlinger.

American Psychiatric Association. (2000). *Diagnostic and statistical manual of mental disorders, Fourth edition, Text revision.* Washington, DC: American Psychiatric Association.

American Psychiatric Association. (2003) *Practice guideline for the assessment and treatment of patients with suicidal behaviours.* Washington, DC: American Psychiatric Association.

American Psychiatric Association. (2013). *Diagnostic and statistical manual of mental disorders, Fifth edition.* Arlington, VA: American Psychiatric Association.

American Psychiatric Association. (2014). *Handboek voor de classificatie van psychische stoornissen DSM-5.* Amsterdam: Uitgeverij Boom.

Andrews, D.A., Zinger. I., Hoge, R.D., Bonta, J., Gendreau, P., e.a. (1990). Does correctional treatment work? A clinically relevant and psychologically informed meta-analysis. *Criminology, 28,* 369-404.

Arns, M. (2013). De rol van slaap bij ADHD: Mogelijkheden voor preventie van ADHD? *Tijdschrift voor Psychiatrie, 55,* 773-782.

As, J. van, Hummelen, J.W., & Buitelaar, J.K. (2010). Neurofeedback bij aandachtstekortstoornis met hyperactiviteit: Wat is het en werkt het? *Tijdschrift voor Psychiatrie, 52,* 41-50.

Bakker, F., & Vanwesenbeeck, I. (Red.). (2006*). Sekuele gezondheid in Nederland 2006.* Delft: Eburon.

Barker, A.F. (1994). *Arson: A review of the psychiatric literature.* Oxford: Oxford University Press.

Bass, C., & Jones, D. (2011). Psychopathology of perpetrators of fabricated or induced illness in children: Case series. *British Journal of Psychiatry, 199,* 113-118.

Beek, D. van, & Mulder, J. (2002). De rol van cognitieve vervormingen in het plegen van pedoseksuele delicten en hun plaats in de behandeling. *Tijdschrift voor Seksuologie, 26,* 79-86.

Berg, M. van den. (2010). Peripartum- en transgenerationele psychiatrie. In: M.W. Hengeveld, & A.J.L.M. van Balkom (Red.), *Leerboek psychiatrie* (2e herz. dr., pp. 585-595). Utrecht: De Tijdstroom.

Berlo, W. van, & Mooren, T. (2009). Seksueel geweld: gevolgen en behandeling. In: L. Gijs,W. Gianotten, I. Vanwesenbeeck, & P. Weijenborg (Red.), *Seksuologie* (pp. 419-435). Houten: Bohn Stafleu van Loghum.

Berlo, W. van, Haas, S. de, Oosten, N. van, Dijk, L. van, Brants, L., Tonnon, S., & Storms, O. (2011). *Beperkt weerbaar: Een onderzoek naar seksueel geweld bij mensen met een lichamelijke, zintuiglijke of verstandelijke beperking.* Utrecht: Rutgers WPF/Movisie.

Biederman, J., Milberger, S., Faraone, S.V., Kiely, K., Guite, J., Mick, E. e.a. (1995). Impact of adversity on functioning and comorbidity in children with attention-deficit hyperactivity disorder. *Journal of the American Academy of Child and Adolescent Psychiatry, 34,* 1495-1503.

Bieleman, B., Maarsingh, M., & Meijer, G. (1998). *Aangeschoten wild: Onderzoek naar jongeren, alcohol, drugs en agressie tijdens het uitgaan.* Groningen/Rotterdam: Stichting Intraval.

Black, D.W. & Andreasen, N.C. (2011). *Introductory texbook of psychiatry, Fith edition.* Washington: American Psychiatric Publishing, Inc.

Blansjaar, B.A., Beukers, M.M., & Kordelaar, W.F. van. (Red.). (2008). *Stoornis en delict: Handboek psychiatrische en psychologische rapportage in strafzaken.* Utrecht: De Tijdstroom.

Blijd-Hoogewys, E.M.A., & Horwitz, E.H. (2010). Diagnotisch proces en screening. In: E.H. Horwitz, C.E.J. Ketelaars, & A.M.D.N. van Lammeren (Red.), *Autisme Spectrum Stoornissen bij normaal begaafde volwassenen* (pp. 18-27). Assen: Van Gorcum.

Blok, G.T., Beurs, E. de, Ranitz, A.G.S. de, & Rinne, T. (2010). Psychometrische stand van zaken van risicotaxatie-instrumenten voor volwassenen in Nederland. *Tijdschrift voor Psychiatrie, 52,* 331-340.

Boden, J.M., Fergusson, D.M., & Horwoord, L.J. (2010). Risk factors for conduct disorder and oppositional/defiant disorder: evidence from a New Zealand birth cohort. *Journal of the American Academy of Child & Adolescent Psychiatry, 49,* 1125-1133.

Bouvy, P., Birkenhager, T., Broek, W.W. van den, & Hoogedijk, W. (2013). Depressie. In: I. Franken, P. Muris, & D. Denys (Red.), *Basisboek psychopathologie* (pp. 337-352). Utrecht: De Tijdstroom.

Broek, W.W. van den, Birkenhäger, T.K., Boer, D. de, Burggraaf, J.P., Gemert, B. van, Groenland, T.H.N., e.a. (2010). *Richtlijn elektroconvulsietherapie* (2e herz. versie). Utrecht: De Tijdstroom.

Brown, J.M. & Campell, E.A. (Eds.). *The Cambridge handbook of forensic psychology.* Cambridge: University Press.

Buitelaar, J., & Gaag, J. van der. (2009). Ontwikkelingsstoornissen bij volwassenen. In: Hengeveld, M.W. & Balkom, A.J.L.M. van. (Red.), *Leerboek psychiatrie* (2e herz. dr., pp. 533-549). Utrecht: De Tijdstroom.

Bulten, E., & Nijman, H. (2009). Veel psychiatrische stoornissen onder gedetineerden op reguliere afdelingen van penitentiaire inrichtingen: Veel gedetineerden willen zelf ook hulp. *Nederlands Tijdschrift voor Geneeskunde, 153,* A 634.

Burdova, I. (2009). Eye Movement Desensitization and Reprocessing (EMDR) bij sterk gedragsgestoorde, licht verstandelijke gehandicapte mensen. In: R. Didden, X. Moonen. *Met het oog op behandeling: effectieve behandeling van gedragsstoornissen bij mensen met een licht verstandelijke beperking* (pp. 113-120). Utrecht/Den Dolder: Landelijk Kenniscentrum LVG/Expertise Centrum De Borg.

Caspi, A., McClay, J., Moffitt, T.E., Mill, J., Martin, J., Craig, I.W., Taylor, A., & Poulton, R. (2002). Role of genotype in the cycle of violence in maltreated children. *Science, 297*, 851-854.

Centraal Bureau voor de Statistiek. (2012). *Brandweerstatistiek 2011.* Den Haag: Centraal Bureau voor Statistiek.

Cohen, A.P., Troost, P., Broersma, T. (2011). Wikken en wegen bij een meisje met anorexia nervosa. Juridische dilemma's in de kinder- en jeugdpsychiatrie. In: E. Barkhof., R. van Westrhenen, W. Schemerhorn, & A. van der Knaap (Red.), *Probleemgeoriënteerd denken in de ggz: jurische dilemma's. Een praktijkboek voor de opleiding en de kliniek.* Utrecht: De Tijdstroom.

Cooper, B.S., & Yuille, J.C. (2007). Psychopathy and deception. In: H. Hervé, & J.C. Yuille (Eds.), *The psychopath: Theory, research and practice* (pp. 487-503). Mahwah, NJ: Lawrence Erlbaum Associates.

Cortese, S. (2012). The neurobiology and genetics of attention-deficit/hyperactivity disorder (ADHD): What every clinician should know. *European Journal of Paediatric Neurology, 16*, 422-433.

Dekker, M., Douma, J., Ruiter, K. de, & Koot, H. (2006). Aard, ernst, comorbiditeit en beloop van gedragsproblemen en psychiatrische stoornissen bij kinderen en jeugdigen met een verstandelijke beperking. In: R. Didden (Red.), *In perspectief: Gedragsproblemen, psychiatrische stoornissen en licht verstandelijke beperking* (pp. 21-40). Houten: Bohn Stafleu van Loghum.

Detailhandel Nederland. (2012). *ABC Winkelcriminaliteit.* Leidschendam: Detailhandel Nederland.

Dingemans, P.M.A.J., & Sno, H.H. (2004). Meetinstrumenten bij persoonlijkheidsstoornissen. *Tijdschrift voor Psychiatrie, 46*, 705-709.

Dolan, M., & Doyle, M. (2007). Psychopathy: diagnosis and implications for treatment. *Psychiatry, 6*, 404-408.

Doreleijers, T.A.H., & Fokkens, J.W. (2010). Minderjarigen en jongvolwassenen: pleidooi voor meer evidence based strafrecht. In: T.A.H. Doreleijers, J.M. ten Voorde, M. Moerings (Red.), *Strafrecht en forensische psychiatrie voor 16- tot 23-jarigen* (pp. 87-124). Den Haag: Boom Juridische uitgevers.

Došen, A. (2009). Psychiatrie en verstandelijke beperking. In: Hengeveld, M.W. & Balkom, A.J.L.M. van. (Red.), *Leerboek psychiatrie* (2e herz. dr., pp. 637-649). Utrecht: De Tijdstroom.

Draaisma, D. (2010). Het hachelijke verband tussen autisme en delinquent gedrag. In: Koppen, P.J. van, Merckelbach, H. Jelicic, & M. Keijser, J.W. de. (2010), *Reizen met mijn rechter: Psychologie van het recht* (pp. 105-119). Deventer: Kluwer.

Eikelboom, P., Cras, P., & Gool, P. van. (2009). Dementieën. In: M.W. Hengeveld, & A.J.L.M. van Balkom (Red.), *Leerboek psychiatrie* (2e herz. dr., pp. 231-253). Utrecht: De Tijdstroom.

Elburg, A., Danner, U., & Hoek, W. (2013). Anorexia nervosa. In: I. Franken, P. Muris, & D. Denys (Red.), *Basisboek psychopathologie* (pp. 609-624). Utrecht: De Tijdstroom.

Epen, J.H. van. (2002). *Drugsverslaving en alcoholisme: Kennis en achtergronden voor hulpverleners.* Houten: Bohn Stafleu van Loghum.

Esch, C.M. (2012). *Gedragsdeskundigen in strafzaken.* Leiden: Academisch proefschrift.

Esch, I. van. (2013). Forensisch psychiatrische patiënten met een licht verstandelijke beperking. In: P. van der Helm, U. Kroger, P. Schaftenaar, & J. van Vliet (Red.), *Leefklimaat in de klinische forensische psychiatrie* (pp. 106-115). Amsterdam: Uitgeverij SWP.

Expertisecentrum Forensische Psychiatrie. (2008). *Persoonlijkheidsstoornissen: Landelijk zorgprogramma voor forensisch psychiatrische patiënten met persoonlijkheidsstoornissen.* Utrecht: Expertisecentrum Forensische Psychiatrie.

Expertisecentrum Forensische Psychiatrie. (2013). *Seksueel grensoverschrijdend gedrag. Landelijk zorgprogramma voor plegers van seksuele delicten in de forensische psychiatrie.* Utrecht: Expertisecentrum Forensische Psychiatrie.

Feltz-Cornelis, C.M. van der, Swinkels, J.A., Blankenstein, A.H., Hoedeman, R., & Keuter, E.J.W. (2011). De Nederlandse multidisciplinaire richtlijn 'Somatisch onvoldoende verklaarde lichamelijke klachten en somatoforme stoornissen'. *Nederlands Tijdschrift voor Geneeskunde, 155,* A1244.

Franken, I. Muris, P., & Denys. D. (Red.) (2013). *Basisboek psychopathologie.* Utrecht: De Tijdstroom.

Frenken, J. (2002). Strafbare seksualiteit en seksueel deviant gedrag: definities en prevalenties. *Tijdschrift voor Sekuologie, 26,* 4-8.

Gabbard, G.O. (2000). *Psychodynamic Psychiatry in Clinical Practice, Third Edition.* Washington: American Psychiatric Press, Inc.

Gersons, B., Lindauer, R., & Olff, M. (2010). Stressstoornissen. In: Hengeveld, M.W. & Balkom, A.J.L.M. van. (Red.), *Leerboek psychiatrie* (2e herz. dr., pp. 355-364). Utrecht: De Tijdstroom.

Gijs, L. (2013). Parafilieën. In: Franken, I. Muris, P., & Denys., D. (Red.), *Basisboek psychopathologie* (pp. 575-592). Utrecht: De Tijdstroom.

Gijs, L. Gianotten, W., Vanwesenbeeck, & Weijenborg, P. (Red.). (2009). *Seksuologie.* Houten: Bohn Stafleu van Loghum.

Gool, W.A. van, Berghmans, R., Brussele, G.H.A., Clabbers, F.H., Doreleijers, Th.A.H., Koerselman, G.F., e.a. (2006). *Preventie en behandeling van de antisociale persoonlijkheidsstoornis.* Den Haag: Gezondheidsraad.

Grant, J.E., Odlaug, B.L., Davis, A.A., & Won Kim, S. (2009). Legal consequences of kleptomania. *The Psychiatric quarterly, 80,* 251-259.

Gunderson, J.G. (2001). *Borderline personality disorder: A clinical guide.* Washington, DC: American Psychiatric Publishing, Inc.

Haan, L. de, & Kahn, R. (2009). Psychotische stoornissen. In: M.W. Hengeveld, & A.J.L.M. van
    Balkom (Red.), *Leerboek psychiatrie* (2e herz. dr., pp. 261-279). Utrecht: De Tijdstroom.

Hare, R.D. (1991). *The Hare Psychopathy Checklist-Revised*. Toronto: Multi health Systems Inc.

Hare, R.D., & McPherson, L.M. (1984). Violent and aggressive behavior by criminal psychopaths.
    International Journal of Law and Psychiatry, 7, 35-50.

Haskins, B,G., & Silva, J.A. (2006). Asperger's disorder and criminal behavior: Forenisc-psychiatric
    considerations. *The Journal of the American Academy of Psychiatry and the Law, 34*, 374-
    384.

Hasselt, N. van, Bunningen, N. van, & Bovens, R. (2011). Alcohol en agressie: Een complexe relatie.
    Justitiële verkenningen, 4,11 [Themanummer Het uitgaansleven].

Have, M. ten, Graaf, R. de, Dorsselaer, S. van, Verdurmen, J., Land, H. van 't, & Vollebergh, W.
    (2006). *Suïcidaliteit in de algemene bevolking, gedachten en pogingen: Resultaten van de
    'Netherlands Mental Health Survey and Incidence Study' (NEMESIS).* Utrecht: Trimbos-
    instituut.

Heeringen, C. van. (Red.). (2007). *Handboek suïcidaal gedrag.* Utrecht: De Tijdstroom.

Hemert, A.M. van, Kerkhof, A.J.F.M., Keijser, J. de, Boven, C. van, Hummelen, J.W., Groot, M.H.
    de, e.a. (2012). *Multidisciplinaire richtlijn diagnostiek en behandeling van suïcidaal gedrag.*
    Utrecht: De Tijdstroom.

Hengeveld, M.W. (2009). Het psychiatrisch onderzoek. In: M.W. Hengeveld, & A.J.L.M. van
    Balkom (Red.), *Leerboek psychiatrie* (2e herz. dr., pp. 29-56). Utrecht: De Tijdstroom.

Hengeveld, M.W. (2009). Diagnose en classificatie. In: M.W. Hengeveld & A.J.L.M. van Balkom
    (Red.), *Leerboek psychiatrie* (2e herz. dr., pp. 57-66). Utrecht: De Tijdstroom.

Hengeveld, M.W. & Balkom, A.J.L.M. van. (Red.). (2009). *Leerboek psychiatrie* (2e herz. dr.).
    Utrecht: De Tijdstroom.

Hengeveld, M.W., & Koerselman, G.F. (2009). Psychopathologie. In: M.W. Hengeveld & A.J.L.M.
    van Balkom (Red.), *Leerboek psychiatrie* (2e herz. dr., pp. 17-28). Utrecht: De Tijdstroom.

Hengeveld, M.W., & Schudel, W.J. (2011). *Het psychiatrisch onderzoek.* Utrecht: De Tijdstroom.

Hervé, H. (2007). Psychopathy across the ages: A history of Hare psychopath. In: H. Hervé, J.C.
    Yuille. *The psychopath: Theory, research and practice* (pp. 31-55). Mahwah, NJ: Lawrence
    Erlbaum Associates.

Hildebrand, M. (2004). *Psychopathy in the treatment of forensic psychiatric patients: Assessment,
    prevalence, predictive validity and clinical implications.* Amsterdam: Amsterdam University
    Press.

Hildebrand, M., & Ruiter, C. de. (2005). Over criminele behoeften en het belang van gestructu-
    reerde risicotaxatie. In: C. de Ruiter, & M. Hildebrand (Red.), *Behandelingsstrategieën bij
    forensisch-psychiatrische patiënten* (pp. 3-22). Houten: Bohn Stafleu van Loghum.

Hondius, A.J.K., Zuijderhoudt, R.H., & Honig, A. (2005). Wilsbekwaamheid vaststellen.
    Maandblad Geestelijke volksgezondheid, 60, 597-607.

Hooff, S. van den, Goossensen, A. (2012) Cliënt of patiënt? De betekenis van aanspreektermen.
    Denkbeeld. Tijdschrift voor psychogeriatrie, 24, 6-8.

Hoogedijk, W., Broek, W.W. van den, & Schaik, A. van. (2010). Unipolaire stemmingsstoornissen. In: M.W. Hengeveld, & A.J.L.M. van Balkom (Red.), *Leerboek psychiatrie* (2e herz. dr., pp. 283-303). Utrecht: De Tijdstroom.

Horley, J., & Bowlby, D.(2011). Theory, research, and intervention with arsonists. *Aggression and Violent Behavior, 16*, 241-249.

Horn, J. van, Mulder, J., & Scholing, A. (2006). Recidive bij subgroepen van zedendelinquenten in de ambulante forensische psychiatrie. *Tijdschrift voor Seksuologie, 30*, 187-194.

Horwitz, E.H., Ketelaars, C.E.J., & Lammeren, A.M.D.N. van. (2010). *Autisme Spectrum Stoornissen bij normaal begaafde volwassenen.* Assen: Van Gorcum.

Hovens, J.E., Loonen, A.J.M. Loonen, & Timmerman, L. (Red.). (2004). *Handboek neurobiologische psychiatrie.* Utrecht: De Tijdstroom.

Hovens, J.E., & Megen, H.J.G.M. van. (2006). *Handboek psychologische psychiatrie.* Utrecht: De Tijdstroom.

Hovens, H. (2013). Periodiek explosieve stoornis. In: Franken, I. Muris, P., Denys., D. (Red.), *Basisboek psychopathologie* (pp. 671-682). Utrecht: De Tijdstroom.

Hucker, S.J. (2008). Sexual masochism: Psychopathology and theory. In: D.R. Laws, & W.T. O'Donohue (Eds.), *Sexual deviance: Theory, assessment, and treatment* (pp. 250-263). New York: The Guilford Press.

Hummelen, J.W., & Jong, D.H. de. (2011). Toerekeningsvatbaarheid en toerekenen: de conclusie van de gedragsdeskundige versus het oordeel van de strafrechter. In: B. Krans, B. Marseille, F. Vellinga-Schootstra, & P. Westerman (Red.), *Deskundige in het recht.* Zutphen: Uitgeverij Paris.

Janssens, S., Morrens, M., & Sabbe, B.G.C. (2008). Pseudologia fantastica: definiëring en situering ten aanzien van as I- en as II-stoornissen. *Tijdschrift voor Psychiatrie,* 679-683.

Jelicic, M., & Merckelbach, H. (2010). Neuropsychologische expertises. In: P.J. van Koppen, H. Merckelbach, M. Jelicic, & J.W. de Keijser (2010), *Reizen met mijn rechter: Psychologie van het Recht* (pp. 423-438). Deventer: Kluwer.

Jelicic, M., Merckelbach, H. & Cima, M. (2003). Over het simuleren van cognitieve stoornissen. *Tijdschrift voor Psychiatrie, 45*, 687-696.

Jonker, C., Matthaei, I., Schouws, S.N.T.M., & Sikkens, E.P.K. (2011). Twee verdachten met hersenletsel en crimineel gedrag. De bijdrage van de neuroloog aan forensisch psychiatrische diagnostiek. *Tijdschrift voor Psychiatrie, 53*, 181-187.

Kerkhof, A. (2007). De psychologie van suïcide en suïcidepogingen. In: C. van Heeringen (Red.), *Handboek suïcidaal gedrag* (pp. 49-64). Utrecht: De Tijdstroom.

Kerkhof, A.J.M., & Luyn, J.B. van. (red.). (2010). *Suïcidepreventie in de praktijk.* Houten: Bohn Stafleu van Loghum.

Kerkhof, A. (2010). Verklaringen. In: A. Kerkhof & B. van Luyn. (Red), *Suïcidepreventie in de praktijk.* Houten: Bohn Stafleu van Loghum.

Knaap, L.M. van, El Idrissi, F., & Bogaerts, S. (2010). *Dader van huiselijk geweld.* Den Haag: WODC.

Koenraadt, F. (2009). De wrede wrok van de wraak: Een drijfveer in de forensische psychologie. In: J. Harte, T. Verhagen, & M. Zomer (Red.), 'Most probably the best professor of forensic psychiatry' Liber amicorum prof.dr. Dick Raes. Nijmegen: Wolf Legal Publishers.

Koenraadt, F. Dalhuisen, L., & Nijman, H. (2013). Pyromanie. In: I. Franken, P. Muris, & D. Denys (Red.), Basisboek psychopathologie (pp. 695-708). Utrecht: De Tijdstroom.

Koeter, M.W.J., & Brink, W. van den. (2012). Middelengebruik en crimineel gedrag. In: E. Blaauw, & H. Roozen, (Red.), Handboek forensische verslavingszorg. Houten: Bohn Stafleu van Loghum.

Koninklijke Notariële Beroepsorganisatie. (2006). Stappenplan beoordeling wilsbekwaamheid ten behoeve van notariële dienstverlening. Den Haag: Koninklijke Notariële Beroepsorganisatie.

Kooij, J.J.S, & Francken, M.H. (2007). Diagnostisch interview voor ADHD bij volwassenen. Kenniscentrum ADHD bij volwassenen. Den Haag: PsyQ.

Koppen, P.J. van. (2004). Weg van de toerekeningsvatbaarheid: Over rapportages over de verdachte. Trema, 221-228.

Koppen, P.J. van, Merckelbach, H. Jelicic, M. & Keijser, J.W. de. (Red.). (2010). Reizen met mijn rechter. Psychologie van het Recht. Deventer: Kluwer.

Kordelaar, W.F. (2012). Het psychologisch onderzoek pro Justitia. In: B.C.M. Raes, F.A.M. Bakker (red.). De psychiatrie in het Nederlands recht. Deventer: Kluwer.

Kröger, U., Beek, D. van, Wolf, P. van der, Klein Haneveld, E., Geest, H. van, & Geraerts, R. (2011). Behandeling van psychopathie: A mission impossible. Utrecht: Forum Educatief.

Labrijn, S. (2008). Parafilie en seksueel delict. In: B.A. Blansjaar, M.M. Beukers, & W.F. van Kordelaar (Red.), Stoornis en delict: Handboek psychiatrische en psychologische rapportage in strafzaken (pp. 173-195). Utrecht: De Tijdstroom.

Lahey, B.B. Miller, T.L., Gordon, R.A., & Riley, A.W. (1999). Developmental epidemiology of the disruptive behavior disorders. In: H.C. Quay, & A.E. Hogan (Eds.), Handbook of disruptive behavior disorders (pp. 23-48). New York: Kluwer Academic.

Landelijke Stuurgroep Multidisciplinaire Richtlijnontwikkeling in de GGZ. (2008). Multidisciplinaire richtlijn eetstoornissen. Utrecht: Trimbos-instituut.

Lawas, D.R., & O'Donohue (ed.). (2008). Sexual deviance: Theory, assessment, and treatment. New York: The Guilford Press.

Lefevre, S., & Pieters, G. (2010). Schizofrenie en gewelddadige delicten. Tijdschrift voor Psychiatrie, 52, 197-798.

Livesley, W.J. (2001). Conceptual and taxonomic issues. In: W.J. Livesley. Handbook of personality disorders. Theory, research, and treatment. New York/London: The Guilford Press.

Lobbestael, J., & Arntz, A. (2013). Cluster-B-persoonlijkheidsstoornissen. In: I. Franken, P. Muris, & D. Denys (Red.), Basisboek psychopathologie (pp. 755-774). Utrecht: De Tijdstroom.

Loomans, M.M., Tulen, J.H.M., & Marle, H.J.C. van. (2010). Neurobiologische aspecten van antisociaal gedrag. Tijdschrift voor Psychiatrie, 52, 387-396.

Mast, R.C. van der, Huyse, F.J., Drooglever Fortuijn, H.A., Heeren, T.J., Izaks, G.J., & Kalisvaart, C.J. (2004). Richtlijn delirium. Amsterdam: Boom.

Matthys, W. (2013). Gedragsstoornissen. In: I. Franken, P. Muris, & D. Denys (Red.), *Basisboek psychopathologie*. Utrecht: De Tijdstroom.

Merckelbach, H., & Jelicic, M. (2010). Maar niet heus: Simulanten. In: A. Jansen, M. van den Hout, & H. Merckelbach (Red.), *Gek, Experimentele psychopathologie: Over angst, verslaving, depressie en andere ellende* (pp. 229-248). Houten: Bohn Stafleu van Loghum.

Merckelbach, H., & Jelicic, M., & Ruiter, C. de. (2009). De B. heeft een persoonlijkheidsstoornis en doodt zijn vriendin. *Maandblad Geestelijke volksgezondheid, 64*, 747-759.

Metzner, J.L., & Hayes. L.M. (2006). Suicide prevention in jails and prisons. In: R.I. Simon & R.E. Hales. *Textbook of suicide assessment and management* (pp. 139-155). Washington: American Psychiatric Publishing, Inc.

Miller, W.R., & Rollnick, S. (2002). *Motivational interviewing preparing people for change* (2nd ed.). New York: The Guilford Press.

Mittenberg, W., Patton, C., Canyock, E.M., & Condit, D.C. (2002). Base rates of malingering and symptom exaggeration. *Journal of Clinical and Experimental Neuropsychology, 24*, 1094-1102.

Mooij, A. (2004). *Toerekeningsvatbaarheid: Over handelingsvrijheid*. Amsterdam: uitgeverij Boom.

Mooij, A. (2006). *De psychische realiteit: Psychiatrie als geesteswetenschap*. Amsterdam: uitgeverij Boom.

Mosk, K., Meesters, J., & Amelsvoort, Th. van. (2013). Verstandelijke beperkingen. In: Franken, I. Muris, P., & Denys. D. (Red.), *Basisboek psychopathologie* (pp. 15-29). Utrecht: De Tijdstroom.

Mouridsen, S.E. (2012). Current status of research on autism spectrum disorders and offending. *Research in Autism Spectrum Disorders, 6*, 79-86.

Mulbregt, J.M.L. van. (2009). Over toerekenen en afrekenen. In: F. Koenraadt, & I. Weijers (Red.), *Vrijheid en verlangen: Liber amicorum prof.dr. Antoine Mooij*. Den Haag: Boom Juridische uitgevers.

Muller, E.R., Rosenthal, U., Zannoni, M., Ferwerda, H. & Schaap, S.D. (2009). *Strandrellen in Hoek van Holland. Dancefestival Veronica Sunset Grooves, 22 augustus 2009*. COT: Beke.

Murrie, D.C., Warren, J.I., Kristiansson, M., & Diets, P.E. (2002). Asperger's syndrome in forensic settings. *International Journal of Forensic Mental Health, 1*, 59-70.

Mutsaers, K., Blekman, J., & Schipper, H. (2007). *Licht verstandelijk gehandicapten en middelengebruik, wat is er tot op heden bekend?* Utrecht: Trimbos-instituut.

Naudts, K., & Eynde, F. van den. (2007). Geweld en suïcide. In: C. van Heeringen (red.). *Handboek suïcidaal gedrag* (pp. 93-109). Utrecht: De Tijdstroom.

Nederlandse Vereniging voor Psychiatrie. (2012). *Richtlijn psychiatrisch onderzoek en rapportage in strafzaken*. Utrecht: De Tijdstroom.

Neijenhof, J. van, & Fasotti, L. (2013). *Traumatisch hersenletsel. Wat kunt u zelf doen?* Nijmegen: St. Maartenskliniek.

Neijmeijer, L., Moerdijk, L., Veneberg, G., & Muuse, C. (2010). *Licht verstandelijk gehandicapten in de GGZ. Een verkennend onderzoek*. Utrecht: Trimbos-instituut.

Newman, S.S., & Ghaziuddin, M. (2008). Violent crime in Asperger syndrome: The role of psychiatric comorbidity. *Journal of Autism and Developmental Disorders, 38*, 1848-1852.

Nonacs, R., & Cohen, L.S. (2000). Postpartum psychiatric syndromes. In: B.J. Sadock, & V.A. Sadock (2000), *Kaplan's & Sadock's comprehensive textbook of psychiatry* (pp. 1276-1283). Philadelphia: Lippincott Williams & Wilkins.

Oei, T.I., Brouwers, R.C., & Drost, M. (2010). Medicatie en crimineel gedrag. In: T.I. Oei, *Forensisch psychiatrische snippers*. Nijmegen: Wolf Legal Publishers.

Oliemeulen, L., Vuijk, P., Rovers, B., & Eijnden, R. van den. (2007). *Problematisch alcoholgebruikers, drugsgebruikers en gokkers in het gevangeniswezen*. Den Haag: WODC.

Panhuis, P.J.A. van, Barneveld, T.A. van, Brouwer, C., e.a. (2012). *Richtlijn psychiatrisch onderzoek en rapportage in strafzaken*. Utrecht: De Tijdstroom.

Pelsser, L.M., Frankena, K., Toorman, J, Savelkoul, H.F., Dubois, A.E., Pereira, R.R., e.a. (2011). Effects of a restricted elimination diet on the behaviour of children with attention-deficit hyperactivity disorder (INCA study): A randomised controlled trial. *The Lancet, 377*, 494-503.

Philipse, M.W.G. (2011). Risicotaxatie in de forensische psychiatrie. Principes, doelen en instrumenten. In: H. Groen, M. Drost, & H. Nijman (Red.), *Handboek forensische geestelijke gezondheidszorg* (pp. 399-417). Utrecht: De Tijdstroom.

Philipse, M., Bulten, E., & Nijman, H. (2010). Psychische stoornissen en delictgedrag. In: P.J. van Koppen, H. Merckelbach, M. Jelicic, & J.W. de Keijser (Red.), *Reizen met mijn rechter: Psychologie van het recht* (pp. 67-89). Deventer: Kluwer.

Pol, S. (2013). *Ik ben geweldig! Of toch niet? Over gezond en problematisch narcisme*. Amsterdam: Boom.

Ponsioen, A, & Plas, J. (2008). Verstandelijke beperking. In: P. Prins, & C. Braet (Red.), *Handboek klinische ontwikkelingspsychologie* (pp. 449-474). Houten: Bohn Stafleu van Loghum.

Raad voor Strafrechtstoepassing en Jeugdbescherming. (2011). *Zorg voor ingesloten licht verstandelijke beperkte jongeren. Een advies*. Den Haag: Raad voor Strafrechtstoepassing en Jeugdbescherming.

Regier, D.A., Farmer, M.E., Rae, D.S., Locke, B.Z. Keith, S.J., Judd, L.L., e.a. (1990). Comorbidity of mental disorders with alcohol and other drug abuse. Results from the Epidemiologic Catchmet Area (ECA) Study. *JAMA, 264*, 2511-2518.

Rinne, T., Rijders, R., & Beurs, E. de. (2008). Posttraumatische stressstoornis en dissociatieve stoornissen. In: B.A. Blansjaar, M.M. Beukers, & W.F. Kordelaar (Red.), *Stoornis en delict: Handboek psychiatrische en psychologische rapportage in strafzaken* (pp. 155-171). Utrecht: De Tijdstroom.

Roef, D., & Verkes, R.J. (2013). Medicijngebruik, agressie en strafrechtelijke verantwoordelijkheid. *Nederlands Juristenblad, 45*, 3137-3142.

Rommelse, N., & Buitelaar, J. (2013). Aandachtstekort-hyperactiviteitstoornis. In: Franken, I. Muris, P., & Denys. D. (Red.), *Basisboek psychopathologie* (pp. 75-92). Utrecht: De Tijdstroom.

Ruiter, C. de. (2008). Gestructureerde risicotaxatiemethoden: Wat de jurist moet weten. *Expertise en Recht, 4*, 121-131.

Sadock, B.J., Sadock, V.A. (2000). *Kaplan's & Sadock's Comprehensive textbook of psychiatry.* Philadelphia: Lippincott Williams & Wilkins.

Schmand, B., Lindeboom, J., Schagen, S., Heijt, R., Koene, T., & Hamburger, H.L. (1998). Cognitive complaints in patients after whiplash injury: The impact of malingering. *Journal of Neurology, Neurosurgery and Psychiatry, 64*, 339-343.

Schlundt, D.G., & Johnson, W.G. (1990). *Eating disorder: Assessment and treatment.* Boston: Allyn and Bacon.

Scholing, A. (2013). Kleptomanie. In: I. Franken, P. Muris, & D. Denys (Red.), *Basisboek psychopathologie* (pp. 683-693). Utrecht: De Tijdstroom.

Seto, M.C. (2008). Pedophilia: Psychopathology and theory. In: D.R. Laws, & W.T. O'Donohue (Eds.), *Sexual deviance: Theory, assessment, and treatment.* New York: The Guilford Press.

Shea, S.C. (1999). *The practical art of suicide assessment.* John Wiley & Sons.

Sibley, M., Pelham, W., Molina, B., Gnagy, E., Waschbusch, D., Biswas, A., e.a. (2011). The delinquency outcomes of boys with ADHD with and without comordity. *Journal of Abnormal Child Psychology, 39*, 21-32.

Simon, R.L., Hales, R.E. (2006). *Textbook of suicide assessment and management.* Washington DC: American Psychiatric Publishing, Inc.

Smid, W. Beek, D. van, & Doncker, D. de. (2009). Plegers van seksueel geweld. In: L. Gijs, W. Gianotten, I. Vanwesenbeeck, & P. Weijenborg (Red.), *Seksuologie.* Houten: Bohn Stafleu van Loghum.

Stolk, P.J., Hengeveld, M.W. (2012). *Psychiatrie voor verpleegkundigen.* Amersfoort: Thieme Meulenhof.

Sommer, I. (2013). Schizofrenie. In: I. Franken, P.Muris, D. Denys (Red.). *Basisboek psychopathologie* (pp. 319-334). Utrecht: De Tijdstroom.

Soothill, K., Rogers, P. Dolan, M. (Eds.). (2008). *Handbook of Forenic Mental Health.* Wilan Publishing.

Spijker, J., Bockting, C.L.H., Meeuwissen, J.A.C., Vliet, I.M. van, Emmelkamp, P.M.G., Hermens, M.L.M., e.a. (2013) *Multidisciplinaire richtlijn depressie.* (2013). Utrecht: Trimbos-instituut.

Stuurman, K.E., & Cobben, J.M. (2008). Foetaal alcoholsyndroom. *Praktische Pediatrie, 1*, 41-44.

Swaab, H. (2008). Welke gegevens zijn nodig voor een diagnose? Intelligentie en cognitie. *Balans Magazine, 2*, 18-20.

Stichting Wetenschappelijk Onderzoek Verkeersveiligheid. (2011). *SWOV-factsheet Rijden onder invloed van alcohol.* Leidschendam: Stichting Wetenschappelijk Onderzoek Verkeersveiligheid.

Tervoort, M. (2009). *Forensische psychiatrie: tussen dwang en vrijblijvendheid.* Assen: Van Gorcum.

Thunnissen, M., Kooiman, K., & Berens, A. (2010). Persoonlijkheidsstoornissen. In: M.W. Hengeveld, & A.J.L.M. van Balkom (Red.), *Leerboek psychiatrie* (2e herz. dr., pp. 515-531). Utrecht: De Tijdstroom.

TNS NIPO/WODC. (2011). *Monitor Criminaliteit Bedrijfsleven 2010: feiten en trends inzake aard en omvang van criminaliteit in het bedrijfsleven.* Amsterdam: TNS NIPO.

Tollenaar, N., Meijer, R.F., Huijbrechts, G.L.A.M., Blom, M., & El Harbachi, S. (2007). *Monitor Veelplegers. Jeugdige en zeer actieve veelplegers in kaart gebracht.* Den Haag: WODC.

Toorn, B. van. (2008). Zwakbegaafdheid. In: Blansjaar, B.A., Beukers, M.M., & Kordelaar, W.F. van. (Red.), *Stoornis en delict. Handboek psychiatrische en psychologische rapportage in strafzaken* (pp. 123-140). Utrecht: De Tijdstroom.

Tyler, N., & Gannon, T.A. (2012). Explanation of firesetting in mentally disordered offenders: A review of the literature. *Psychiatry, 75*, 150-166.

Vandereycken,W., & Houdenhove, V. van. (1996). Stealing behavior in eating disorders: Characteristics and associated psychopathologie. *Comprehensive Psychiatry, 37*, 316-321.

Vandereycken, W., & Deth, R. van. (2004). *Psychiatrie.* Houten: Bohn Stafleu van Loghum.

Verheul, R., & Brink, W. van den. (1999). Persoonlijkheidsstoornissen. In: A. de Jong, W. van den Brink, & J. Ormel (Red.), *Handboek psychiatrische epidemiologie* (pp. 347-378). Maarssen: Elsevier/De Tijdstroom.

Vermeulen, M., & Linden, E.A.M. van. (2013). Conversiestoornis. *Nederlands Tijdschrift voor Geneeskunde, 157*, A5406.

Vertommen, H., Verheul, R., Ruiter, C.de, Hildebrand, M. (2002). *Handleiding bij de herziene versie van Hare's Psychopathy Checklist – Revised.* Lisse: Swets Test Publishers.

Verwey, B., & Waarde, J. van. (2010). Opvang, beoordeling en behandeling van suïcidepogers in het algemeen ziekenhuis. In: A.J.F.M. Kerkhof, & J.B. van Luyn (Red.), *Suïcidepreventie in de praktijk.* Houten: Bohn Stafleu van Loghum.

Vleugel, E.E., Chong, Y.K., & Mast, R.C. van der. (2006). De diagnostiek van frontotemporale dementie, een kameleon in de psychiatrie. *Tijdschrift voor Psychiatrie, 48*, 705-715.

Vries, G.J. de, & Olff, M. (2009).The lifetime prevalence of traumatic events and posttraumatic stress disorder in the Netherlands. *Journal of Traumatic Stress, 22*, 259-267.

Wetenschappelijk onderzoek- en Documentatiecentrum Ministerie van Veiligheid en Justitie. (2011). *Nationale Drug Monitor.* Amsterdam: TNS NIPO.

World Health Organization. (1994). *De ICD-10: Classificatie van psychische stoornissen en gedragsstoornissen.* Lisse: Swets & Zeitlinger.

Wood, A.C., Buitelaar, J., Rijsdijk, F., Asherton, P., & Kuntsi, J. (2010). Rethinking shared environment as a source of variance underlying attention-deficit/hyperactivity disorder symptoms: Comment on Burt (2009). *Psychological Bulletin, 136*, 331-340.

World Health Organization (1994). *De ICD-10 classificatie van psychische stoornissen en gedragsstoornissen.* Lisse: Swets & Zeitlinger.

Wouda, M. (2011). *Brochure signaleren van een lichte verstandelijke beperking.* Aalsmeer: Ons tweede thuis.

Yates, P.M., Hucker, S.J., & Kingston, D.A. (2008). Sexual sadism: Psychpathology and theory. In: D.R. Laws, & W.T. O'Donohue (Eds.), *Sexual deviance: Theory, assessment, and treatment* (pp. 213-230). New York: The Guilford Press.

Zwanniken, G.J., Fischer, A.A., & Zitman, F.G. (1990). *Psychiatrie*. Wetenschappelijke uitgeverij Bunge.

Register

T